丛书主编 张景中院士
执行主编 王继新

教学系统设计理论与实践（第二版）

The Theory
and Practice
of Instructional
System Design

杨九民 梁林梅 编著

图书在版编目(CIP)数据

教学系统设计理论与实践/杨九民,梁林梅编著.—2版.—北京:北京大学出版社,2014.1
(21世纪教育技术学精品教材)
ISBN 978-7-301-23508-9

Ⅰ.①教… Ⅱ.①杨…②梁… Ⅲ.①计算机辅助教学-教学设计-高等学校-教材 Ⅳ.①G434

中国版本图书馆 CIP 数据核字(2013)第 280373 号

书　　　名：	教学系统设计理论与实践(第二版)
著作责任者：	杨九民　梁林梅　编著
责　任　编　辑：	唐知涵
标　准　书　号：	ISBN 978-7-301-23508-9/G·3747
出　版　发　行：	北京大学出版社
地　　　址：	北京市海淀区成府路 205 号　100871
网　　　址：	http://www.pup.cn　新浪微博:@北京大学出版社
微信公众号：	通识书苑(微信号:sartspku)　科学元典(微信号:kexueyuandian)
电　子　邮　箱：	编辑部 jyzx@pup.cn　总编室 zpup@pup.cn
电　　　话：	邮购部 62752015　发行部 62750672　编辑部 62767346
	出版部 62754962
印　　刷　者：	北京圣夫亚美印刷有限公司
经　销　者：	新华书店
	787 毫米×1092 毫米　16 开本　15.5 印张　350 千字
	2008 年 1 月第 1 版
	2014 年 1 月第 2 版　2024 年 1 月第 6 次印刷
定　　　价：	49.00 元

未经许可,不得以任何方式复制或抄袭本书之部分或全部内容。
版权所有,侵权必究
举报电话:010-62752024　电子邮箱:fd@pup.cn

前　言

美国学者唐纳德·伊利(Donald P. Ely)在谈及教育技术发生与发展的历史进程时，曾经勾勒了教育技术发展的三条历史线索，其中之一即为教学系统方法。事实上，正是由于20世纪五六十年代系统方法的引入以及一大批才华横溢的学习心理学家投身于教育技术研究，才为教育技术学开辟了一个新的研究领域——系统化设计教学，并使其逐渐成为教育技术研究与实践的主战场。

教学系统设计也称作教学设计。它是以传播理论、学习理论和教学理论等多学科理论为基础，运用系统论的观点和方法，分析教学中的问题和需求从而找出最佳解决方案并对其进行评价、试行与修正的一种理论和方法。经过数十年的发展，教学设计日益受到教育理论与实践工作者的重视，成为教育技术学专业主干课程之一，系统化设计教学的能力也成为教育技术学专业人员的核心竞争力。

本教材即是在严格依据教育技术学专业人才培养与课程设置对教育技术专业人员教学设计能力培养的总体目标与具体要求的基础上编撰而成的一本教育技术学专业课程教材。它全面总结教学系统设计数十年间研究的历史成果，认真借鉴国内外同类优秀教材编撰的先进经验，深刻把握教学系统设计研究的理论前沿与最新进展，广泛吸收信息化环境下教学设计研究的最新发展。

本书共分为六个单元，较为全面地呈现了教学系统设计的基本理论与方法体系。第一单元首先讨论了教学系统设计的发展历史、基本内涵、应用层次和理论模式。在此基础上，按照教学设计的一般过程，从第二单元至第五单元分别阐述了在教学设计中占有重要地位的前端分析与学习目标设计、教学模式与教学策略设计、教学媒体与学习环境设计、学习过程与结果评价设计。

20世纪80年代肇始的信息化以其不可阻挡之势席卷全球，深刻改变了包括教育在内的社会生活的方方面面。教学设计无疑也正在经受着信息化大潮的洗礼，信息技术与信息化环境正在一步步地丰富着教学系统设计的理论体系与实践模式。出于这种背景，本书用最后一个单元的篇幅讨论了信息化环境下教学设计的若干问题，希望能够对读者在这一方面有所帮助。

在编排体例上，本书结合教育技术学专业课程学习的特点以及教学系统设计的实际，从提升教育技术专业人员教学系统设计的理论素养和实践能力出发，在进行理论阐述的同时，辅之以相应的实践活动，让学习者在理论与实践的双重视野中全面掌握教学系统设计的理论、技术与方法。

本书在课程的开始设计了一个学习准备模块，让学习者创建自己的学习档案，制订课程学习计划，并组建学习小组，以准备在后续学习中展开合作。此外，本书在每一个单元的开始都设置了相应的学习目标，为学习者在学习之前确立一个学习的向导与评价的标杆；在课程学习之后都提供了大量的专业文献作为扩展阅读的资料，以进一步扩展学习者在教学系统设计上的知识面。我们真诚地希望这些安排能够对学习者的学习有所帮助。

本书在编写过程中参考了大量的研究文献与资料,其中的主要来源已经在"参考文献"部分一一列出,如有遗漏,恳请原谅。无数的学者与实践人员为教学系统设计的发展与繁荣作出了巨大的贡献,本书正是建立在他们工作的基础之上。在此,编者对他们的辛勤劳动表示诚挚的谢意。

本书适合作为高等院校教育技术学专业本科或研究生教学系统设计课程的教学用书以及高等学校本科生跨专业的教育技术类公共课或选修课的教学用书,同时还可以作为教育技术工作者以及广大教师的工作参考读物。当然,本书也可以为企业培训人员相应的培训工作提供有益的帮助。

在编写本书过程中,对教育技术学专业的课程建设与教学改革略尽绵薄之力一直是编者深藏于内心的一种渴望,也是鞭策编者不断努力的一种动力。然而,由于编写时间有限,加之编者自身学养之有限,本书不足甚至是谬误之处在所难免。在此,诚恳地希望读者能够提出批评意见,以便让我们能够进一步改进。若能如此,心之所愿也!

编 者

2013 年 12 月

目 录

前言 (1)

课程学习准备模块 (1)

第一单元 教学设计理论与模式概述 (10)
模块一 初识教学系统设计 (10)
模块二 认识教学设计模式 (24)

第二单元 前端分析与学习目标设计 (45)
模块一 学习需要分析 (46)
模块二 教学内容分析 (54)
模块三 学习者分析 (65)
模块四 学习目标设计 (83)

第三单元 教学模式与教学策略设计 (101)
模块一 信息化环境下的教学模式 (101)
模块二 教学策略的选择与运用 (116)

第四单元 教学媒体与学习环境设计 (139)
模块一 教学媒体选择 (139)
模块二 学习环境设计 (159)

第五单元 学习过程与结果评价设计 (178)
模块一 学习过程与结果评价概述 (178)
模块二 学习过程与结果评价新方法 (191)

第六单元 信息化环境下的教学设计 (209)
模块一 信息化教学设计概述 (209)
模块二 信息化教学设计模式 (223)

参考文献 (241)

课程学习准备模块

准备活动一:创建学习档案

本课程的学习评价采取过程与结果相互结合的方法,因此,学习者需要通过建立个人的学习档案,以记录自己的学习进程。学习档案简称"学档",是指学生把自己有代表性的作品汇集起来,以展示自己学习和进步的状况。所以,"学档"基本上是一个收集个人的技能、思考、兴趣、业绩等证据的容器。

学习档案可以是文件袋、文件夹,也可以是较小的容器;可以是电子的,也可以是非电子的。总之,任何可以存储自己学习作品、记录自己学习历程的地方都可以。学习档案的制作不强求一致,可以根据自己的个性特征、学习习惯以及爱好和特长,按一定的规格自己设计制作出富有个性的档案袋来。

本课程建议采取以电子的形式创建自己的学习档案,记录自己在本课程中的学习与成长过程。在制作电子形式的学习档案时,请注意合理划分自己的栏目类别,并在后续的学习过程中不断充实。一般来说,电子形式的学习档案应该包括个人信息、学习计划、学习进度、作品展示以及学习反思等几个部分,如图00-01-01所示。

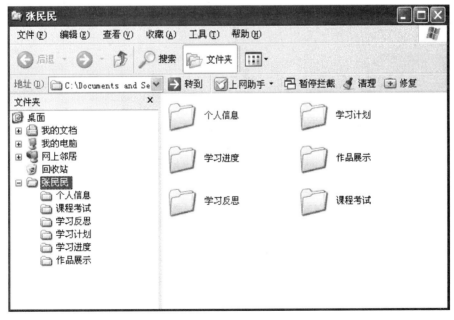

图00-01-01 电子学档示例

学习档案的创建一般包括规划设计、组织材料两个阶段。
(1) 规划设计阶段:在创建学习档案之前,你应该明确创建学习档案的目的之所在,并对学习档案袋的内容、结构、功能和形式进行规划设计。请回答下列问题：

你建立学习档案的目的是：_____
_____
_____

你准备选择哪些材料放入你的学习档案中？_____
_____
_____
_____

（2）组织材料：依据创建学习档案的目的，你需要选择最能够反映你的学习经历和学习成就的材料来充实你的档案袋。在确定了准备选择哪些材料之后，你就需要思考如何组织这些材料的问题了。请回答下列问题：

你准备把你的学习档案划分为哪几个栏目？_____
_____
_____

你准备采取何种方式，把你选择的这些材料分别纳入以上几个栏目之中？
_____
_____
_____
_____

在对以上问题有了满意的回答之后，你就可以有准备、有计划地开始创建你自己的学习档案了！

准备活动二：制订学习计划，签订学习契约

请根据本课程的培养目标、结合自身的实际情况，制定个人在本课程学习中的目标以及实现这些学习目标的具体工作计划，然后与小组的同学进行共享和讨论，不断修正与丰富自己的学习计划。怎样制订学习计划呢？一般来说，一份良好的学习计划大致包括三方面的内容。

☐ **进行自我分析**　可以仔细回顾一下自己的学习情况，找出自己的学习特点。各人的学习特点不一样：有的记忆力强，学过知识不易忘记；有的理解力好，老师说一遍就能听懂；有的动作快但经常错；有的动作慢却很仔细。

☐ **确定学习目标**　学习目标要适当、明确、具体。适当就是指目标不能定得过高或过低，要根据自己的实际情况提出经过努力能够达到的目标；明确就是指学习目标要便于对照和检查；具体就是目标要便于实现。

☐ **科学安排时间**　确定了学习目标之后，就要通过科学地安排时间来达到这些目标。这就要做到"全面、合理、高效"地安排时间。全面就是要对时间安排进行通盘考虑；合理就是要找出每天学习的最佳时间；高效则是要根据事情的轻重缓急来安排时间。

定了计划,一定要实行,不按计划办事,计划是没有用的。为了使计划不落空,要对计划的实行情况定期检查。你可以制定一个计划检查表,把什么时间完成什么任务达到什么进度,列成表格,完成一项,就打上"√"。这样你就可以根据检查结果及时调整修改计划,使计划越改越好。

第一步:制订课程学习目标

列出你的主要目标:	主要的	次要的
长　期		
中　期		
短　期		

第二步:分配课程学习时间

课程学习学期计划表

时间	重要事项	完成情况
第一周		
第二周		
第三周		
第四周		
第五周		
第六周		
第七周		
第八周		
第九周		
第十周		
第十一周		
第十二周		

(续表)

时间	重要事项	完成情况
第十三周		
第十四周		
第十五周		
第十六周		
第十七周		
备注	请按照本课程教学计划以周为单位拟定本课程的学期时间分配计划,并把这份计划表放置在你读书的地方,时而参考和修改并记录你的进展。这主要是宏观的大方向,不要附加太多细节。	

课程学习预定周计划表

星期一	
星期二	
星期三	
星期四	
星期五	
星期六	
星期天	
备注	请填入本周所有正在进行中的活动,例如上课时间、复习时间、约会时间和社交活动时间。这是微观的处理方式,所以要写得详细些。

实际周计划表

星期一	
星期二	
星期三	
星期四	
星期五	
星期六	
星期天	
备 注	在一周结束后,请对照预定的周计划表,修改并加入细节,完成实际周计划表。在评估你的时间分配时,确保自己按优先次序排列,同时问自己以下几个问题:有没有好好利用时间来达到最佳的效果?有没有在指定的时间内完成预定计划?能指出有哪些地方可以做更妥善的安排吗?

日计划表和"该完成的事项表"　　　　　　　日期_____

预定事项	完成情况	反 思
备 注	请在前一天临睡前或当天早晨醒来时就拟定。把当天欲完成的与本课程学习有关的事项列出来。完成某事项后,就在表上打"√",给自己一点成就感。	

第三步:签订学习契约

在你制订了详细的学习计划之后,就需要和教师签订一个契约,按照契约严格履行你的学习计划,在教师的监督下顺利实现你的目标。有关学习契约的知识,你可以参考本书"学习过程与结果评价设计"单元中的有关内容。

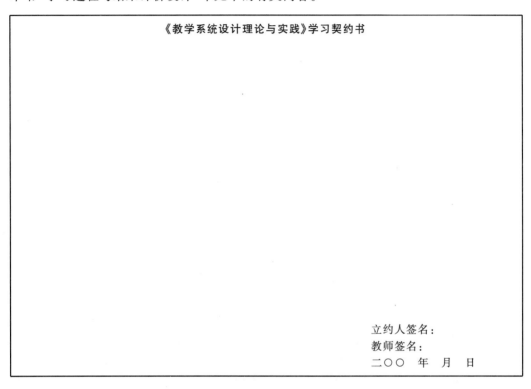

准备活动三:组建小组,准备合作

在本课程的学习中,除教师的课堂讲授以外,学习形式主要分为合作学习与自主学习两种,学习者可以根据不同的专业以及对本课程不同的研究兴趣自由组合,成立不同的学习小组。合作学习小组一般由研究兴趣相近的学生自愿组成,每组3—6人。各小组在充分讨论的基础上,为本小组命名,并拟定一句最能够体现小组精神的口号,通过民主选举的形式选出小组负责人,负责沟通与协调工作。在组建小组时,主要以自愿组合为主,教师可视情况进行协调。

学习中的相互合作是一种团队活动,团队成员之间相互支持、相互依赖,以达到商定的目标。教室是培养你今后的生活中所需要的团队技能的绝好场所。

学习中的相互合作是一种互动过程,作为一个团队成员,你需要:

□ 建立或认同一个共同的目标;

□ 分享你对某个问题的见解,如存在的问题、你的理解以及解决方案;

□ 努力去理解并回答他人提出的问题、见解以及解决方案,每个团队成员都要鼓励他人发言、鼓励他们为团队作出贡献,并认真考虑他人的意见;

☐ 信赖他人,同时他们也信赖你;
☐ 依赖他人,同时他们也依赖你;

好的学习团队需要哪些因素?

☐ 团队活动始于集体活动程序的训练和理解。教师在一开始就鼓励讨论并提出可选择的方案,但不要把解决方案强加给团队,特别是那些难以协调一致的团队;

☐ 小组成员最好3—5人,太大的团队难以使所有人都发挥作用;

☐ 由教师来组织小组,这种小组要比自由组合效果好;

☐ 不同层次、不同背景以及不同经历的组合;

◇ 每个成员都可以为小组增添力量;

◇ 每个小组成员不仅有责任为本组尽力,同时还有责任帮助其他成员认识到集体的力量;

◇ 任何一位在小组中处于不利地位或不合群的成员都应该受到鼓励并使其能够为小组作出贡献;

◇ 各种不同的看法和经历可对学习过程产生积极的影响,可为解决问题而增加一些选择方案,可扩展思路范围;

☐ 每个小组成员都有责任为完成一个明确的共同目标而努力;

◇ 给同伴进行私下评分是了解小组成员是否尽力的好方法;

◇ 如果帮助教育无效,小组有权开除一个不参与或不合作的成员(被开除的成员必须找到一个能接受他或她的小组);

◇ 如果一位小组成员认为自己做了大部分工作而未从其他人那里得到什么支持,那么他或她就可以退出(这位成员一般很容易找到一个欢迎他或她去出力的小组);

☐ 有明确的、每个小组成员都认可的共同行动准则及义务,其中包括:

◇ 准时参加小组会议并事先为此做好准备;

◇ 不同意见和争论就事论事,避免人身攻击;

◇ 尽职尽责地按时完成自己分内的任务;

合作学习的过程:

☐ 确定目标,规定什么时间、采取何种形式进行相互交流、检查进度、做出决策以及解决问题,等等;

☐ 确定可用的人力资源,特别是那些可提供指导、监督、咨询甚至包括仲裁的人;

☐ 确定检查进度和相互交流的时间表,以便讨论所采取的措施是否有效;

☐ 对于有问题的团队,应该请他们或要求他们会见教师以便讨论可行的解决方案。

对合作学习的评价是推动团队合作的一股重要力量。在此,我们建议采用量规的方式对小组合作进行评价。在小组合作开展合作学习的过程中,请对照下面提供的小组学习评价量规开展学习活动。课题研究结束之后,请使用小组学习评价量规以及个人在小组中的表现评价量规,对你所在的小组以及其他同学进行评价。有关如何使用量规进行评价,请参考本书中的"学习过程与结果评价"单元中的相关内容。

1. 小组学习评价量规

评价的准则	3分	2分	1分	得分
成员表现	每个成员积极地参与小组活动。	大部分成员能参与小组活动。	只有几个成员能参与小组活动。	
组内资源共享	每个成员将自己的资料献给小组。	大部分成员将自己的资料献给小组。	只有几个成员将自己的资料献给小组。	
成员之间的倾听	每个成员愿意听取别人的意见。	大部分成员愿意听取别人的意见。	成员只愿意听取很少人的意见或很少有成员愿意听别人的意见。	
讨论结果的价值	讨论有实质性进展,或有有价值的成果出现。	讨论有一些进展,或有成果出现。	讨论几乎没有进展,也没有成果。	
任务的完成	任务总是按时完成。	任务大部分时候按时完成。	任务需要催促才能完成。	
小组间关系	关系融洽,小组很积极地参与组间合作。	关系一般,小组能参与组间合作。	关系冷淡,小组很勉强地参与组间合作。	
组间资源共享	每个小组都将自己的资料给大家共享。	大部分小组将自己的资料给大家共享。	极少有小组将自己的资料给大家共享。	
组间讨论结果	问题有了实质性的进展或有价值的成果出现。	问题有了一些进展或有成果出现。	问题几乎没有进展也没有成果出现。	
定性评价				

2. 小组成员评价量规

评价的准则	4分	3分	2分	1分	得分
工作态度	积极持续地为小组目标工作。	不用催促就为小组目标工作。	偶尔催促一下能为小组目标工作。	只有在被催促的情况下才为小组目标工作。	
能否顾及他人感受	顾及小组其他成员的感受并且了解小组其他成员的需求。	能顾及小组其他成员的感受。	在大多数时间中,能顾及小组其他成员的感受。	在追求个人需求的同时,需要提醒才能顾及到小组其他成员的感受。	
个人位置	很希望在小组中被接受并且有自己的位置。	在小组里找到自己的位置行使自己的职责。	偶尔催促一下能为小组作出贡献。	只有在被催促的情况下才为小组作出贡献。	
对小组的贡献	积极持续地贡献出自己的知识、观点和技能。	能向大部分同学贡献自己的知识、观点、技能。	仅向部分同学贡献自己的知识、观点、技能。	很少或几乎不贡献自己的知识、观点、技能。	
评估能力	评估小组所有成员知识、观点和技能的价值并且鼓励他们用这些才能为小组作贡献。	评估小组部分成员知识、观点和技能的价值并且鼓励他们用这些才能为小组作贡献。	评估小组一些成员知识、观点和技能的价值。	在被催促和鼓励的情况下,评估小组部分成员知识、观点和技能的价值。	
鉴定能力	积极帮助小组鉴定必要的改变并且鼓励其他成员参与这一改变。	主动帮助小组鉴定必要的改变并且鼓励其他成员参与这一改变。	偶尔催促一下能帮助小组鉴定必要的改变。	在被催促和鼓励的情况下,能帮助小组鉴定必要的改变。	
定性评价					

第一单元 教学设计理论与模式概述

学习目标

1. 能够使用自己的语言陈述教学系统设计的基本内涵,能够简单地复述教学系统设计发展的几个主要历史阶段,并能列举出每一历史阶段的代表性人物与成果。

2. 能够使用明确的语言陈述教学系统设计的几种基本模式及其一般模式所包含的基本步骤,并且能够利用这些模式对具体的教学设计案例进行分析。

3. 能够切实意识到教学系统设计之于课程教学的重要意义与价值,并能够结合自身体会,使用自己的语言阐述学习教学系统设计课程的意义。

模块一 初识教学系统设计

理论学习

要真正熟练掌握教学系统设计的一整套基本理论、方法与技术,首先就必须对教学系统设计产生与发展的历史、教学系统设计的基本内涵、教学系统设计的应用层次与理论模式等具有基本的把握,形成全面的认识。下面,让我们先来认识一下教学系统设计产生与发展的历史!

一、教学系统设计的产生与发展

教学系统设计的历史发展与其他学科的发展历程一样,大体上经历了萌芽阶段、理论初创、纵深发展等几个阶段。在这几个阶段中,具有不同学科背景的学者们为了同一个目标密切合作,紧密地团结在一起,共同铸就了教学系统设计的成长与辉煌。

1. 萌芽阶段

教学系统设计研究的一个最初目标,就是建立一座能够沟通学习理论(如行为学习理论、认知学习理论)与教育教学实践的知识的桥梁。教学系统设计因而发展为一种"规范科学",旨在把关于人的学习的心理过程的研究与具体的教育教学实际问题的解决连接起来。这样,20世纪的教学系统设计也就逐渐成为教育心理学的应用学科。

20世纪上半叶,教学系统设计研究起源于心理学家试图把心理科学运用于教育情境的努力。杜威(John Dewey)和桑代克(Edward L. Thorndike)为早期教学系统设计研究的科学化作出了重要贡献。杜威早在20世纪初期出版的《我们怎样思维》一书中就设想建立一种特殊的"连接科学",能够把心理学研究与教育教学实践连接起来。① 这种"连接科学"当然是研究如何设计教学的。

与杜威相比,桑代克的贡献更为突出。他提出了设计教学过程的主张与程序学习的设想。② 桑代克认为,通过动物实验所建立起来的"联结主义学习理论"可以直接运用于教学过程中,他根据其学习理论建立起一整套包括任务分析、教学方法、教学评价、教学测量的教学设计体系之雏形。这在研究内容和研究方法上都为其后的教学系统设计研究奠定了基础。

然而,教学设计作为一种理论与一门新兴的教学科学分支,却是孕育于第二次世界大战之后的现代教学媒体运用以及传播理论、学习理论、教学理论与系统科学等多学科理论被综合应用于教育与教学问题解决的过程中。

2. 理论初创

"二战"期间,因为战争的需要,美国要在最短的时间内为军队输送大批合格的士兵以及为工厂输送大批合格工人,当时的心理学家与视听教育专家参与了培训工作。在培训过程中,心理学家们努力揭示人类是如何学习的,把心理学的知识运用于战时培训当中,系统发展了"任务分析"(task analysis)的理论,详细阐明了有效教学的外在条件;与此同时,视听教育专家与心理学家展开了密切合作,基于心理学关于人类如何学习的知识,开发了一大批幻灯、投影等培训材料。这些都是把学习理论应用于设计教学的早期尝试,也成为教学系统设计理论的最初发展。

"二战"期间一些心理学家利用心理学的理论来设计一定的程序,进而指导各类人员培训。"二战"结束以后,受战时培训成绩的鼓舞,大批心理学家继续从事教学与培训方面的工作。在这一过程中,逐渐产生了任务分析的概念。20世纪50年代,服务于美国空军的研究人员首先提出了"任务分析法",强调任务分析对培训与教学的作用。其后,任务分析的方法又在60年代为罗伯特·米勒(Robert Miller)等人进一步发展。所谓任务分析,是指在教学活动之前,预先对教学目标中规定的、需要学生习得的能力或倾向的构成成分及其层次关系所进行的分析,目的是为学习顺序的安排以及教学条件的创设提供心理学依据。

同样是在20世纪50年代,斯金纳(B. F. Skinner)改进与发展了教学机器,以其新行为主义心理学的强化理论为基础,创建了程序教学方法。1954年,斯金纳发表了一篇题为《学习的科学与教学的艺术》(*The Science of Learning and the Art of Teaching*)的论文,该论文迅速掀起了一个关于程序教学和教学机器开发的运动。斯金纳在文章中提出了"小步子、循序渐进、序列化、学习者参与、强化、自定步调"六个教学设计原则,从而确立了行为主义教学设计的基础。教学设计理论早期发展中的几个主要人物如罗伯特·加涅(Robert M. Gagné)、罗伯特·格拉泽(Robert Glaser)等人无不受斯金纳的影响。

1956年,芝加哥大学的心理学家本杰明·布卢姆(Benjamin Bloom)发表了《教育目

---

① 尹俊华:《教育技术学导论》,北京:高等教育出版社2002年版,第83页。
② Ely, D. P. (1970). Toward a Philosophy of Instructional Technology. *British Journal of Educational Technology*, 1, 81—94.

标分类学,第一分册:认知学习领域》,1964年,克拉斯沃尔(D. R. Krathwohl)发表了《教育目标分类学,第二分册:情感学习领域》,1972年,哈罗(A. J. Harrow)发表了《教育目标分类学,第三分册:动作技能领域》。他们把教学目标分为三类:认知领域、情感领域和技能领域。这几本著作的出版,奠定了教育目标分类的理论基础,有力地促进了教学设计中对学习目标的研究。

从20世纪60年代起,学习目标便成了教学系统设计中一个重要概念。1962年,罗伯特·马杰(Robert Mager)出版了《程序教学目标的编写》一书,以程序教学课本的形式,提出了使用行为术语陈述教学目标的理论与方法。他强调,必须以具体明确的表述方式说明学生完成学习任务以后应该达到的行为指标。用他的话来说,"假如你对要去的目的地不清楚的话,那么,很可能你会抵达另一个地点,而且还不知道走错了目的地"。[①] 马杰在《程序教学目标的编写》这本经典著作中提出,一个学习目标应该包括行为、条件、标准3个基本要素。正是基于这三个要素,后来才产生了教学设计研究中描述学习目标的著名的ABCD模式。

20世纪60年代,以美国教育学家斯克里文(Scriven, M.)、斯塔克(Stake, R. E.)和开洛格(Kellogg, T. E.)等人为代表的一批学者对教育评价理论作出了巨大的贡献,也有力地促进了教学系统设计中评价理论与方法的迅速发展。正是在这期间,产生了形成性评价(formative evaluation)与总结性评价(summative evaluation)等教学系统设计的核心范畴。

不难发现,在整个50、60年代,不仅行为主义教学设计理论蓬勃发展,而且教学系统设计的一些核心范畴也于此时建立。诸如任务分析(task analysis)、教育目标的分析、学习目标的撰写、有效学习的条件、形成性评价(formative evaluation)、总结性评价(summative evaluation),等等。而在1965年,加涅出版了《学习的条件》(Conditions of Learning)一书。在此书中,加涅提出了"学习的条件"(conditions of learning)这一概念,并且以有效学习的条件这一概念为核心提出了一套学习理论,为其后系统提出教学系统设计的理论体系奠定了坚实的学习理论基础。

另外还有一点值得关注的是,自20世纪五六十年代以来,系统科学理论逐渐被引入教育技术领域,开始对教学设计产生影响,教学系统设计的概念被正式提出。1962年,格拉泽首次使用了"教学系统"(Instructional System)这一术语,并且对其进行了详细的讨论,分析了教学系统设计的主要构成。[②] 应该说,此时的教学设计在系统观上还属于"媒体观"和"胚胎期系统观"。[③]

在"媒体观"中,教学系统设计被看成是媒体选择的过程,教学设计人员是通晓不同媒体特征及效果的专家。发展到后来,教学系统设计又突出了教学媒体的制作这一过程,形成了胚胎期系统观和狭义系统观。此时,系统理论才真正地被引入到教学设计之

[①] Robert Mager. Preparing Objectives for Programmed Instruction. San Francisco: Fearon, 1962, p. vii.

[②] Glaser, R. (1962). Psychology and Instructional Technology. Training Research and Education. Edited by Glaser, R. Pittsburgh: University of Pittsburgh Press, pp. 1—30.

[③] Schiffman. Shirl S. (1995). Instructional Systems Design: Five Views of the Field. Chapter 11 in Gary Anglin (Ed.). Instructional Technology: Past, Present, and Future. 2nd ed. Englewood, CO: Libraries Unlimited.

中,成为教学设计四个理论基础(教学理论,学习理论,传播理论,系统理论)中的一个。从此,教学设计有了固定的、独立的研究对象,从而独立于教育心理学而自成一个专门研究领域。

3. 纵深发展

20世纪70年代以后,伴随着一批核心范畴的建立,教学系统设计的理论开始朝纵深方向发展,逐渐建立起系统的理论体系。教学系统设计的研究已经形成一个专门的研究领域,成果日益丰富。至今,教学系统设计的理论著作与各种文献早已汗牛充栋。其中,首推加涅等人的《教学设计原理》。

1974年,基于"学习的条件"这一理论成果,加涅出版了《教学设计原理》(Principles of Instructional Design)一书,首次形成了教学系统设计的一个相对完整的理论体系,建立了教学设计理论研究的基本框架,教学系统设计作为一门学科初步完备。1976年,格拉泽又在《教育研究评论》(Review of Educational Research)发表了《教学心理学的构成:迈向一门设计科学》一文,首次提出了"设计的科学"(Science of Design)的概念,有力地推动了教学设计思想的发展。[①]

从70年代开始,伴随着对教学系统设计研究的不断增加,产生了为数众多的教学系统设计模型,其中比较重要的包括"格拉奇—伊利"模型(Gerlach and Ely Model)、肯普模型(Kemp Model)、"迪克—凯瑞"模型(Dick and Carey Model)、"史密斯—雷根"模型(Smith and Ragan Model),等等。此外,梅瑞尔(M. David Merrill)和瑞奇鲁斯(Reigeluth, Charles M.)对教学系统设计理论也提出了很多富有创见的观点,其中以教学设计自动化理论和教学的细化理论(The Elaboration Theory of Instruction)影响最大。

梅瑞尔在加涅工作的基础上,发展了加涅的教学系统设计理论,先后提出了成分显示理论(Component Display Theory,简称CDT)、第二代教学设计(ID2)以及教学处理理论(Instructional Transaction Theory,简称ITT),大大推动了教学系统设计的研究,尤其是教学设计自动化的研究。

瑞奇鲁斯和梅瑞尔合作提出的细化理论也是这一时期教学设计研究的一项重大成果。尤其值得指出的是,瑞奇鲁斯等人的细化理论(ET)和梅瑞尔的成分显示理论(CDT)一起构成了一个完整的教学系统设计理论。前者(ET)是关于教学内容的宏观展开,而后者(CDT)则考虑教学组织的微策略,即能提供微观水平的教学"处方"——给出每个概念或原理的具体教学方法。

在这一时期,教学设计的专家们在动机设计方面的研究也取得了令人瞩目的成果,丰富了教学设计的理论体系,其中有代表性的成果当属佛罗里达州立大学教授约翰·凯勒(John Keller)提出的ARCS动机设计模型。他整合了以往大量的动机研究提出了ARCS模型,认为影响学生动机形成的因素有四类:注意(Attention)、相关(Relevance)、自信(Confidence)和满意(Satisfaction)。[②]

[①] Glaser, R. (1976). Components of a Psychology of Instruction: Toward a Science of Design. Review of. Educational Research, 46, 1—24.

[②] Keller, J. M. (1987). Development and Use of the ARCS Model of Motivational Design. Journal of Instructional Development, 10(3), 2—10.

进入新世纪,我们将会发现教学系统设计研究的发展方向主要表现在以下三方面:随着系统理论的发展,教学系统设计将超越传统的微观课堂教学系统设计并将进一步向宏观的教育系统设计发展;在学习理论方面,建构主义认识论从理论和实践两个方面正逐步取代客观主义认识论;而随着信息时代的到来,信息技术进步必将使教学领域发生深刻变革,进而促进教学设计向智能化的方向发展。

二、教学系统设计的内涵与特征

教学系统设计从本质上讲属于一种设计活动,要想对教学系统设计的内涵形成正确的认识,就要首先正确地理解什么是设计。所谓设计,就是为创造某种具有实际效用的新事物而进行的探究,而这种探究能力是可以加以训练的。设计包括对一个不完善的情境所进行的探索,发现并解决若干存在的问题,详细说明问题解决的具体步骤。在设计的过程中,设计者需要具备把握理性与直觉的平衡以及对先前的设计活动进行反思的能力。

设计活动是一种重要的后理性认识活动,是为实践活动提供行动方案,制定蓝图的活动。设计活动的主体是设计者,客体是"理论"本身。作为一种后理性活动,设计活动是由设计者把一般理论转化为解决某一具体问题的指导方针或转化为行动方案的活动。设计活动主要是一种理论应用过程。在进行设计活动之前,设计人员必须明晰设计所依据的理论是什么。

教学系统设计可以被认为是设计的一个子集。设计过程所具有的特点也同样适合于教学设计。教学系统设计针对的是特定的学习目的,教学系统设计人员力求创建某种教学材料或学习系统。为实现特定的学习目的,教学系统设计人员试图形成对教学条件以及所期望之结果的理解,并使这种理解以具体的方法表现出来,最终形成系统的教学方案。

教学系统设计作为一个独立的研究领域尽管已经有了几十年的历史,但是在对教学系统设计内涵的理解上还存在着不同观点。教学系统设计的集大成者罗伯特·加涅在《教学设计原理》中将教学系统设计定义为"一个系统化(有系统的)规划教学系统的过程。教学系统本身是对资源和程序作出有利于学习的安排"。后来,加涅进一步指出:"教学是以促进学习的方式影响学习者的一系列事件,而教学设计是一个系统化规划教学系统的过程。"

另一位学者肯普(J. E. Kemp)把教学系统设计界定为一种"运用系统方法分析研究教学过程中相互联系的各部分的问题和需求,确立解决它们的方法步骤,然后评价教学成果的系统计划过程"。而史密斯(P. Smith)等则把教学系统设计定义为"运用系统方法,将学习理论与教学理论的原理转换成对教学资料、教学活动、信息资源和评价的具体计划的系统化过程"。

梅瑞尔(David M. Merrill)在其新近发表的《回归到科学意义上的教学设计研究》(*Reclaiming Instructional Design*)一文中将教学设计界定为:"教学是一门科学,而教学设计是建立在教学科学这一坚实基础上的技术,因而教学设计也可以被认为是科学型的技术(science-based technology)。教学的目的是使学生获得知识技能,教学设计的目的是创设和开发促进学生掌握这些知识技能的学习经验和学习环境。"[1]

我国学者乌美娜在国内出版的第一本《教学设计》的教科书中提出,教学系统设计"是运用系统方法分析教学问题和确定教学目标,建立解决教学问题的策略方案、试行解决方案、评价试行结果和对方案进行修改的过程"。[2] 另一位学者何克抗则把教学设计定义为"运用系统方法,将学习理论与教学理论的原理转换成对教学目标(或教学目的)、教学条件、教学方法、教学评价……教学环节进行具体计划的系统化过程"。[3]

综合上述各种观点,我们可以对教学系统设计进行如下界定:教学系统设计(Instructional System Design,简称 ISD)也称作教学设计(Instructional Design,简称 ID)是以传播理论、学习理论和教学理论等多学科理论为基础,运用系统论的观点和方法,分析教学中的问题和需求从而找出最佳解决方案并对其进行评价、试行与修正的一种理论和方法。它具有以下几个基本特征:

1. 教学系统设计以多种理论为基础

教学设计是一个应用的和决策定向的领域,它需要应用许多基础理论作为制定决策的依据。教学系统设计的理论基础不是少数人实践经验的总结,而是建立在已被实验研究所证实的科学理论的基础之上的,这些科学理论主要包括学习理论、教学理论、传播理论和系统理论。

教学设计的许多原理和方法直接源自这些理论,了解这些理论有利于准确地把握和灵活地应用教学设计的原理和方法。通过掌握这些理论,教学设计人员就能够在共同的专业视野或背景中理解教学设计的内容。此外,教学系统设计的理论基础还可以为设计人员提供思想武器,能够为自己的决策进行有力的辩护。

2. 教学系统设计的目的在于促进学习者的学习

教学的目的在于有效地促进学生的学习,通过促进学习者的学习而促进其发展,而教学设计作为联系教学理论与教学实践之间的桥梁,其目的也指向学习者个体的学习。自教学设计诞生之日起,促进学习者的学习与发展就是设计者与教师的共同追求。

"促进学生的学习"包含着两层意义:一是通过创设教与学的系统,帮助学生最大限度地获取社会文化知识和专业知识;另一层含义在于帮助学生学会学习,其关键在于认知策略的掌握。帮助学习者获取知识是教学系统设计的直接目的,而帮助学习者学会学习则是教学系统设计的最终指向。

3. 教学系统设计是操作和规划教学活动的程序和过程

所谓系统化,是指"鉴别、开发、评价一系列策略的有序的、逻辑的方法,这些方法旨

---

[1] Merrill, M. D., Drake, L., Lacy, M. J., Pratt, J. A., & the ID2 Research Group at Utah State University (1996). Reclaiming Instructional Design. Educational Technology, 36(5), 5—7.
[2] 乌美娜主编:《教学设计》,北京:高等教育出版社 1994 年版,第 11 页。
[3] 何克抗:《教学设计理论的新发展》,《中国电化教育》,1998,10—12。

在达到特定的教学目的"。① 教学系统设计是一种"连接科学",是一种按照学习科学与教学科学的原理,为了学习目标的实现而对教学进行规划的技术过程。教学系统设计强调设计过程必须遵循设计的规则和程序。教学系统设计者就像一名技术员或工程师,一步一步按照一定的逻辑顺序系统地进行操作。

在教学设计人员看来,借助于设计出来的这些规则和程序可以精确地预测未来学习者的行为。因此,教学系统设计就是"开处方",就是一个运用系统方法来分析教学问题、设计教学问题的解决方案、检验方案有效性并做出相应修改的过程。正是在这个意义上,教学系统设计的理论被视为一种处方理论。

4. 教学系统设计是一门理论和实践兼备的应用性学科

教学系统设计是20世纪60年代形成的指导教学活动的一门应用学科,它是教学理论和教学实践的中间环节,目的是通过选择适当的教学策略和教学媒体,规划教学活动,为学习者提供最佳的学习环境。教学系统设计既有理论研究,又有实践应用。大到课程开发,小到媒体材料的制作,我们都需要教学系统设计的理论和方法。教学系统既是教学设计理论所研究的对象,也是教学设计活动的产物。

5. 教学设计是典型的多学科交叉的团队协作活动

教学设计是一种典型的多学科交叉的团队协作活动。目前,绝大多数的教学设计项目需要具有来自不同专业领域的专家参与,有时候甚至还需要用户对象的参与。对一个教学设计的项目团队来说,学科专家(Subject Matter Expert)、专业教学设计师、计算机程序员、图形艺术设计师、教学媒体制作人员、设计项目管理人员往往是其中不可缺少的重要成员。一个成功的教学设计产品需要他们的通力合作。

学科专家作为设计课程领域的专家,在内容搜集和任务分析时起关键作用,他负责说明教学设计的内容重点与特色所在。而教学设计师则负责按照教学设计理论,运用各种具体设计技术与方法将设计出具体的教学设计方案,并制定后续的教学设计项目开发计划。项目组内的媒体人员依据教学设计专家设计的文件开发各种教学媒体或教学网页,由计算机程序员和工程师测试技术问题,最后推出完整的教学设计产品。项目管理人员则在整个教学设计过程中扮演管理者和协调人的角色。

实践活动

实践活动一:创作教学设计的大事年表

1. 学习"大事年表"的制作方法

所谓大事年表,就是将有关历史的资料依时间或年份先后排列,即将一件发生在某年某月某日的历史事件,以最简单的形式,有重点地记录下来。它们对于了解历史起着

---

① Kemp, J. E., Morrison, G. R., & Ross, S. M. (1998). Designing Effective Instruction (2nd ed.). New York: Merrill Publishing, p.5.

第一单元　教学设计理论与模式概述

重要的作用。下面是一个关于我国计算机科学的大事年表的一部分(1956—1960)。

时间	事　件	备　注
1956	筹建中国科学院计算机技术研究所	由华罗庚受命筹建。
	设计第一台电子计算机运算器和控制器	由夏培肃完成设计工作,同时编写了中国第一本《电子计算机原理》讲义。
1957	第一台模拟式电子计算机研制成功	哈尔滨工业大学研制。
1958	103型机研制成功	中国第一台计算机;中国科学院计算所与北京有线电厂共同研制;字长31位,内存容量为1024字节,运算速度每秒450次。
	数字指挥仪901样机问世	第一台电子管专用数字计算机。
1959	104型机研制成功	
1960	105型机研制成功	第一台大型通用电子计算机;字长32位,内存容量为1024字节,有加减乘除等16条指令;主要用于弹道计算。
……	……	……

2. 创作一个教学设计发展的大事年表

在互联网上,很多人制作了各种与教学系统设计有关的大事年表,请按照下面的地址(提取时间:2007-4-10)访问这些大事年表,以加深对教学系统设计发展历史的了解与认识。

□ 学习技术大事年表(Learning Technology Timeline)
http://www.isrl.uiuc.edu/~chip/projects/timeline/

□ 教育技术大事年表(Instructional Technology Timeline)
http://www.ittheory.com/timelin2.htm

□ 教学开发大事年表(Instructional Development Timeline)
http://www.my-ecoach.com/idtimeline/index.html

□ 教育技术大事年表(Instructional Technology Timeline)
http://www.ittheory.com/timeline.htm

□ 教学设计大事年表(Instructional Design Timeline)
http://www.coe.uh.edu/courses/cuin6373/idhistory/index.html

请参考这些大事年表,查找下列推荐的资源,并广泛搜集更多有关教学设计发展历史的各种文献,自己动手创作一个教学设计的大事年表。

□ Reiser, RA (2001). A history of instructional design and technology Part I: A history of instructional design. Educational Technology Research & Development, 49(1), 53—64.

□ Reiser, RA (2001). A history of instructional design and technology Part II: A history of instructional design. Educational Technology Research & Development, 49(2), 57—67.

□ Sharon A. Shrock. A Brief History of Instructional Development. In G. J. Anglin

(Ed.), (1995). Instructional technology: Past, present, and future (2nd ed.) (pp. 11—19). Englewood, CO: Libraries Unlimited.

　　□ 张华(2000),教学设计研究:百年回顾与前瞻,《教育科学》,2000.4.

　　□ 高文(2005),教学系统设计(ISD)研究的历史回顾——教学设计研究的昨天、今天与明天(之一),《中国电化教育》,2005.01.

　　□ 高文(2005),试论教学设计研究的定位——教学设计研究的昨天、今天与明天(之二),《中国电化教育》,2005.02.

　　□ 高文(2005),教学设计研究的未来——教学设计研究的昨天、今天与明天(之三),《中国电化教育》,2005.3.

教学设计大事年表

时　　间	事　件	备　　注

在大事年表的创作过程中,除了可以使用传统的表格制作方式之外,还可以使用各种专门的应用软件进行创作。使用专门软件创作的大事年表与传统手工制作的大事年表相比,不仅更美观,而且更生动形象,易于理解与掌握。在众多可以用来创作大事年表的应用软件中,Smart Draw 便是其中的佼佼者。

Smart Draw 是专业的图表制作软件,可以用它轻松制作组织机构图、流程图、地图、房间布局图、数学公式、统计表、化学分析图表、解剖图表,等等。随带的图库里包含数百个示例、数千个符号和外形供你直接套用,你还可以去该公司的网站下载更多的符号和外形,总量达数百兆之巨,充分满足你制作各类图表的需要。Smart Draw 是一款非常适合进行大事年表创作的应用软件。

图 01-01-01 是 Smart Draw 公司提供的使用 Smart Draw 制作的各种样式的美国历史及其 20 世纪领袖人物的大事年表。请参考这些样例,并访问 Smart Draw 公司网站(http://www.smartdraw.com),下载 Smart Draw 软件的试用版本,使用它创作各种不同表现形式的"教学设计"大事年表,要求至少创建两种不同表现形式的大事年表。

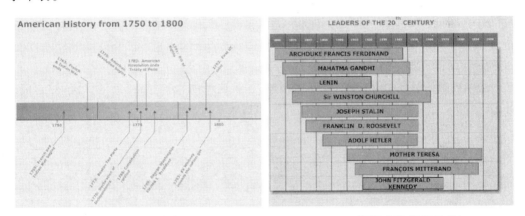

图 01-01-01　(图片来源:http://www.smartdraw.com　提取时间:2007-7-13)

实践活动二:教学设计面面观

教学设计的概念历经数十年的演变,为数众多的学者与学术组织从不同角度对其进行了探讨。目前,有关教学设计的定义众多,本模块的理论学习部分已经列举和很多学者在不同历史时期对教学设计所做出的定义,请你在认真阅读这一部分内容的基础上:

1. 搜寻教学设计的定义

以本书为基础,请你通过图书馆或者互联网广泛搜集有关教学设计的各种界定,把你能找到的各种对教学设计的界定填入下面的表中。

教学设计定义记录表

编号	作者	定义的具体内容	界定时期	资料来源
备注				

2. 教学设计定义的比较分析

从你找到的对教学设计的界定中选取三种最典型的、影响最广泛的界定,对它们进行比较分析,把这些定义的异同点填写在下面横线上。

典型定义一:_____

_____

典型定义二:_____

_____

典型定义三:_____

_____

相同点:_____

_____

_____

不同点:_____

_____

_____

3. 头脑风暴中的教学设计

使用头脑风暴的方法,以你对教学设计的理解与认识为基础,围绕"什么是教学设计"这一主题,与你的小组成员进行讨论,以加深对教学设计的理解与认识。在"头脑风暴观点记录与评级表"中记录小组通过头脑风暴产生的新问题,提交给任课教师,同时把头脑风暴的成果放入小组的学习档案中保存。

☐ 什么是头脑风暴(Brainstorm)

当一群人围绕一个特定的兴趣领域产生新观点的时候,这种情境就叫做"头脑风暴"。由于会议使用了没有拘束的规则,人们就能够畅所欲言,更自由地思考,进入思想的新区域,从而产生很多的新观点和解决问题的方法。当参加者有了新观点和想法时,他们就大声说出来,然后在他人提出的观点之上建立新观点。所有的观点被记录下来,但不进行批评。只有头脑风暴会议结束的时候,才对这些观点和想法进行评价。

☐ 头脑风暴时,请牢记以下基本规则

◇ 规则1:在头脑风暴期间,不要对产生的观点进行评价;
◇ 规则2:鼓励自由地交流思想与发表观点;
◇ 规则3:头脑风暴中产生的观点与思想越多越好;

Brainstorm

图 01-01-02　头脑风暴示意图

◇ 规则4：在他人提出的观点之上建立新观点；
◇ 规则5：每个人和每个观点都有相等的价值。
□ 实施头脑风暴

把小组成员聚集在一个房间里，找一个中心人物进行协调、介绍本次头脑风暴会议的目的，简要说明头脑风暴的规则，并在头脑风暴过程中切实遵守这些规则，就"什么是教学设计"展开深入而充分的讨论。

在比较理想的情况下，小组成员在中心人物的主持下就一个无关的比较有趣的主题进行简短的热身。这会使小组成员的创造热情高涨，它会帮助小组的每一个成员建立一种不受拘束的心情。当建立起适当的心情的时候，头脑风暴就应该开始正题。

在头脑风暴进入正题之后，小组中的每个人大声说出他们对"什么教学设计"这一论题所持的观点。这些观点要全部记录下来，以便以后对它们进行分析。记录观点最通常的方法是写在大的便笺纸上，使用黑板、幻灯片、计算机或零散纸张也行。在实施头脑风暴的过程中，小组需要指定一位秘书或专门的记录人来记录头脑风暴中产生的所有观点，并把这些观点填入下表。在头脑风暴结束后，对头脑风暴过程中产生的所有观点进行评级。

头脑风暴观点记录与评级表

主题	什么是教学设计	日期	
观　　点	优良的	有趣的	无用的
参与人员			
需要与老师讨论的问题			

4. 创建演示文稿，与同伴共享心得与成果

在经历了以上的学习活动之后，相信你已经对教学设计有了初步的认识，那么就开始通过演讲与你的同伴分享自己的学习心得与成果吧！PowerPoint将会给你的演讲提供

帮助。为了使你的演示条理清晰,表述明白,在制作 PowerPoint 之前,对演示文稿进行设计是非常必要的。

⇨ 设计演示文稿

为了更好地达到此演讲的目的,你可以考虑在演示文稿中涉及以下内容(请根据需要选择):

☐ 介绍你搜寻到的教学设计定义

☐ 展示你制作的教学设计大事年表

☐ 谈一谈你自己对教学设计的理解与认识

为了更好地设计你的演示文稿,请尝试使用 WHPI 方法。WHPI 是一种演示设计的有效方法,它的英文全称是"Why? How? Prove It!"。有关 WHPI 的更多内容,请浏览它的网站:http://www.whyhowproveit.co.uk/index.htm(2007-6-15 日提取)。

请考虑如何把文字和视觉效果更好地融入你的演示文稿。在制作演示文稿之前请在纸上大致勾勒一下你的构思,这对你制作出成功的演示文稿有很大帮助。一切准备就绪之后,就开始创建你的演示文稿吧!

⇨ 创建你的演示文稿

☐ 启动"PowerPoint"。

☐ 创建空白演示文稿,选择你所需要的幻灯片版式。输入你的第一张幻灯片——即你与同伴交流讨论共享心得与成果演讲时的标题。

☐ 在幻灯片的背景中使用模板。选择"格式"菜单中的"应用设计模板"。然后在对话框中选择应用设计模板的样式。

☐ 单击"文件"菜单,单击"保存"。选择你要保存的地址,给你的文件命名。

☐ 单击"插入"菜单中的"新幻灯片",添加一张新的幻灯片。输入第二张幻灯片的标题与内容。

☐ 重复上面一步,不断添加下一张幻灯片。

☐ 润色你的演示文稿。在编辑、完善演示文稿的内容后,你可以考虑增加一些特殊效果。但要注意每项效果的作用都应该是增强内容的表现,过多的声音和图片反而会妨碍演示文稿达到目的。有关 PowerPoint 的更多介绍与技巧,请访问 Microsoft 网站的有关资源(http://www.microsoft.com/china/office/powerpoint/prodinfo/default.mspx,2007-6-15 日提取)或者阅读 PowerPoint 的帮助面板。

⇨ 锻炼你的演说能力

在课堂上,向你的同学展示你的幻灯片,并讲解其中的内容,与他们交流讨论,共享本节课程学习的心得与成果,以此锻炼你面对公众进行演说的能力。

在演说时,请牢记以下几点:

☐ 口头演说不同于书面写作,请尽量使用口语,而不是严密却枯燥的书面语言。

☐ 考虑你的听众,认真思考他们对什么感兴趣,他们的知识背景如何。

☐ 认真准备你的演说,并争取在公众场合彩排一次。

☐ 请务必保持你演说的条理性以及你的口头阐述与幻灯片展示的相关性。

演说结束后,认真听取同学的评价与建议,并考虑以下问题:

□ 演示文稿需要修改的地方：_____
_____

□ 他人在这一问题上的新观点：_____
_____

□ 我对教学设计的重新认识：_____
_____

最后，请一定不要忘记把你学习本节课程的作品与成果放入个人学习档案中保存起来。那可是你的学习记录哦！

模块二　认识教学设计模式

理论学习

教学系统设计既有不同的应用层次，也有不同的实践模式。在这里，我们将对教学系统设计的三个层次、教学系统设计的几种基本模式进行一个简单介绍，并在此基础上讨论教学系统设计的一般过程模式所包含的几个基本程序。

一、教学系统设计的三个层次

教学设计是一个问题解决的过程。那么，根据教学中问题范围、大小的不同，教学设计也相应的具有不同的层次，即教学设计的基本原理与方法可用于设计不同层次的教学系统。教学设计发展到现在，一般可归纳为三个层次：

1. 以"产品"为中心的层次

教学系统设计的最初发展是从以"产品"为中心的层次开始的。它把教学中需要使用的媒体、材料、教学包等当做产品来进行设计。教学产品的类型、内容和教学功能常常由教学系统设计人员和教师、学科专家共同确定。当然，有时还吸收媒体专家和媒体技术人员参加，对产品进行设计、开发和测试、评价。

以"产品"为中心这一层次的教学系统设计有以下几个前提特征：(1) 已经确定完成特定的教学目标需要教学产品；(2) 某些产品需要开发，而不是只对现有材料进行选择或修改；(3) 开发的教学产品必须被大量的教学管理者使用，产品对拥有相似特征的学习者产生"复制"的效果；(4) 重视试验和修改。

2. 以"课堂"为中心的层次

这个层次的设计范围是课堂教学，它是根据教学大纲的要求，针对一个班级的学生，在固定的教学设施和教学资源的条件下进行教学系统设计的工作，其重点是充分利用已有的设施和选择或编辑现有的教学材料来完成目标，而不是开发新的教学材料（产品）。

如果教师掌握教学系统设计的有关知识与技能,整个课堂层次的教学系统设计完全可由教师自己来完成。当然,在必要时也可由教学系统设计人员辅助进行。

3. 以"系统"为中心的层次

按照系统观点,上面两个层次中的课堂教学和教学产品都可看做是教学系统,但这里所指的系统是特指比较大、比较综合和复杂的教学系统。这一层次的设计通常包括系统目标的确定、实现目标方案的建立、试行和评价、修改等,涉及内容面广,设计难度较大,而且设计一旦完成就要投入范围很大的场合去使用和推广,因此需要由教学系统设计人员、学科专家、教师、行政管理人员甚至包括有关学生的设计小组来共同完成。

这一层次的教学系统设计以"问题—解决"的思想为导向,非常重视前期分析。它从收集数据开始,以确定教学问题所在和解决问题方案的可行性和必要性,在教学系统设计的过程中要求按给定的方式详细说明存在的问题,以保证系统设计是有的放矢的。与前面两种层次的教学系统设计相比,它更强调对大环境进行分析,需要做出的努力也要大得多。

二、教学系统设计的基本模式

教学系统设计虽有一套可供教学设计人员遵循的一般程序,但在具体的设计过程中,由于设计者依据的理论出发点不同,面临的教学任务、教学情境各异,因而采取的设计方法和步骤就会有一定差异,这种差异进而导致了许多教学设计模式的产生。这里将着重介绍和分析几个具有代表性的教学设计模式和组成这些模式的共同特征要素,使大家对一般的教学设计过程有比较清晰的初步认识。

1. 系统分析模式

系统分析模式是在借鉴了工程管理科学的某些原理的基础上形成的。这种模式将教学过程看做一个"输入(input)—产出(output)"的系统过程,"输入"是学生,"产出"是受过教育的人。这一模式强调以系统分析(systems analysis)的方法对教学系统的"输入—产出"过程及系统的组成因素进行全面分析、组合,借此获得最佳的教学设计方案。系统分析模式的一般设计程序如图 01-02-01 所示:

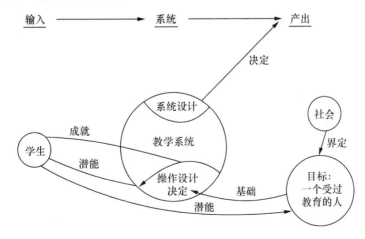

图 01-02-01 系统分析模式

从上图可以看出,系统分析模式十分重视对"输入—产出"过程的系统分析。其中,目标是整个设计过程的基础,它具体规定着教学系统产出的预期结果,目标不同,整个系统的分析、组合和设计也就不同。为进一步完善这一设计模式并使之更富有操作性,罗伯特·加涅等人提出了系统分析模式应遵循的十个基本步骤:

(1) 分析和确定现实的需要

分析和确定现实的需要指的是在教学设计过程开始的时候,先分析若干直接影响教学设计但又不属于具体设计事项的问题,这些问题主要指学习需要分析、教学内容分析和学习者特征分析等。

(2) 确定教学的一般目标及特定目标

通过分析和确定现实的需要,教与学的内容已基本清楚。这样,我们就可以确定学习者通过教学活动所要达到的学习结果或标准。这种结果或标准的具体化、明确化就是学习目标的阐明,它是制定教学策略、实施教学评价的依据。

(3) 设计诊断或评估的方法

设计诊断或评估的方法是指以目标为依据,制定科学的标准,运用一切有效的技术手段,对学习者学习活动的过程及其结果进行测定、衡量,并给以价值判断的过程。设计诊断或评估的方法是教学系统设计过程中不可或缺的重要内容之一。

(4) 形成教学策略,选择教学媒体

教学策略作为对完成特定的教学目标而采用的教学顺序、教学活动程序、教学方法、教学组织形式和教学媒体等因素的总体考虑,属于"如何教"的环节,是教学系统设计研究的重点。教学策略的制定是一项系统考虑诸多因素,总体择优的富有创造性的决策工作。

在教学设计中必须作出的一个重要决定,是应当采用什么样的媒体来传递教学信息和提供刺激。如果媒体选择与运用得不当,不仅达不到优化课堂教学的目的,反而会给人以画蛇添足之感,严重的甚至会干扰、影响课堂教学的效果。因而,教学媒体的选择是教学设计过程中的一个重要步骤。

(5) 开发、选择教学材料

在传统教学体系中,教师并不需要设计或开发教学材料,材料是由别人提供的,教师只需将其融入自己教学中去。这样做的危险是教师有时为了方便而选择现成材料,甚至改变教学目标以适应他可利用的材料,学生就可能接受与教学目标无关的信息或学习技能。而教学系统设计中教学材料的开发则改变了这种状况,避免了这种危险。

(6) 设计教学环境

在进行教学设计时,着重考虑教学环境因素,并把其作为设计的重要参数。其目的是,通过优化教学环境并发挥其功能,提高教学效果和质量。

(7) 教师方面的准备

教师是教学设计队伍中的重要成员,他们对设计的各个阶段都有帮助并成为其他教师的教师。如果一个新的教学系统需要专门技能,而现有的教师又不具备这些技能,那么就应该把教师的培训作为整个教学系统设计的一个部分。

(8) 小型实验,形成性评价及修改

教学设计成果的评价既有一般教学评价的共性,也有其本身的特点。这里的形成性评价与教学过程的形成性评价除了评价对象不同之外,其基本方法是一致的。教学设计成果的形成性评价通常包括制订计划、选用工具、试用样品、收集资料、总结和分析资料、报告结果等几项工作。

(9) 总结性评价

总结性又称事后评价,一般是在教学活动告一段落时为把握最终的活动成果而进行的评价。例如学期末或学年末各门学科的考核、考试,目的是验明学生的学习是否达到了各科教学目标的要求。总结性评价注重的是教与学的结果,借此对被评价者所取得的成绩做出全面鉴定,区分等级,对整个教学方案的有效性做出评定。

一般说来,总结性评价本身关注的是一个教学系统、一门教程或一个课题的有效性。当然,单节课可作为其中的单元,但极少作为独立的实体来评价。这种评价之所以称作总结性的,是因为它意在获得一组教学单元的总效果。与形成性测验相比,总结性测验通常具有许多规范的特征。

(10) 系统的建立和推广

至此,教学设计过程基本结束,进入实施与推广阶段。

在上述十个步骤中,前七个步骤是对教学的预先设计,后三个步骤则着眼于设计方案的验证、评价和修订。这一模式的基本特点是将教学设计建立在对教学过程的系统分析基础上,综合考虑教学系统的各种构成要素,为教学系统"产出"的最优化寻求最佳的设计方案。

2. 过程模式

教学系统设计的过程模式是由美国新泽西州立大学教授杰罗德·肯普(J. E. Kemp)提出的。这一模式与目标模式的主要区别在于它的设计步骤是非直线型的,设计者根据教学的实际需要,可以从整个设计过程中的任何一个步骤起步,向前或向后进行。具体设计过程见图 01-02-02:

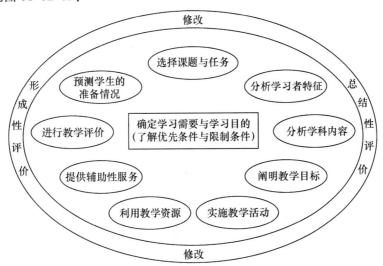

图 01-02-02　过程模式

该模式的特点可用三句话概括:在教学设计过程中应强调四个基本要素,需着重解决三个主要问题,要适当安排教学环节。四个基本要素是指教学目标、学习者特征、教学资源和教学评价。肯普认为,任何教学设计过程都离不开这四个基本要素,由它们即可构成整个教学设计模式的总体框架。

三个问题是指:(1)学生必须学习到什么,即确定教学目标;(2)为达到预期的目标应如何进行教学,即根据教学目标的分析确定教学内容和教学资源,根据学习者特征分析确定教学起点,并在此基础上确定教学策略、教学方法;(3)检查和评定预期的教学效果,即进行教学评价。肯普认为,任何教学设计都是为了解决这三个主要问题。

这一模式的基本特点是灵活、实用,教学设计人员可以根据教学情境的需要有侧重地设计教学方案。对于模式中所涉及的因素或设计环节,肯普曾有过自己的解释。总体来看,他提出的这种过程模式的设计步骤主要有以下几项:

(1)课题任务和总的目标

所有教学设计都是以概括性的目的为基础的,这些目的来自社会、学生和学科内容。确定教学目的以后,应列出全部计划中要教学的主要课题。课题一般由简单到复杂、由具体到抽象排列,以学生学习知识和技能的顺序为基础。最后列出总的课题目标,以此作为教学设计的起点。

(2)学生特征

列出学生的重要特点,如:学生的一般特征,包括能力、兴趣和要求,以及学习风格等,研究影响学生学习的各种因素。

(3)学习目标

确定学生通过学习应该掌握的知识和技能及其行为变化。这是教学设计中的关键因素,因为整个课程框架都是以学习目标为依据和导向,目标应该能告诉学生他们需要学会什么,并以此来评价教学效果和学习的成果。

(4)课题内容和任务分析

课题内容和任务分析是指对为实现每个学习目标应该学习的内容所进行的分析。目标和内容是密切相关的,而教材通常作为教学的最基本资源,同时教师个人知识、经验也是课题内容的重要来源。进行教学设计还要考虑其他教学信息来源,可以采用各种方法组织课题内容并安排其顺序。

(5)预测

预测是要了解学生是否对学习某课题有了基本准备,对将要学习的内容是否具备了知识和技能的基础。通过预测可以知道教学内容和教学目标是否恰当,从而进一步对计划进行删改或者补充。需要注意的是,不要在学生已知道的事情上浪费时间,也不要在不具备先决条件的情况下脱离学生实际地进行教学。

(6)教学活动

不存在教学活动的固定模式。无论教师和学生,在这种情况下所做的事情,在另一种情况下可能就不适合。必须了解各种教学方法和教学形式的特点,否则就难以做到合理选择和有机组合,在使用上还要符合学生的特点,以达到最好地完成所确定的学习目标的要求。

(7) 辅助性服务

在任何情景的教学中,都有许多相互联系的因素,如经费预算、设施条件、人员能力、工作时间等,都对教学方案的实施有重要影响,因此必须在教学设计的过程中予以考虑。

(8) 教学资源

资源和材料的选择与教学活动紧密相连。这里的教学资源包括各种印刷材料、视听材料以及其他人力、物力资源,它们都能够启发学生并有效地解释和演示课题内容。目前在许多教学情景中,尤其在自学的教学模式中,教学媒体不再是补充和辅助手段,因而这个设计环节就显得非常重要了。

(9) 学习评价

评价与目标直接相关,因为制定的学习目标揭示了所应评价的内容。学习目标表达得越清楚,描绘得越完整,学习评价也就越容易进行。也因为如此,这里采用的多为相对于传统的"相对标准"评分法而言的"绝对标准"评分法,或称标准参照评价。它根据每个特定的学习目标,测量每个学生是否达到了所要求的理解水平和能力水平,而其评定不受别的学生成绩的影响。

3. 目标模式

一个完整的教学设计应该包括哪些事项?该等事项在程序上又应如何安排才会对教师的教学发挥引导作用?教育心理学家迪克(W. Dick)与凯瑞(L. Carey)二人经过20多年研究之后,在1985年所发展成的教学设计系统模式(systems approach model for design instruction),被公认是当代最完整、最具系统性的模式。由于它强调以教学目标为基点对教学活动进行系统设计,以达成教学目标为基本目的,所以被称为目标模式。该模式包括九个步骤,以下是该模式九个步骤的概括说明,具体如图01-02-03。

(1) 确定教学目标

根据教学设计模式进行教学设计时,第一步工作规定所教课程的教学目标。所谓教学目标,是指在教学之前预期教学活动结束之后,学生从教学活动中学到些什么,是知识与技能,还是态度与观念。教学目标的确定,一般的根据是:课程的需要(语文科、自然科、艺术科的需要各不相同);学生的能力与个别差异;教师的教学经验。

(2) 进行教学分析

教学设计第二步的教学分析,与第三步的检查起点行为,两者并列,不分先后,可同时进行。为讨论方便起见,先行说明教学分析。所谓教学分析,是指在教学目标之下,对达到目标的过程中学生学习所需技能的分析。在职业科目教学时,常采用的任务分析方法,其目的即在从某种工作的作业过程分析中,了解学习者需要先备知识技能,以便进行教学,而利于达成教学目标。

(3) 检查起点行为

在教学分析的同时,为了解学生是否确实具有学习新单元的先备知识与先备技能,设计者必须先行检查学生的起点行为。所谓起点行为,是指学习新经验之前必须具备的基础性经验。面对新的教学情境时,学生们因起点行为的不同,而有个别差异。教师必须先了解这方面个别差异的大概情形,然后才能决定如何教导学生学习。检查起点行为的方法,可采用口头问题方式,也可采用纸笔测验方式进行。

(4) 制订作业目标

根据上述教学分析与起点行为,就可进一步制定作业目标。所谓作业目标(performance objective),是指教学设计者或教师,对学生习得知识技能后具体表现的预先估计。同时,在制定作业目标时,附带制定出学习成败的标准,即指明达到什么标准才算是及格。

(5) 拟定测试题目

根据作业目标和教学内容设计测试题。试题必须在作业目标范围之内,记分方式建议采用标准参照评价的原则,以确实反映出每个学生学习的情形。

(6) 提出教学策略

根据前面五个步骤,教学设计者或教师即可进一步提出实际教学的教学策略。教学策略中将包括教材的讲解、教学媒体使用、问题及解答方式、测试及反馈原则、师生间与同学间互动功能的运用等。有关教学策略的进一步讨论,将在本书第三单元再做详细说明。

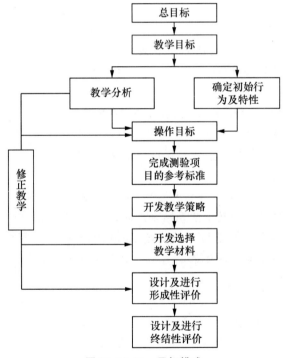

图 01-02-03　目标模式

(7) 选定教学内容

教学策略的运用,自然是以教学内容为依归。教学内容主要是指学校规定的教材。现成的教材是固定的知识,在实际教学时教师要学会灵活运用。此外,教师还要学会如何使用媒体加强学习效果。

(8) 做形成性评价

在构思了一个完整的教学方案之后,还需要作出一系列评价,以便对方案进行调整和修改。形成性评价是指在学科教学结束之前,为了解学生学习情况所做的评价工作。

教师或教学设计人员可以从以下三类形成性评价中获得有益的反馈,即个体的评价、小组评价和学科评价。

(9)修正教学

根据形成性评价所得到的资料,可以发现教学中的不足之处,从而修正教学方案。图 01-02-03 中的"修正教学"表示用形成性评价得到的资料重新测量教学分析的程度以及对学生初始行为的假定,并对操作目标、测验项目、教学策略等方面进行复查或修改,进一步完善教学方案。

当然,上述三种模式只是为我们提供了可资借鉴的一些设计思路和方法。在具体的教学实践中如何形成一个高质量的教学设计方案,还需要教师或教学设计人员依据教学设计的一般原理,发挥个人的创造性,具体问题具体处理。

三、教学系统设计的一般模式

教学设计是将学与教的原理转化成教学材料和教学活动的方案的系统化计划过程,是一种教学问题求解,侧重于问题求解中方案的寻找和决策的过程。其基本模式是在教学设计的实践当中逐渐形成的,是运用系统方法进行教学开发、设计的理论的简化形式,它包括一整套程序化的步骤。

目前世界上教学设计过程模式种类繁多,不同的教学设计模式有各自不同的设计步骤,但都能清楚地解决四个基本问题:一是学习者的特点是什么?二是教学的目标是什么?三是教学资源和教学策略是什么?四是怎样评价和修改?对这四个基本问题的处理和展开各不相同,就形成了为数众多的教学设计过程模式,而教学设计的一般模式则如图 01-02-04 所示:

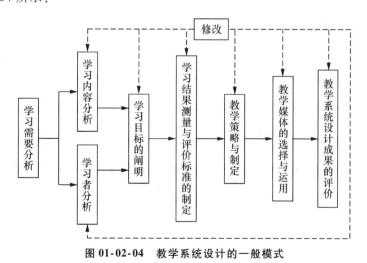

图 01-02-04 教学系统设计的一般模式

1. 学习需要分析

学习需要在教学设计中是一个特定概念,是指学习者学习方面所期望达到的状况与目前的学习状况之间的差距,也就是期望学习者达到的水平与学习者目前水平之间的差距。这里"期望达到的学习状况"包括学生应当具备什么样的能力素质,包括社会、学校和家庭对学生以及学生自己的期望。"目前的学习状况"是指学生已经具备的能力素质。而分析这种差距的过程就是学习需要分析。

当然,学习需要分析不仅仅是要找到差距,它的目的是要揭示学习需要从而发现问题,通过分析问题产生的原因确定问题的性质,并辨明教学设计是否是解决这个问题的合适途径;同时它还分析现有的资源及约束条件,以论证解决该问题的可能性。所以学习需要分析的实质就是分析教学设计的必要性和可行性,属于教学设计的前端分析。

学习需要分析是组成教学设计过程的要素,它和这一系统过程的其他要素如内容分析、教学策略等相互联系,共同完成教学设计优化教学效果的使命。同时,作为整个系统过程的一部分,学习需要分析具有它自身的特殊作用,在日益发展的教学设计中越来越占有举足轻重的地位。

2. 教学内容分析

教学内容分析就是在已确定好的总的教学目标的前提下,借助于归类分析法、图解分析法、层级分析法、信息加工分析法等方法,分析学习者要实现总的教学目标需要掌握哪些知识、技能或形成什么态度。

通过教学内容的分析,将进一步规定达到教学目标的学习内容的广度、深度,并揭示组成学习内容的各项先决知识技能之间的联系。学习内容的广度指学生必须达到的知识和能力的范围,深度规定了学生必须达到的知识深浅程度和能力的质量水平。学习内容的广度和深度,与"教什么"有关,而所揭示的各项先决知识和技能的关系则是教学安排、教学顺序的基础,这与"如何教"有关。

教学内容以学生的学习结果为起点,并以学习起点为终点,是一个逆向分析过程。即教学内容分析从学习需要分析所确定的总的教学目标开始,通过反复提出"学生要掌握这一水平的技能,需要预先获得哪些更简单的技能"这样的问题,并一一回答,一直分析到学生已具有的初始能力为止。

3. 学习者分析

学习需要分析的结果为我们确立了总的教学目标。为了实现这一目标,我们已经通过教学内容选择和安排了学习内容。但是能否实现目标的关键在于学生,因为学生是学习活动的主体,教学设计的一切活动都是为了促进学习者的学习。学习者分析的目的是为了了解学习者的学习准备情况及其学习风格,为学习内容的选择和组织、学习目标的阐明、教学活动的设计、教学方法与媒体的选用等教学外因条件学习者的内因条件提供依据,从而使教学真正促进学习者智力和能力的发展。

学习者分析中,最重要的是学习风格分析。学习风格是指对学习者感知不同刺激并对不同刺激作出反应这两个方面产生影响的所有心理特性。学生一旦形成某种学习风格,就有相对的稳定性。因此,从某种程度上说,学习风格是学生个别差异的集中表现。测定学习风格的目的是在承认和尊重学生学习风格差异的前提下,安排教学内容、选择教学方法和教学媒体,使教学活动能够最大限度地适应学生的学习风格。对学生学习风格的分析,是因材施教的前提和根本。

4. 学习目标的阐明

阐明学习目标,就是要确定学生在教学活动中将要达到的学习结果或标准,并使它们具体化,也就是要编写一系列明确、具体的学习目标,然后把它们组织成一个层次分明的体系。美国教育心理学家本杰明·布卢姆提出的学习目标分类学说认为,所有以培养人为核心的教育目标均可分为三个领域,即认知领域、动作技能领域和情感领域。

认知领域的目标涉及对有关知识的回忆或再认,以及理智能力和技能的形成等方面,按照不同的能力水平又可以由低到高分为知道、领会、运用、分析、综合、评价六个层级。动作技能领域涉及骨骼和肌肉的使用、发展和调适,主要通过职业培训、实验课、体育课等科目进行学习与掌握。情感是人对客观事物的态度的一种反映,表现为对外界刺激的肯定或否定,如喜欢、厌恶等。克拉斯伍等人把情感领域的学习目标由低到高划分成五级:接受或注意、反应、价值化、组织、价值或价值体系的性格化。

5. 学习评价

学习评价是指根据教学目标对学生在学习成就上的变化进行价值判断。它是一个系统过程,是教学设计和教学过程中不可缺少的重要环节。很显然,学习评价的主要对象是学生。通过搜集、分析和描述各种有关资料,并将实际表现与理想目标对比,以便对培养方案做出决策。对学习过程与结果的测量与评价标准的制定是教学系统设计过程中不可或缺的重要内容之一。

6. 教学策略的制定

教学策略是为实现一定的教育教学目标,依据教与学的实际情况和客观条件,对教学顺序、教学活动程序、教学方法、教学组织形式和教学媒体等因素的总体考虑。教学策略主要是解决教师"如何教"和学生"如何学"的问题,是教学设计研究的重点。教学策略的制定是一项系统考虑诸多教学要素、总体上择优的富有创造性的设计工作。

教学策略的制定应具有针对性、灵活性、组合性,即针对实现一定的教学任务或教学目标的有效性,灵活地适用于各类学生的教与学的可行性,通过教与学活动的程序、方法、组织形式等的有机组合,实现优化和整体功能的系统性。制定教学策略的依据来自理论和现实两个方面。理论依据是学习理论、教学理论、教育传播理论和学科内容等。现实依据是教学大纲、学习者的心理特征(如认知水平)、教师本人的素质和教学能力、教学资源条件等。

7. 教学媒体的选择与运用

在教学设计中必须作出的一个重要决定,是应当采用什么样的媒体来传递教学信息和提供刺激。如果媒体选择与运用不得当,不仅达不到优化课堂教学的目的,反而会给人以画蛇添足之感,严重的甚至会干扰、影响课堂教学的效果。因而,教学媒体的选择与应用是教学设计过程中的一个重要内容。其中,根据教学媒体对于促进完成教学目的或教学目标所具有的特性和教学功能,来选择和利用媒体,是选择教学媒体的基本原则。

8. 教学设计成果的评价

经过前三个阶段的工作,就形成了相应的教学方案和媒体教学材料,然后加以实施。实施之后要确定教学和学习是否合格,即进行教学评价,这包括:确定判断质量的标准;收集有关信息;使用标准来决定质量。在教学设计成果的评价阶段,具体就是要分析学习者对预期学习目标的完成情况,对教学方案和教学材料的修改和完善提出建议,并以此为基础对教学设计各个环节的工作进行相应的修改。

上述这些共同特征要素构成了一般的教学设计过程模式,其中学习者、目标、策略和评价被称为教学设计的四大基本要素。这里应强调说明的是,我们人为地把教学设计过程分成诸多要素,是为了更加深入地了解和分析并发展和掌握整个教学设计过程的技术。因此在实际设计工作中,要从教学系统的整体功能出发,保证"学习者、目标、策略、评价"四要素的一致性,使各要素间相辅相成,产生整体效应。

另外,还要清醒地认识到我们设计的教学系统是开放的,教学过程是个动态过程,涉及的如环境、学习者、教师、信息、媒体等各个因素也都处于变化之中,因此教学设计工作具有灵活性的特点。我们在学习借鉴别人模式的同时,还应该充分掌握教学设计过程的要素,根据不同情形的要求,决定设计从何着手,重点解决哪些环节的问题,创造性地开发自己的模式,因地制宜地开展教学设计工作。

实践活动

实践活动一:教学设计案例观摩

构成物质的微粒

教学目标	科学知识与技能	1. 能用分子、原子观点分析化学反应实质;
		2. 了解原子和分子的相似点、相异点和相互关系;
		3. 了解原子概念及基本性质;
		4. 了解原子的组成,了解核电荷数、质子数和核外电子数的关系;
		5. 了解原子的实际质量和相对原子质量的意义,了解相对原子质量的概念以及相对原子质量和原子组成的关系。
	科学探究(过程、方法与能力)	1. 能在实验过程中培养观察能力、综合分析能力、抽象思维及逻辑思维能力;
		2. 进行简单的实验操作和手脑并用的实践,认识实验在科学探究中的重要性;
		3. 对实验的现象及结果具有清晰的表达能力;
		4. 通过分组实验,学会相互合作交流、共同探索的科学研究方法,培养合作能力。
	科学情感、态度与价值观	1. 对实验中的科学现象具有较强的好奇心和求知欲,渴望通过实验现象了解科学的本质;
		2. 尊重科学原理,不断提高对科学的兴趣,在实验中具有实事求是的科研作风;
		3. 逐步培养创新意识,能根据实验的现象提出自己的见解,参与交流,分析不同的意见,并能够根据科学事实修正自己的观点;
		4. 培养自身团结合作的科研精神。
	科学、技术与社会的关系	1. 了解原子、分子观念在实际生产中的指导作用。

(续表)

教学内容分析	本课使用的是武汉版科学(8年级下册)教材,教学对象是八年级的学生。从本节开始,学生对物质的认识从宏观进入微观,从表象进入本质,逐步揭开物质变化发展的奥秘。这不仅是科学发展的规律,也是学生学习过程中的必由之路。本课所授内容在全书中起着承上启下的作用,为后面学习质量守恒定律、正确书写化学方程式并进行有关计算、学习溶液的知识和有关酸碱盐的知识奠定基础。 本章的特点是概念多,内容抽象,需要想象,容易成为教与学的难点,往往易使一部分学生掉队而在此产生分化,教师要认真研究和寻找对策。本课的教学重点是分子、原子概念的形成及其基本性质;教学难点是分子、原子含义的理解。	
学生特征	一般特征分析	八年级的学生在智力方面仍以形象思维为主,但抽象思维也已有初步的发展。在认识能力上仍带有片面性和表面性,心理上对老师还有较大的依赖性,对片面零碎的科学知识还缺乏一定的概括归纳能力。其身心特点突出表现在思维的随意性、情绪化和思维的跳跃性、多变性。但他们的好奇心、求知欲旺盛,对科学有兴趣但还不稳定,需要老师的积极引导。
	初始能力分析	学生有一定的实验动手能力,对于实验操作具有强烈的兴趣,并能在实验过程中相互合作、讨论和交流;学生能对实验现象作一定的归纳总结,具有一定的抽象思维能力;学生在实验过程中会表现出一定的随意性,渴望得到教师或同学的赞许;学生缺乏与本节课内容相关的感性认识基础,对于有些理论性知识难以理解。

教学过程设计					
教学阶段	教学内容	教师活动	学生活动	设计意图	时间
一、复习检测	物理变化和化学变化的区别	判断下列变化的类型,并说明理由。 (1)水受热变为水蒸气。 (2)硫在氧气中燃烧生成二氧化硫。	思考并回答问题。	温故知新,以旧带新。承上启下,引入新课。	2—3分钟
二、讲授新课	物质都是由相应的粒子构成的,并且粒子在不停地运动。	提问:我们周围形形色色、丰富多彩的各种物质,像清澈的流水,闪亮的金属,雪白的食盐,它们是由什么构成的? [演示实验] 演示氨水与酚酞混合的试管实验(包括:混合前氨水、酚酞的颜色及混合后溶液的颜色;氨水的气味)并判断它们是否发生化学变化。 提出观察要点:氨水与酚酞没有直接接触,能否使酚酞变红?若有变化,变化的顺序是什么? [补充问题] 实验时,氨水滴在棉花上,为什么能闻到刺激性气味?生活中白糖放在水里不一会儿就没了,而水有了甜味?湿衣服能晾干?	学生两人一组做氨分子扩散实验。 学生讨论,大胆想象物质的构成。 汇报交流讨论结果	培养观察能力。 及时对学生掌握情况进行评价,对知识进行强化巩固。	10—15分钟

(续表)

教学阶段	教学内容	教师活动	学生活动	设计意图	时间

		[引导学生] 物质是由许多肉眼看不见的微小粒子构成的。实验中氨的小粒子跑到酚酞处,酚酞就变红。如果跑到鼻孔里,接触到嗅觉细胞,就能闻到氨的刺激性气味。糖放在水中一会儿变没了,而水有了甜味,是因为糖的小粒子扩散到水的粒子中间去了。湿衣服能晾干,是因为构成水的粒子在风吹日晒下扩散到了空气中。
		
		[问题引入] 物质发生化学变化时有新分子产生,那么分子在化学变化中是如何改变的?又如何由原来的分子转变成新分子呢?
		
		[演示实验] 氧化汞受热分解的实验
		
		（木炭块、氧化汞、硫粉示意图）
		
		提出观察要求:
		(1) 先给木炭加热,观察木炭有什么变化
		(2) 再同时给氧化汞加热观察:
		    a. 试管壁上有什么变化
		    b. 木炭是否燃烧
		说明:锥形瓶中的药品是硫粉,硫粉是用来处理实验中的有毒物质
		
		[补充] 试管壁上的银白色小液滴是金属汞,在常温下汞是金属中唯一的一种液体物质
			[活学活用] 用分子的观点解释下列两个变化:
			(1) 液态水受热变为水蒸气
			(2) 硫燃烧生成二氧化硫
			
			学生观察并描述实验现象(先给木炭加热,木炭不能燃烧;同时给氧化汞加热试管壁上有银白色小液滴,木炭燃烧。)
			
			讨论。
			可让一名学生板书
				以旧带新,从学生已有的认知出发,来学习、辨别新的知识。
				
				以实验激发学生兴趣,增强教学的直观性,促进思维和理解。
					18—22分钟

(续表)

教学阶段	教学内容	教师活动	学生活动	设计意图	时间
	化学反应的实质：分子分解为原子，原子重新组合为新的分子。	[提问] 木炭为什么能燃烧？指导学生写出氧化汞受热反应的文字表达式，判断反应类型。 [设疑] 从宏观上我们已经得到结论，加热氧化汞能生成汞和氧气，那么这个反应在微观上是怎么变化的呢？ [多媒体展示] 氧化汞受热分解反应的微观示意图 汞粒子（一） 氧粒子 对照画面讲解氧化汞及氧化汞分子的构成（氧化汞是由氧化汞分子构成的，一个氧化汞分子是由一个氧粒子和一个汞粒子构成的）。 [讲解] 氧化汞受热后结合在一起的氧粒子、汞粒子彼此分开，成为单个的氧粒子和汞粒子。单个的粒子不能稳定存在而要重新组合，每两个氧粒子结合在一起构成一个氧分子，大量的氧分子聚集形成氧气，而大量的汞粒子聚集在一起形成金属汞。 [提问] 在氧化汞受热分解反应中，氧化汞分子分解为氧粒子、汞粒子，而氧粒子、汞粒子又分解为更小的粒子了吗？	思考。 讨论：氧化汞受热从微观上是怎么变化的？结合多媒体展示的画面（二）（三） 汇报与交流：每组派代表发言。 学生讨论、回答。	锻炼学生的思维活动 引发学生想弄清氧化汞受热生成汞和氧气微观过程的欲望。 培养学生抽象思维能力 由实验得出结论，这是研究科学常见的方法。 讨论是学习科学的有效方法。	
	原子的概念。	[讲解] 科学上把这种在化学反应中不能再分的粒子叫原子。 [思考] 通过刚才对氧化汞受热反应微观过程的分析，你能说说什么是原子吗？回答后总结并板书。			

(续表)

教学阶段	教学内容	教师活动	学生活动	设计意图	时间
三、课堂小结	分子、原子的相似性及区别。	<table><tr><td></td><td>分子</td><td>原子</td></tr><tr><td>相似性</td><td></td><td></td></tr><tr><td>本质区别</td><td></td><td></td></tr><tr><td>相互关系</td><td></td><td></td></tr></table>	对照表中内容讨论它们有哪些相似性,有什么本质区别,相互间有什么关系。	让学生归纳总结,梳理所学知识。	33—34分钟
四、巩固练习		1. 下列物质由什么分子构成? (1)氧气,(2)氮气,(3)蒸馏水,(4)空气,(5)河水。(由学生回答,教师边作分析。) 2. 判断正误: ① 纯净物一定是由同种分子构成的。 ② 水是由氢分子和氧分子构成的。 ③ 物质都是由分子构成的。		及时巩固所学知识。及时反馈,使知识得到落实。	34—35分钟

资源与媒体设计

1	一个10 ml的量筒,一只滴管,5支试管(已贴好1、2、3等数字),锥形瓶,玻璃棒,氨水,酚酞,氧化汞,木炭,硫粉,火柴,酒精灯,试管夹。
2	氧化汞受热分解反应的微观示意视频

媒体功能分析	媒体类型	媒体内容要点	教学作用	使用方式	使用时间	备注
	视频	氧化汞受热分解反应的微观示意	E. 呈现过程,形成表象	G. 边播放、边讲解	3—5分钟	

① 媒体在教学中的作用分为:A. 提供事实,建立经验;B. 创设情境,引发动机;C. 举例验证,建立概念;D. 提供示范,正确操作;E. 呈现过程,形成表象;F. 演绎原理,启发思维;G. 设难置疑,引起思辨;H. 展示事例,开阔视野;I. 欣赏审美,陶冶情操;J. 归纳总结,复习巩固;K. 其他
② 媒体的使用方式包括:A. 设疑—播放—讲解;B. 设疑—播放—讨论;C. 讲解—播放—讨论;D. 讲解—播放—举例;E. 播放—提问—讲解;F. 播放—讨论—总结;G. 边播放、边讲解;H. 边播放、边议论;I. 学习者自己操作媒体进行学习;J. 其他

学习评价设计

氨分子扩散实验	实验准备:浓氨水、酚酞溶液、试管、胶头滴管、烧杯(1大3小) 方案一:取少量的酚酞溶液于试管中,向其中慢慢滴加浓氨水,观察溶液颜色的变化。 方案二:如图操作实验,观察现象,并思考该现象说明了什么?	图 A、B烧杯中的溶液会发生变化吗?
家庭小实验	等体积的大米和小米混合后总体积的变化。 提示:可各取1单位体积的大米和小米,观察实验结果。 问题:等体积的大米和小米的混合后,是否等于2单位体积?若不是,试用课堂所学知识解释。	

第一单元 教学设计理论与模式概述

请认真观摩上面提供的这个教学系统设计的案例,通过老师的讲解与介绍,从感性上了解这一案例,在与同学交流的基础上思考并回答以下问题:

你观摩的这个教学系统设计案例是:
☐ 以"产品"为中心的　　☐ 以"课堂"为中心的
☐ 以"系统"为中心的

这个教学系统设计案例的基本结构包括哪几个部分?请简单列举。

☐ _____　　☐ _____　　☐ _____
☐ _____　　☐ _____　　☐ _____
☐ _____　　☐ _____　　☐ _____

你所观摩的这个教学系统设计案例所采用的教学设计模式是
☐ 一般模式　　☐ 系统分析模式　　☐ 过程模式
☐ 目标模式　　其他 _____
其他 _____

请你简要地评述一下你所观摩的这个案例与通常你所见到的教案有什么不同。

_____
_____
_____
_____

你认为,这个教学设计案例美中不足的地方有哪些?如何改进?请把你的建议写在下面,并请老师对你的建议进行评价。

教案中的不足之处	你的改进建议	老师对建议的评价	
		可行	不可行

请在老师的帮助下从互联网上或通过其他途径获取至少10份来自不同的学科领域的教学设计案例,在认真分析这些案例的基础上思考并回答以下问题:

☐ 它们都有哪些部分?(请在☐里打✓)

☐ 学习需要分析	☐ 学习者分析	☐ 教学内容	☐ 学习目标
☐ 重难点分析	☐ 学习评价	☐ 教学策略	☐ 教学媒体
☐ 学习环境	☐ _____	☐ _____	☐ _____
☐ _____	☐ _____	☐ _____	☐ _____

☐ 在分析了这些案例后,你有什么感想？请摘要写在下面,并与你的同伴分享。

_____
_____
_____
_____
_____
_____
_____
_____
_____
_____

学习评价

通过本单元的学习,相信你肯定已经对教学系统设计的基本内涵、教学系统设计产生与发展的历史、教学系统设计的应用层次与模式有了基本的认识。现在到了检验收获的时候了。那么,就请通过完成下面的这个学习评价表格来看一看你到底学到了什么吧！在评价的时候,不要忘记对照在一开始学习本单元时设定的学习目标哦！

学习内容习得评价			
评价项目与标准	学生自评	小组评价	教师评价
能够使用自己的语言陈述教学系统设计的基本内涵,能够简单地复述教学系统设计发展的几个主要历史阶段,并能列举出每一历史阶段的代表性人物与成果。			
能够使用明确的言语陈述教学系统设计的几种基本模式及其一般模式所包含的基本步骤,并且能够利用这些模式对具体的教学设计案例进行分析。			
能够切实意识到教学系统设计之于课程教学的重要意义与价值,并能够结合自身体会,使用自己的语言阐述学习教学系统设计课程的意义。			

(续表)

学习能力发展评价				
评价项目与标准		学生自评	小组评价	教师评价
自学活动	能针对课程内容进行自学,获得相关资料,形成个人意见或结论。			
小组活动	积极参与小组内的讨论,补充相关资料,形成小组意见。			
班级活动	认真听取其他小组或同学的意见,掌握相应方法,形成最后结论或提出新的问题和见解。			
情感态度	学习动机、兴趣、态度、意志等情感因素都得到发展,在学习活动中能各尽其智并产生成功的喜悦。			
签 名				

综合评定(请在相应等级处打√):□ 优秀;□ 合格;□ 待改进

个人学习小结	

备注:	

扩展阅读

Andrews, D. H., & Goodson, L. A. (1980). A comparative analysis of models of instructional design. Journal of Instructional Development, 3 (4), 2—16.

Dick, Walter (1981), Instructional design models: Future trends and issues. Educational Technology, 21(7), 29—32.

Edmonds, G. S., Branch, R. C., & Mukherjee, P. (1994), A Conceptual Framework for Comparing Instructional Design Models, Educational Research and Technology, 42(2), pp.55—72.

Gustafson, K. (1991). Survey of Instructional Development Models. Syracuse, NY: Eric Clearinghouse on Information Resources (ED211 097).

Moallem, M., Earle, R. S. (1998), Instructional design models and teacher thinking: toward a new conceptual model for research and development, Educational Technology, Vol.38 No.2, pp.5—22.

Reiser, RA (2001). A history of instructional design and technology Part I: A history of instructional design. Educational Technology Research & Development, 49(1), 53—64.

Reiser, RA (2001). A history of instructional design and technology Part II: A history of instructional design. Educational Technology Research & Development, 49 (2), 57—67.

Rose, E. (2002). Boundary talk: A cultural study of the relationship between instructional design and education. Educational Technology, 42(6), 14—22.

Sharon A. Shrock. A Brief History of Instructional Development. In G. J. Anglin (Ed.), (1995),. Instructional technology: Past, present, and future (2nd ed.) (pp.11—19). Englewood, CO: Libraries Unlimited.

Silber, K. H. (Ed.) (1980). Symposium on ID models. Journal of Instructional Development, 4(2), 19—37.

高文(2005),《教学设计研究的未来——教学设计研究的昨天、今天与明天(之三)》,《中国电化教育》,2005.3。

高文(2005),《教学系统设计(ISD)研究的历史回顾——教学设计研究的昨天、今天与明天(之一)》,《中国电化教育》,2005.01。

高文(2005),《试论教学设计研究的定位——教学设计研究的昨天、今天与明天(之二)》,《中国电化教育》,2005.02。

何克抗(2001),《也论"教学设计"与教学论——与李秉德先生商榷》,《电化教育研究》,2001.4。

李秉德(2000),《"教学设计"与教学论》,《电化教育研究》,2000.10。

李康:《模式、教学模式与教学设计模式》,《远程教育杂志》,2001.03。

张华(2000),《教学设计研究:百年回顾与前瞻》,《教育科学》,2000.4。

张军征、刘志华:《对我国当前教学设计模式分类观点的思考》,《中国电化教育》,2004.03。

张璐:《教学设计的模式比较框架探析》,《教育理论与实践》,1999.12。

知识花絮

教学设计的集大成者——罗伯特·加涅

罗伯特·加涅 1916 年出生于美国马萨诸塞州北安多弗,是世界知名的教育心理学家、教学设计理论的奠基人与集大成者。从中学时代起,加涅就立志要学习心理学,将来做一位心理学家。1933 年,加涅进入耶鲁大学主修心理学。1937 年他进入布朗大学攻读研究生,并改读实验心理学,1939 年获硕士学位,1940 年获心理学博士学位,旋即在康涅狄格大学任教两年,开始对人类学习进行研究。

第二次世界大战期间,加涅作为航空心理学家在部队从事空勤人员的运动和知觉功能测试工作,选拔学员,施行训练。战后,加涅先后任宾夕法尼亚州立大学和康涅狄格大学教授。1949 年起在美国空军任职达 8 年之久。1958—1962 年任普林斯顿大学心理学教授,开展关于知识获得、学习层次以及数学学习的一系列研究。1962—1965 年任美国科研工作协会研究主任,研究人类行为、教育方法以及教育程序的设计与评价。1966 年受聘为加利福尼亚大学伯克利分校教育心理学教授,负责建立地区的教育实验室,管理教育方面的研究生培养计划,且继续研究学校的学科教学。1969 年后一直在佛罗里达州立大学任教授,并最终在那里完成了教学设计理论体系的构建。加涅在教育心理学方面作出了很大贡献,在美国心理学界享有盛誉,1974 年获"桑戴克教育心理学奖",1982 年又获美国心理学会颁发的"应用心理学奖",曾入选美国国家教育科学院(National Academy of Education),先后当选美国心理学会教育心理学分会主席、美国教育研究会主席。

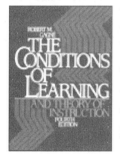

纵观加涅一生,他在学术上所关注的重点,是把学习理论研究的结果运用于教学设计,主要代表著作《学习的条件》(The Conditions of Learning)使他饮誉全球。该书自 1965 年首版以来,于 1970 年、1977 年和 1985 年分别出了修订版,每版的体系与内容都作了相当大的调整和充实,被认为是"关于学与教的最重要的著作之一"。此外,他的《教学设计的原理》(Principles of Instructional Design,1974,1979,1988,2005,与人合作)最终完成了教学设计理论体系的构建,使其成为教学设计的集大成者。他所撰写的《教学的学习要素》(Essentialls of Learning for Instruction,1974)注重教学实践的改革,也日益受到心理学界和教育界人士的重视,享有广泛影响。

作为享誉全球的教育心理学家,加涅后半生将主要精力集中于学习理论、教学设计乃至教育技术学基础理论的研究和构建

中,并成为教学心理学和教学设计这两个研究领域公认的大师级人物。他为教学设计的形成与发展作出了杰出的贡献,留下了不可磨灭的足迹。加涅学术生涯长达60余年,几乎与教学设计的发展史同步,对加涅的研究可以从一个独特的视角研究和思考教学设计发展的轨迹。

正是基于此,美国教育技术学界自20世纪80年代后期掀起了研究加涅思想的热潮。1987年犹他州立大学教学技术系举办了"关于教学设计的对话"的研讨会,会上加涅和另一位教育技术著名学者梅瑞尔(M. David Merrill)围绕教学设计领域的一系列重大课题,就各自提出的理论进行了广泛而深入的对话,1990年David Twitchell根据当时的录像整理成7篇文章,在美国教育技术学的权威刊物Educational Technology上连续发表。这次两位大师级人物的对话,不仅大大提高了教学设计理论研究的水平,同时也促进了美国教育技术学界对大师级人物学术思想的研究。

为了纪念加涅对教学设计发展的重大贡献,2000年由丽塔·里奇(Rita C. Richey)主持,汇集当代美国教学设计领域的著名专家学者,出版了《罗伯特·加涅的思想财富》(*The Legacy of Robert M. Gagné*)一书,将加涅思想研究推向了一个新的高度。里奇在该书序言中对加涅作了如下评价:"这本书献给加涅,感谢他对教育技术学领域的所作出的重大贡献","如果没有加涅的工作,教育技术学领域今天将会完全不同"。①

加涅于2002年4月28日去世,享年85岁。2003年3月29日,为怀念加涅,佛罗里达州立大学举办了"纪念加涅研讨会",Robert Glaser、Robert Branson、Roger Kaufman、Robert Morgan等当代著名教育心理学家、教学设计专家及加涅的生前好友、学生等出席了这次会议。

---

① Richey, R. C. (Ed.). (2000). The Legacy of Robert M. Gagné. Syracuse, NY: ERIC Clearinghouse on Information and Technology, pp. v—xxxviii.

第二单元 前端分析与学习目标设计

学习目标

1. 掌握学习需要分析的几种基本方法，并能在教学设计的具体实践中运用这些方法来分析学习者的学习需要。

2. 掌握教学内容分析的一般步骤及其基本方法，并能在教学设计的具体实践中运用它们来对教学内容进行分析。

3. 掌握学习者分析的基本内容与方法，并能在教学设计的具体实践中运用它们来对学习者进行分析。

4. 意识到学习目标设计的重要性，掌握学习目标撰写的基本方法，能够运用这些方法撰写具体的学习目标。

前端分析（Front-end analysis）是美国学者哈利斯（Joseph Harless）在1968年提出的一个概念，指的是在教学设计过程开始的时候，先分析若干直接影响教学设计但又不属于具体设计事项的问题，[①]主要指学习需要分析、教学内容分析和学习者特征分析。现在前端分析已成为教学设计的一个重要组成部分。本单元的主要内容包括学习需要分析的基本步骤与方法、教学内容分析的基本步骤与方法、教学内容编列的基本理论与技术、学习者分析的基本内容、方法与工具以及教学起点的确定，等等。

在教学系统设计的一般模式中，学习需要分析处于教学系统设计过程的第一环节；基于对学习需要的分析，教学系统设计人员需要选择相应的教学内容以满足学习者的学习需要；而学习者学习需要的满足除了需要相应的教学内容之外，学习者自身知识水平与学习风格也影响和制约着学习需要能否得到满足，因而对学习者的分析也成为教学系统设计前端分析中的一项重要工作。

基于前端分析的结果，教学系统设计就进入了学习目标设计阶段。学习目标的设计包括目标的阐明和系统化两项基本内容。学习目标表明了教学活动的结果，而学习目标的层次性则规定了教学活动的大致进程，教师和学生明确了学习目标体系后，有助于按照学习目标的体系去调控整个教和学的过程，保证了学生学到的知识正是目标所期望的结果。

---

① Harless, J. H. (1973). An Analysis of Front-end Analysis. Improving Human Performance: A Research Quarterly, 2(4), 229—244.

模块一　学习需要分析

理论学习

学习需要分析是教学设计过程的一个环节。目前,越来越多的人把教学设计看做是一个问题解决的过程,因此,深入实际进行调研、了解、鉴别、确定教学问题的学习需要分析也越来越引起人们的重视。那么,学习需要分析是什么呢?它的基本步骤和方法又是怎样的?它又有什么重要意义呢?我们将一一分析。

一、学习需要分析的内涵

一般来说,"需要"一词被表述为事物的目前状态与所希望达到的状态之间的差距。而学习需要则是教学设计中的一个特定概念,是指学习者学习方面目前的状况与所期望达到的状况之间的差距,也就是学习者目前水平与期望学习者达到的水平之间的差距(见图02-01-01所示)。

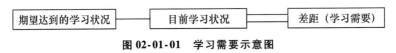

图02-01-01　学习需要示意图

期望达到的状况是指学习者应当具备的能力素质。能力是指人才具有应付现实社会的职业、社会生产活动、科学研究活动、社会生活中需要的知识、智力技能、动作技能以及相应的态度和情感;素质指人才具备某种适应社会发展的元机制,如学习技能、知识的组织技能、认知策略及相应的态度、情感和价值观念。

通常情况下,对学习者的总期望是由以下几方面因素决定的:(1)学习者生活的社会及其变化与发展所赋予学习者的历史使命和任务(包括长远的、近期的能力素质要求);(2)学习者未来的职业和现在从事职业的新发展对人才的要求;(3)学习者未来的工作岗位或所在岗位的技术变化对人才的希望;(4)学习者自身对知识、技能、态度的培养和发展方面的个人需求。

目前的状况是指学习者群体在能力素质方面已达到的水平。而差距指出了学习者在能力素质方面的不足,指出了教学中实际存在和要解决的问题,这正是经过教育或培训可以解决的学习需要。可以说没有差距就没有需要,也就无从谈起解决什么了。例如,某一教育机构希望自己的学生中95%以80分以上的成绩通过功能性识字标准测验,而目前的记录表明只有81%通过了考试,这样就找到了14%的学生还没有达标的差距,指出了对学生集体而言的学习需要,也正是教学中要解决的问题。

学习需要分析主要是进行三方面的工作:一是深入调查研究,分析教学中需要解决的问题是什么;二是通过分析该问题产生的原因,以确定解决该问题的必要途径;三是分析现有的资源条件和制约因素,明确设计教学方案以解决该问题的可行性。学习需要分析的结果是提供差距的有效资料和数据,从而帮助形成教学设计项目总的教学目标。它的实质就是分析教学设计的必要性和可行性。

一般来说,按照问题解决的一般思维过程我们可以发现,对学习者的学习需要进行分析要经过四个基本步骤(图02-01-02)。第一步是规划。它包括确定分析对象、选择分析方法(如内部参照法或外部参照法)、确定收集数据的技术(包括问卷、评估量表、面谈、小组会议及案卷查寻)、选择参与学习需要分析的人员。第二步是收集数据。收集数据不可避免地要考虑样本的大小和结构。样本必须是每一类对象中具有代表性的个体。此外,收集数据还应包括日程的安排以及分发、收集问卷等工作。第三步是分析数据。对收集到的数据,教学系统设计者必须进行分析,并根据经济价值、影响、某种顺序量表、呈现的频数、时间顺序等对分析的结果予以优化选择和排列。第四步是写出分析报告。这份报告应该包括四个部分:概括学习需要分析的目的;概括地描述分析的过程和分析的参与者;用表格或简单的描述说明分析的结果;以数据为基础,提出必要的建议。

图02-01-02　学习需要分析的基本步骤

二、学习需要分析的方法

以不同的期望值作参照系分析学习需要,便形成了两种不同的确定学习需要的方法,即内部参照需要分析法和外部参照需要分析法,以及内外结合学习需要确定方法。

1. 内部参照需要分析法

内部参照分析法是由学习者所在的组织机构内部以已经确定的教学目标(或工作要求)对学习者的期望与学习者学习(工作)现状作比较,找出两者之间存在的差距,从而鉴别学习需要的一种分析方法。这种方法是以接受既定的目标作为期望值来分析学习需要为前提的,通常比较普遍用于我国普通学校教育当中。学校的培养目标体现在各科教学大纲和标准教材当中,因此往往以大纲作为对学生的期望标准,这就存在一个内部目标是否合理的问题。如果目标的制定充分反映了机构内、外环境对它的要求,充分考虑了学生自身发展的要求和特点,那么内部参照需要分析法是有效的,否则它不能揭示真正的需要,这是内部参照需要分析法中应注意的问题。

由于目标存在于机构内部,所以关于期望的状态只需查阅机构内部目标方案和访问内部目标决策者就可得到,但应注意的是把所期望的状态用学习者的行为术语描述出来。这样收集数据的重点就是关于学习者目前状态的信息,具体做法是将期望(包括知识、技能和态度等方面)的目标具体化,形成完备的指标体系,作为收集目前状况数据的依据。

在内部参照需要分析中,数据收集的方法多种多样,以下的数据收集方法可供参考:(1)按照形成的指标体系来设计测验题、问卷或观察表,然后通过分析试卷和问卷以及观察记录直接从学习者处获取信息;(2)根据指标体系,分析学习者近期的测试成绩、产品合格记录等相关的现成材料;(3)召开教师等有关人员的座谈会或对他们作问卷调查,按形成的指标体系询问学习者目前的状况。这些方法各具特色,在实际进行时可结合使用。

2. 外部参照需要分析法

外部参照需要分析是一种根据机构外社会(或职业)的要求来确定对学习者的期望值,以此为标准来衡量学习者学习的现状,找出差距,从而确定学习需要的分析方法。这种方法揭示的是学习者目前的状况与社会实际要求存在的差距,特点是以社会目前和未来发展的需要(超前性,需科学预测)为准则和根本价值尺度来检视教育、教学中存在的问题,从而制定教育、教学的目标。因此,外部参照法是对机构内部目标合理性进行论证的有效方法。

在外部参照需要分析中,由于期望值是根据社会需要而制定的,所以首先要收集与确定与期望值相关的社会需求的信息。收集信息主要可以通过以下途径:(1)对毕业生跟踪访谈、问卷调查,从中不仅获得关于社会期望的信息,也可获得学习者现状的信息。(2)分析毕业生所在单位对毕业生的工作记录,了解他们对职工的要求和对毕业生的评价,获得工作需要和对教学的改进信息。(3)设计问卷发放到与所学专业相关的工作岗位,得到社会对人才能力素质的要求信息。(4)现场调查,深入到工作第一线,获得对人才能力素质要求的第一手信息。(5)专家访谈,了解专家对社会目前及未来发展对人才需求的信息。

关于期望值的确定,我们曾提到要反映社会未来对学生的期望信息,这需要做科学预测。关于预测,我们在这里介绍一种方法即特尔菲方法(Delphi)。特尔菲方法(Delphi)是美国兰德公司(RAND Corporation)首先开发使用的一种最负盛名的定性预测方法,它是利用多轮匿名函调查来得到有关部门未来事件的判断信息。它的具体做法是:(1)在专家访谈等以上方法的基础上形成一般性的未来信息调查表;(2)让专家对调查表中的项目做重要性程度的判断和预测;(3)组织者对收回的调查表作统计分析,并把包含上一轮统计分析结果和说明的调查表再返给专家,征求预测意见,直到专家意见趋于一致。这样就可以获得未来社会发展对学习者的期望信息。有关学习者现状的信息收集方法与内部参照需要分析中的方法相同,在此则不再重复。

3. 内外结合学习需要分析法

综合以上两种方法,可见其主要区别是期望值的参照系不同,以及由此带来的信息收集方法也略有差异。相对来说,内部参照分析法容易操作,省时省力,但却无法保证机构目标的检测;而外部参照分析法,操作上比较难,要耗费大量的精力和时间,但却使系统与社会需求直接发生联系,从而保证系统目标的合理性。在实际运作时,可采取内外结合的方法(见图02-01-03),也就是根据外部社会要求调整修改已有的教学目标,并以修改后目标提出的期望值与学习者现状相比较找出差距。

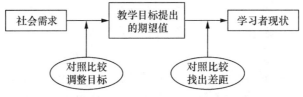

图02-01-03 内外结合学习需要分析法示意图

三、教学设计项目的论证

分析学习需要的一个重要方面是论证初步提出的教学设计项目,以确定设计的具体课题。这个方面大致要做三项工作:

1. 分析问题的性质

通过调查研究,可以了解到教学中需要解决的问题,如既要增加小学生作文的字数,又不能过多出现错字病句;为了适应用人单位的要求,需要对学生进行加快打字速度的训练;教师应该增加应用现代化教学媒体的技能;高年级学生应该扩大选修的科目;物理课中利用现代教学技术不足等。发现教学中客观存在的这些实际问题仅仅是学习需要分析的一个方面,另一方面还要研究所存问题的性质。因为不同性质的问题只能通过不同的途径解决,教学设计有利于解决教学性质的问题,不等于就能够处理我们面临的所有教学问题。

荣格·考夫曼(Roger Kaufman)曾经罗列过导致各种教学问题的潜在原因,并认为"原因不同就意味着采取的措施也应不同","应该运用适当的方法去减少或消除最基本的根源"。[①] 根据考夫曼等人的意见,如果学习需要分析发现的差距是由于上属系统的问题、管理的问题、健康的问题等所造成的,就不要试图用教学设计去解决;唯因缺乏知识和技能之类的问题而造成的差距才应该通过适当的教学设计去妥善处理。

因此,在分析学习需要的过程中,应重视区别问题的性质,吃准问题的致因。有时候,学生成绩未能达标或对新的学习任务不适应,主要原因并不在教学或培训方面,而在于思想认识、人际关系、管理制度方面,例如学生缺乏正确的学习动机、教师业务水平不够、上课纪律不严格、没有相互帮助协同学习,等等。在这种情况下,首先应对症下药,解决思想认识上的问题,做好学与教两方面的引导工作、加强管理中的薄弱环节,然后再考虑是否有必要通过教学设计来提高教学或培训的质量。

在普通学校的教学中,也可以从以下几方面来分析所面临的问题,以便减少决策的盲目性:(1)解决该问题的重要性如何?是否值得开展教学设计?(2)能否通过其他相对比较简单的途径,如改进教学手段、加强教学管理,以达到同样的教学效果?(3)学生在生理上和心理上是否具备达标的可能性?(4)能否进一步激发学生的学习动机,提高学习的自觉性以利于达到目标?(5)目标的达成有没有时间、资源、环境等方面的障碍?(6)教学设计是不是解决问题的合适途径?

2. 分析资源和约束条件

通过前面的分析活动,教学中面临的问题及其性质得到明确,教学目的随之形成,教学设计的必要性已经明确。为了进一步了解通过教学设计解决该教学问题的可能性,还必须对进行教学设计的资源和约束条件加以分析。这里所谓的资源(resources)指能支持教学设计活动开展的所有人力、物力和财力,例如现有的教学设备、教学资料、教师和辅

[①] Kaufman, R., Rojas, A. M., Mayer, H. (1993). Needs Assessment: A User's Guide. Englewood Cliffs, NJ: Educational Technology Publications, p.97.

导人员等;所谓约束条件(constraints)指对教学设计工作起限制或阻碍作用的事项,例如教学经费短缺、教学思想陈旧等。有些因素既是资源,又可成为约束条件,例如教师是最重要的人力资源,但若没有改革和创新的积极性,缺乏不断提高教学效果和效率的责任感,便可能束缚、妨碍教学设计工作的正常开展。

在分析资源和约束条件时要考虑的因素包括经费、时间限制、人员情况、设备实施、文献资料、组织机构、规章制度等。这又常可以下列的问题形式出现:(1)开展教学设计以及实施教学的经费有多少?(2)教学将何时开始,有多少时间可用于教学设计?(3)参与教学设计的人员有哪些?他们有多少这方面的工作经验?(4)有哪些设备和资料可供开展教学设计时使用?(5)教学将在哪儿进行?有哪些管理措施?其环境特点如何?(6)在人、物、事诸方面存在哪些不利因素和不足条件?能不能予以弥补或克服?

3. 认定设计项目

通过对资源和约束条件的分析,只要条件允许,或有利因素多于不利因素,我们就可以把面临的问题作为教学设计的项目了。至于这个项目的价值大小,还可以根据两个变量来考虑:一是解决这个教学问题(满足学习需要)在人、财、物、时间上所要付出的代价 a;二是若不解决这个教学问题(忽视学习需要)将付出的代价 b。只有当 $a < b$ 时,教学设计才值得进行。根据 a 与 b 的差值大小我们便可认定这一教学设计项目的价值大小。

当然,这种计算和比较的方法涉及成本效益问题和设计人员的经验,虽较为科学,但也较复杂。通常也能从以下几个方面定性地加以考虑:(1)该项目在教学中的急需性如何?(2)该项目所反映的学习需要是否有一定的稳定性?(3)该项目是否有推广的价值?(4)该项目对当时当地的教学改革有没有意义?

实践活动

既然你已经学习了有关学习需要分析的基本理论,那么就开始尝试应用这些知识来分析一下你自己的学习需要吧!在分析你自己的学习需要的时候,请把自己假想为一位教学设计人员。

实践活动一:分析你的学习需要

1. 确立学习需要分析的目的

☐ 目前,你在学习本课程中存在的问题有:_____
_____
_____

☐ 请按照重要程度从大到小的顺序依次给这些问题排定一个序列:

1. _____ 2. _____
3. _____ 4. _____
5. _____ 6. _____

☐ 你认为通过教学设计的方式,可以优先有效地解决这些问题中的哪一个问题？请在相应的序号下面打✓。

1	2	3	4	5	6

2. 选择学习需要分析的方法

通过理论学习,你已经知道了学习需要分析的三种基本方法,根据要解决的问题的性质,你选择的学习需要分析的方法是：

☐ 内部参照法　　☐ 外部参照法　　☐ 内外结合法

请简要陈述你选择这种分析方法的理由：

_____
_____
_____
_____

3. 确定收集数据的方法并收集数据

在对自己的学习需要进行分析的过程中,你需要哪些人的参与和帮助？请把他们一一列举下来：

☐ 同　学　　☐ 教　师　　☐ 专　家

其他的还有：_____

在确定了采用哪种方法分析自己的学习需要之后,请选择数据收集的方法吧！你选择的数据收集的方法是(可以选择多种)：

☐ 问卷调查　　☐ 评估量表　　☐ 当面晤谈　　☐ 小组会议　　☐ 案卷查寻
☐ 专家访谈　　☐ 特尔菲法　　☐ 现场调研　　☐ 文献研究

除了上述这些方法之外,如果你还准备采用其他的数据收集方法的话,请把它们写在下面：

☐ _____　☐ _____　☐ _____　☐ _____
☐ _____　☐ _____　☐ _____　☐ _____

你选择这些数据收集方法的理由是：

_____
_____
_____

请按照你所选择的数据收集的方法来开发相应的数据收集工具,然后你就可以开始数据收集的工作了!

4. 对已收集到的相关数据进行分析

在收集完与自己的学习需要相关的数据资料之后,对这些数据资料进行分析,并完成下面这个表格。

调查维度	分析项目			
	现状	目标	差距	原因分析

□ 从教师的角度来看,要想通过更科学地设计教学来解决这些问题,拥有的现有资源以及面临的约束条件有哪些?

现有资源包括:_____

_____

_____

约束条件包括:_____

_____

_____

实践活动二:撰写学习需要分析评价报告

在对收集到的数据进行分析之后,就需要开始撰写你的学习需要分析评价报告了。这个报告是对你所做的工作的一个汇总,它基本上应该包括学习需要分析的目的、参与人员、分析的基本过程、分析的结果以及相关的建议等几个部分组成。

学习需要分析评价报告	
目　　的	
参　与　者	
过程描述	
分析结果	
建　　议	

模块二　教学内容分析

理论学习

学习需要的满足表现为学生获得了新的知识和技能,提高了认识和能力,填补了学习前后的差距。这种满足学习需要之后学生所形成的知识、技能等可统称为终点能力,而满足学习需要之前学生原有的知识、技能等则可统称为起始能力。这里要研究的问题是,应该用什么东西去填补学生起点能力和终点能力之间的差距?换言之,应该用怎么样的教学内容来使得学生的能力发生所需要的变化?

一、教学内容分析的内涵

所谓教学内容,就是指为实现教学目的,由教育行政部门或培训机构有计划安排的,要求学生系统学习的知识、技能和行为经验的总和。它具体体现在人们制定的教学计划、教学大纲和编写的教科书、教学软件里。教学内容有一定的结构体系,通常以"章"、"节"、"目"、"款"等来表示它的不同层次。在教学设计领域,有时也将教学内容分为"课程"(course)、"单元"(unit)和"项目"(item)三个层次。

教学内容的各组成部分不是孤立存在的,相互之间具有一定的联系。教学内容之间的联系一般有三种类型(图02-02-01):第一种是并列型,其特点是各学习内容之间相对独立,先后顺序可以随意安排;第二种是顺序型,特点是前一个内容构成了后一个内容的基础,所以它们的顺序不能颠倒;第三种是综合型,包含了并列型和顺序型。实际上,许多教学内容的各组成部分之间的联系都是综合性的。如本课程涉及的教学设计过程的各基本环节之间存在序列联系,而各设计环节往往又由若干并列的下属知识和技能组成。

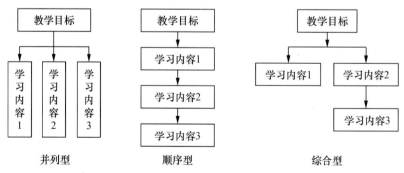

图02-02-01　教学内容之间的关系

分析教学内容是对学生起始能力变化为终点能力所需要的从属知识和技能,及其上下、左右关系进行详细剖析的过程。它以通过学习需要分析所确定的教学目的为依据,并包括两个基本方面的工作:首先是选择教学内容,确定其广度和深度。教学内容的广度指学生必须达到的知识和技能的范围,深度指学生必须达到的知识深浅和技能复杂的水平。其次是揭示教学内容各部分之间的联系,把经过分析而划定的各个部分,按照一定的方式、方法进行安排,或把分散的、零散的内容组成具有一定结构的整体,安排其呈现顺序。

由此可见,教学内容分析既要解决"教什么"的问题,又与"如何教"有关。在实际的教学设计过程中,学科专家和任课教师负责教学内容的确定,对内容的思想性和科学性把关。教育技术领域参与教学设计或负责媒体教材编制的人员虽然不能在"教什么"的问题上越俎代庖,但可以运用分析教学内容的原理和方法,与学科专家、任课教师一起,共同研究"如何教"的问题,使教学内容的组织安排符合信息传播规律和学生认识规律。

在教学内容分析这项工作中,需要包括学科教师、学科专家和教学设计专家等多学科领域的合作。学科教师、学科专家、职业培训专家等负责确定教学或培训的内容,对内容的思想性和科学性进行把关。而教学设计者在内容的选择上不能代替学科教师、学科专家的作用,他们的主要任务是:运用有关教学内容的理论与方法,用"提问题"等方式主动配合学科教师、学科专家,共同研究,使学习内容的选择与组织符合教学目标的要求。例如,教学设计者可通过下列问题来启发学科教师或学科专家对内容的选择与组织:"学习者学习这条规则需先掌握哪些概念?""教这一概念的教学要求是什么?是'记忆',是'运用',还是'发现'?""学习者要学会解这道题,必须掌握推论过程中哪些具体的步骤?"……

二、教学内容分析的方法

教学内容分析的过程就是在确定好总的目标的前提下,借助于归类分析法、图解分析法、层级分析法、信息加工分析法、卡片法以及结构解释模型法等方法,分析学习者要实现总的教学目标,需要掌握哪些知识、技能或形成什么态度。通过对学习内容的分析,可以确定出学习者所需学习的内容的范围和深度,并能确定内容各组成部分之间的关系,为以后教学顺序的安排奠定好基础。

1. 归类分析法

归类分析法主要是研究对有关信息进行分类的方法,旨在鉴别为实现目标所需学习的知识点。例如,一个国家的省市名称可按地理区域的划分来归类,人体外表各部位的名称可由上向下,按头、颈、躯干、上肢、下肢分类等。确定分类方法后,或用图示、或列提纲,把实现目标所需学习的知识归纳成若干方面,从而确定教学内容的范围。图 02-02-02 是一个归类分析法的应用实例。

2. 图解分析法

图解分析法是一种用直观形式揭示教学内容要素及其相互联系的内容分析方法,用于对认知教学内容的分析。图解分析的结果是一种简明扼要、提纲挈领地从内容和逻辑上高度概括教学内容的一套图表或符号。如历史教学中,可以用几条带箭头的线段及简洁的数字、符号来剖析一次著名战役的全过程,其起因、时间、地点、参战各方人数、结果等都被反映在图解之中。这种方法的优点是使分析者容易觉察内容的残缺或多余部分以及相互联系中的割裂现象。图 02-02-03 是一个图解分析法的应用实例。

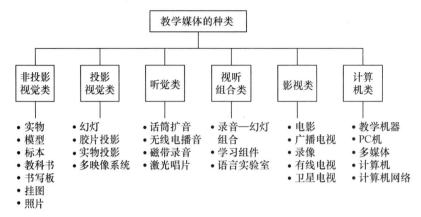

图 02-02-02 "媒体种类"的归类分析

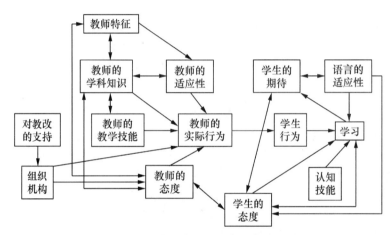

图 02-02-03 "影响教学行为的诸因素"的图解分析

3. 层级分析法

层级分析法是用来揭示教学目标所要求掌握的从属技能的一种内容分析方法。这是一个逆向分析的过程,即从已确定的教学目标开始考虑:要求学习者获得教学目标规定的能力,他们必须具有哪些次一级的从属能力?而要培养这些次一级的从属能力,又需具备哪些再次一级的从属能力?依此类推……可见,在层级分析中,各层次的知识点具有不同的难度等级——愈是在底层的知识点,难度等级愈低(愈容易),愈是在上层的难度愈大,而在归类分析中则无此差别。图 02-02-04 是一个归类分析法的应用实例。

层级分析的原则虽较简单,但具体做起来却不容易。它要求参加教学设计的学科专家、学科教师和教学设计者熟悉学科内容,了解教学对象的原有能力基础,并具备较丰富的心理学知识。

4. 信息加工分析法

信息加工分析法由加涅提出,是将教学目标要求的心理操作过程揭示出来的一种内容分析方法。这种心理操作过程及其所涉及的能力构成教学内容。例如求算术平均数的解题过程即反映了这种信息加工过程。信息加工分析法不仅能将内隐的心理操作过

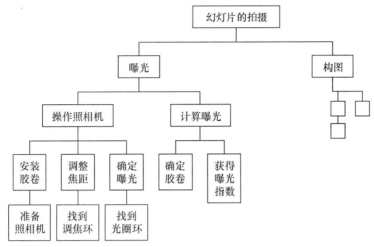

图 02-02-04 "幻灯片拍摄"的层级分析

程显示出来,也适用于描述或记录外显的动作技能的操作过程。

在许多学习内容中,完成任务的操作步骤不是按"1→2→3→…→n"的线性程序进行的。当某一步骤结束后,需根据出现的结果判断下一步怎么做。在这种情况下,就要使用流程图表现该操作过程。流程图除直观地表现出整个操作过程及各步骤以外,还表现出其中一系列决策点及可供选择的不同行动路线。图 02-02-05 是一个信息加工分析法的应用实例:

5. 卡片法

教学内容分析的工作细致复杂,常有必要对分析结果进行修改,补充或删除一些内容。因此,需掌握一种计划技巧,较有效的计划技巧是使用卡片。具体方法是,将教学目标和各项内容要点分别写在各张卡片上,对它们的关系进行安排,经讨论修改后,再转抄到纸上。使用卡片的主要特点是灵活,便于修改及调整各项内容之间的关系;另一特点是形象直观,便于讨论时交流思想。下面是使用卡片时的一些具体技巧:

(1)每张卡片写一个要点(如一个单元目标或一项从属技能),便于增删内容、调整位置。

(2)使用彩色卡片,同一层次或同类的内容用相同色彩的卡片,这有助于分类。例如,概念用白色、规则用黄色等。

(3)制作一种专用的展示板,用于辅助分析并展示分析结果,使参加讨论者对教学内容分析的结果一目了然。磁性白板就是一种有用的展示工具。

(4)建立一套卡片编号系统,便于理顺各张卡片之间的关系,有利于分析结果定稿后的记录整理。例如:一、二、三、四 ……(第一层次);1、2、3、4 ……(第二层次);(1)、(2)、(3)、(4)……(第三层次);①、②、③、④ ……(第四层次)

在以后的设计工作中,如编写学习目标、设计教与学的活动等,都可以使用卡片的方法。

6. 解释结构模型法(ISM 分析法)

解释结构模型法(Interpretative Structral Modelling Method,简称 ISM 分析法)是用于

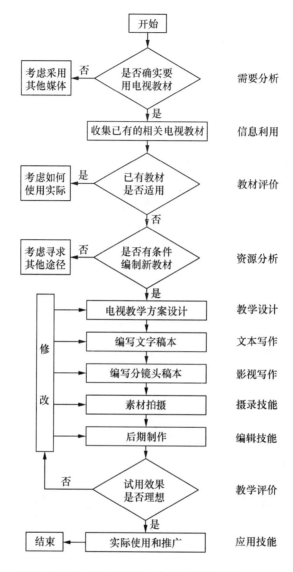

图 02-02-05 "电视教材开发过程"的信息加工分析

分析和揭示复杂关系结构的有效方法,它可将系统中各要素之间的复杂、零乱关系分解成清晰的多级递阶的结构形式。当我们分析的各级教学目标不具有简单的分类学特征,或者其中的概念从属关系不太明确,也不属于某个操作过程或某个问题求解过程时,要想通过上面所述的几种方法直接求出各级教学目标之间的形成关系是很困难的,这时就要使用 ISM 分析法。这种分析方法包括以下三个操作步骤(图 02-02-06):

(1) 抽取知识元素——确定教学子目标。这一步要由有经验的教师或该学科的教学专家通过主题分析和技能分析把实现给定教学目标的教学内容分解为众多的知识元素(即"知识点")。这些知识元素可以是某个概念或原理,也可以是某项技能的基本组成部分。显然,对这些知识元素的理解、掌握与运用即是为实现给定教学目标所需要的各级子目标。

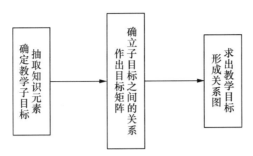

图 02-02-06　解释结构模型法的一般步骤

（2）确定各个子目标之间的直接关系，作出目标矩阵。这一步也要由有经验的教师或学科教学专家来完成。如果教师认为学生在对目标 G_i 进行学习之前必须先掌握目标 G_j，则称 G_i 与 G_j 之间具有"直接关系"（可用图 02-02-07 所示的有向图表示），并称 G_j 为教学目标 G_i 的直接子目标。根据各个子目标之间的直接关系，按照下述方法可以作出相应的目标矩阵：

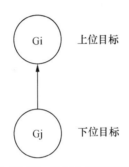

图 02-02-07　目标之间的直接关系

① 以横轴表示某级的教学目标，以纵轴表示各级的直接子目标；

② 令某级目标与其直接子目标对应的位置为"1"，其余位置为空白。这样就得到直接关系矩阵，也称目标矩阵。

（3）利用目标矩阵求出教学目标形成关系图。具体方法涉及教育信息处理的相关知识，请参考相关的专业书籍，此处不再做详细说明。

三、教学内容的组织方式

教学内容的组织也是教学内容分析的一项重要工作。教学内容的编排是对已选定的学习任务进行编排，使它具有一定的系统性或整体性。

1. 教学内容组织的基本原则

在组织教学内容时，首先应该确定各项教学任务之间的关系，然后再根据下面的原则作具体安排：

（1）由整体到部分，由一般到个别，不断分化

如果学习是以掌握科学概念为主的，则基本的原理和概念应放在中心地位。根据这个特点，应先陈述学科中最一般、最概括的观点，然后按内容具体性不断进行分化。这是

因为当人们在接触一个完全不熟悉的知识领域时,只有阐明了理论框架,才能借助这种框架进行分类和系统化。一般来说,从已知的、较一般的整体中分化出细节要比从已知的细节中概括整体容易些。

教学内容的编排如果从那些最一般、即有最大包容性的命题或概念入手,它们往往能在极其多样的学习情境中为学习者的认知结构提供固着点(anchor),这种对教学内容的组织形式较适合从一般到个别的学习,例如类属学习的内容。所谓类属学习是把新知识归属于原有认知结构的某一适当部位,并使之相互联系的一种学习。

(2) 从已知到未知,由具体到抽象

如果学习的内容在概括程度上高于学习者原有的概念,如在掌握了"广播"、"电视"、"报纸"等概念以后,再学习"大众媒体"这个总括性概念时,或要学习的新的命题与学习者认知结构中已有的概念不能产生从属关系时,就应采取由浅入深、由易到难、由具体到抽象、由较简单的先决技能到复杂技能的序列,排成一个有层次或有关联的系统,使前一部分的学习为后一部分的学习提供基础,成为后续学习的"认知固着点"。这特别表现在具有分类学特征的学科领域,因为这类学科的知识结构在序列上极为严密,如果不掌握前一个结构,就不可能进入下一个结构,不懂得前一个概念就不可能懂得后一个概念。

(3) 按照事物发展的客观规律排列

如果学习内容是线性的,可以通过向前的、进化的、按年代发展或从起源出发的方法来编排。这样的组织方式与研究的社会现象、自然现象的变化顺序和客观事物本身发展的顺序相一致,符合事物的运动变化规律,能使学习者对自然和社会现象的发展过程有比较全面的认识。

(4) 注意学习内容之间的横向联系

安排学习内容时,不仅要注意概念纵向发展之间的联系,还要注意从横向方面加强概念原理、单元课题之间的联系以及知识、技能、情感各部分内容之间的协调衔接,以促进学习者融会贯通地去学习。如前所述,有些单元内容虽然是相对独立的,但也不能忽视横向的联系,因为学习者要理解一种新的知识就必须同已知的、熟悉的知识进行联系和比较。若在学习内容的安排中忽视对知识进行横向联系,学习者就不能区别相似概念之间的差异,新的内容含糊不清,就会导致遗忘,也不利于学习的迁移。

2. 教学内容组织的方法

近40年来,很多学者就教学内容的组织进行了深入的研究,提出了各种不同的教学内容编排方法。在教学内容组织编排的各种主张中,较有影响的有以下三种:

(1) 教学内容的螺旋式编排

杰罗姆·布鲁纳(Jerome. S. Bruner)提出,儿童的认知是由三个阶段构成的:动作掌握阶段、映象掌握阶段、符号掌握阶段。如果认为一个概念对于学习者来说十分重要必须掌握,那么这个概念可以在认知的三个水平阶段尽可能地介绍给学习者,而且这个概念随着认知的发展也逐渐深化,从而使学习者对概念的理解也更深刻、更有意义。布鲁纳认为,对于某些学科领域中非常重要的知识,应该让学生尽早开始接触,并且多番学习,随年龄增长和智力发展不断加深内容。比如,物理中电的知识在小学、中学和大学课程中都得学习。

基于这种观点,布鲁纳提出了螺旋式教学内容的组织方式。他认为,"任何学科都可以以理智上最忠实的方式教给任何年龄阶段的任何儿童"。[①] 布鲁纳的螺旋式组织不同于传统的直线式组织和同心圆式组织,而是两者的有机结合。直线式教材组织是指按照一定的逻辑顺序一个接着一个地呈现出来,前后绝少重复。同心圆式组织则是同一内容反复多次呈现,有一定量重复。螺旋式组织既保留了直线式组织的后一内容比前一内容深入、分化的逻辑次序,又体现了同心圆式一波又一波、一圈又一圈扩散的组织方式,使教学内容成为既有深度又有广度的教学内容基本组织方式。这种螺旋式课程结构体现了从观察到推理、从简单到复杂的教学原则,适合于教原理性的内容(图02-02-08)。

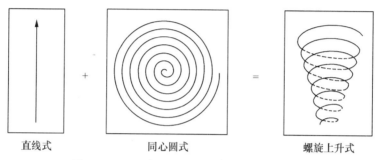

图 02-02-08 直线式、同心圆式、螺旋式之关系

在布鲁纳的螺旋式序列中,内容序列和教学序列都是与儿童的认知或智力发展水平相一致的,并且该序列围绕着学科的基本结构进行组织。换句话说,每门学科都具有一个由基本概念所构成的学科结构。布鲁纳的螺旋式序列要求,这些学科的基本概念要在儿童认知的每一个阶段上反复教授,复杂水平也逐渐提高。随着每个概念复杂性水平的增加,同一个概念的周期循环就构成了一个螺旋序列。

在课程编制领域,螺旋序列已经得到了很大程度上的使用,但在教学设计中,这方面的使用还比较笼统,没有提供更加详尽的操作步骤。因此,对教学设计者来说,利用这个序列化的策略还是比较困难的。

(2) 教学内容的直线式编排

根据学习繁简水平不同,美国心理学家加涅把学习分为六类:连锁学习、辨别学习、具体概念学习、定义概念学习、规则学习和解决问题学习。这六类学习依次按"简单—复杂"这一维度组成一个层级系统,每一高层次的学习必须以低层次的学习为基础。

加涅在对学习结果进行分类的基础上,提出了智慧技能的分层分析方法。他认为,可以将智慧技能划分为更加简单的成分,每划分一次就可以形成一个学习层次。然后,按照从简单到复杂、从部分到整体的顺序进行教学。整个序列的顺序是"自下而上",首先教授在序列底部最初层次的部分,接下来是较复杂的部分。换句话说,每一个简单的部分都是复杂部分的先决条件,复杂部分的教学都是以简单的教学为基础的。

在使用这个层次序列时,人们发现教授序列内的知识比教授序列外的预备知识更有

---

① Bruner, J (1960). The Process of Education, Cambridge, Mass.: Harvard University Press, p.33.

利于高级技能的掌握。而且人们也认识到,一门学科中的技能之间不只是存在着这种先决条件的关系,而且还有其他的关系,甚至这些关系能够对最简单的学习序列产生影响。因此,虽然加涅的分层方法对教学设计的序列化具有非常重要的指导作用,但其他的序列方法也应该加以考虑。或者说,分层方法对于教学内容序列化来说是非常必要的,但却不是充要的。

(3) 教学内容的逐渐分化和综合贯通式编排

逐渐分化指将该学科的最一般和最概括的观念首先呈现,然后按细节和具体性逐渐分化;综合贯通是强调学科的整体性,包括将教材内容按纵向序列的形式和横向系列的形式组织起来,强调学习新内容之前必须掌握刚学过的内容,确保前面出现的内容能为后面的内容提供准备和奠定基础。

戴维·奥苏贝尔(David P. Ausubel)根据他的同化学习理论提出,学习者的认知结构是分层次组织的,且高层次的包容性的概念包含了低层次的、较少包容性的次级概念。另外,奥苏贝尔还在他的教学理论中提出了"先行组织者"(advanced organizer)的概念。所谓"先行组织者"就是最先呈现的引导性材料,它有较高的抽象、概括和综合水平。教学中,首先呈现先行组织者,然后紧接着呈现更加详细、具体的相关概念。根据这个序列,学习者能够将新的、详细的知识与头脑中已经具有的更一般、概括性更强的知识联系在一起,形成一种稳定的认知结构,以防止遗忘。

根据奥苏贝尔的学习和教学理论,教学应该是一个从一般到具体的序列,并以抽象性、概括性、包容性更强的概念为先导,将其作为下一级细节性和具体性概念的先行组织者,而下一级的概念又成为其他更低水平概念的组织者。如此下去,直到预期的细节水平。但从理论本身来看,它还无法对教学设计进行更加直接、具体的指导。或者说,它没有指明如何才能形成从一般到具体、从简到繁的教学序列。因此,已经有一些教学设计者将奥苏贝尔的教学序列进一步具体化,然后再去指导教学设计。例如,乔伊斯(B. Joyce)和韦尔(M. Weil)就曾经提出了一种"先行组织者"的教学结构模式。

实践活动

在学习了教学内容分析的知识之后,请你以教师的身份对"前端分析"这一模块进行一个教学内容分析,把你的成果存入个人文件夹,并与小组同学和教师分享。

实践活动一:教学内容分析

□ 请对你将要分析的教学内容做一个简要的文字描述:_____

_____

_____

□ 请至少使用三种不同的教学内容分析方法对"前端分析"模块的教学内容进行分析(在相应的选项前打√),并把分析的结果填入下表。

所用方法	分析结果
☐ 归类分析法	
☐ 图解分析法	
☐ 层级分析法	
☐ 信息加工分析法	
☐ 卡片法	
☐ 解释结构模型法	

通过以上的教学内容分析,你发现"前端分析"这一模块的知识点主要有几个,它们之间的关系是怎么样的？请完成下表。

章节	知识点		知识点相互之间的关系
	编号	内容	□ 并列型　□ 顺序型　□ 综合型
前端分析			

请与"前端分析"模块拟定的学习目标相互对照,确定这一模块教学所需要注意的重点和难点：

知识点		重点（打√）	难点（打√）
编号	内容		

实践活动二：教学内容的组织与编排

既然已经分析了"前端分析"这一模块的教学内容,把握了它所包括的知识点及其相互之间的关系,那么就开始对这些教学内容进行组织吧！请至少采用本模块介绍的三种教学内容组织与编排方法中的两种对"前端分析"模块的教学内容进行组织编排,并把编排结果的简要描述填入下面的表格。在对教学内容进行编排时,请注意遵循教学内容组织编排的基本原则,以达到最好的效果。

所用方法	编排结果
□ 螺旋式编排	
□ 直线式编排	
□ 渐进分化和综合贯通式的编排	

模块三　学习者分析

理论学习

　　教学设计的一切活动都是为了学生的学习,教学目标是否实现,要在学生通过自己认识和发展的学习活动中体现出来,而作为学习活动主体的学生在学习过程中又都是以自己的特点和学习方式,通过改组或重建自己的认知结构来获得学习结果的。因此,要取得教学设计的成功,必须重视对学生的分析,以学生作为教学设计的根本出发点。

　　对学生进行分析的目的是了解影响学生学习的学生自身的能力、特征和风格。它包括分析学生对从事特定的学科内容的学习已经具备的有关知识与技能的基础,以及对相应的学习内容的认识与态度,即确定学生的初始能力和教学起点;同时也包括对学生一般特征的分析,即分析对学生从事该学习产生影响的心理、生理和社会的特点,还有学生的学习风格。学生的初始能力直接影响学习目标的确定和教学起点的确立；学生的一般特征和学习风格，将直接影响教学策略的制定和媒体的选择，从而更好地实现因材施教。

学习者的一般特征分析就是要了解那些会对学习者学习有关内容产生影响的心理的和社会的特点，主要侧重于对学习者整体情况的分析。学习风格分析主要侧重于了解学习者之间的一些个体差异，要了解不同学习者在信息接收加工方面的不同方式；了解他们对学习环境和条件的不同需求；了解他们在认知方式方面的差异；了解他们的焦虑水平等某些个性意识倾向性差异；了解他们的生理类型的差异，等等。

一、学习者一般特征的分析

学习者一般特征是指对学习者学习有关学科内容产生影响的心理的和社会的特点，它们与具体学科内容虽无直接联系，但影响教学设计者对学习内容的选择和组织，影响教学方法、教学媒体和教学组织形式的选择和运用，是教学设计工作中的一个重要方面。

1. 小学生智能和情感发展的一般特征

小学生思维具备初步逻辑的或言语的思维特点，这种思维具有明显的从具体形象思维到抽象逻辑思维的过渡性——低年级学生思维具有明显的形象性，也同时具有抽象概括的成分，二者的相互关系随着年级高低和不同性质智力活动而变化。到小学高年级时，学生逐步学会区别概念中本质和非本质的属性、主要和次要的属性，学会掌握初步的科学定义，学会独立进行逻辑论证。但是这些都离不开直接和感性的经验。

因此，在小学生教学中要注意引导学生思维从以具体事物表象为主要形式逐步过渡到以言语概念的逻辑思维为主要形式，而且对小学生来说，逻辑思维在很大程度上仍然是直接与感性经验相联系，带有很大成分的具体形象性。但也要注意到不同的学习对象、不同的学科，上述的一般发展趋势也常表现出很大的不一致性。要关心思维由具体形象到抽象逻辑过渡的"关键年龄"，一般认为出现在四年级前后（约10—11岁），若教育条件适当，也可能提前到三年级。

小学生在情感方面的自居作用、模范趋向和自我意识也有较快的发展，学习动机多倾向于兴趣型，情绪发展的主要矛盾是勤奋与自卑的矛盾，意志比较薄弱、抗诱惑能力差，需要更多外控性的激发、辅助和教导。

2. 中学生智能和情感发展的一般特征

在中学阶段，学生思维能力迅速得到发展，他们的逻辑思维处于优势地位，表现出以下五个方面的特征：(1)通过假设进行思维。能按照提出问题、明确问题、提出假设、检验假设的途径，经过一系列抽象逻辑过程来实现解决问题的目的。(2)思维的预计性。在复杂的活动前事先采取诸如打算、计谋、计划、制订方案和策略等预计因素。(3)思维的形式化。中学生思维成分中形式运算思维已逐步占了优势。(4)思维活动中，自我意识或监控能力明显增强。中学生能反省和自我调节思维活动的进程，使思路更加清晰、判断更为正确。(5)思维能跳出旧框框。

中学生的创造性思维迅速发展，追求新颖、独特的因素，追求个性色彩和系统性、结构性。初中生抽象逻辑思维虽占优势，但很大程度上还属经验型，需要感性经验的直接支持。他们能够用理论做指导来分析、综合各种事实材料,从而不断扩大自己的知识领域。他们还能掌握一般到特殊的演绎过程和特殊到一般的归纳过程。从经验型水平向理论型水平转化是从初二年级开始的,这是一个关键年龄,到高二思维则趋向定型、成熟。和小学生一样,中学生的智力与能力发展也存在着不一致性。

在情感方面初中阶段和高中阶段有不同的特征。初中学生自我意识逐渐明确;他们富于激情,感情丰富,爱冲动,爱幻想;他们开始重视社会道德规范,但对人和事的评价比较简单和片面;他们在对知、情、意的自我调控中,意志行为日益增多,抗诱惑的能力日益增强,但高级调控仍不稳定。高中阶段,独立性、自主性日益增强,成为情感发展的主要特征;学生的意志行为愈来愈多,他们追求真理、正义、善良和美好的东西;高级自我调控在行为控制中占主导地位,即一切外控因素只有内化为自我控制时才能发挥其作用;另外从初中到高中学习动机也由兴趣型逐渐转向信念型。

3. 大学生智能和情感发展的一般特征

大学生在智能发展上呈现出进一步成熟的一系列特征。他们的思维有了更高的抽象性和理论性,并由抽象逻辑思维逐渐向辩证逻辑思维发展;他们观察事物的目的性和系统性进一步增强,并能掌握事物本质属性的细节特征;思维的组织性、深刻性和批判性有了进一步的发展,独立性更为加强;注意更为稳定,集中注意的范围也进一步扩大。

大学生在情感方面已有更明确的价值观念,社会参与意识很强,深信自己的力量能加速社会的进步与发展;学习动机倾向于信念型;自我调控也已建立在日趋稳定的人格基础上。

分析各年龄阶段学生发展的一般特征无疑有助于教学系统设计。以小学高年级学生的视听教材编制为例,根据皮亚杰的认知发展阶段学说,这些儿童正处于从具体运算阶段向形式运算阶段过渡。据此,教学应以学生原有的经验为基础,教学内容和方法应从具体形象入手,创设必要的情景,采用比较、分析、综合的方法,逐步引导学生学习抽象概念,培养学生的逻辑思维能力。

又如,假定我们要根据学生的年龄特征和性格差异来培养学生的学习动机,那么,对于小学与初中的学生,就要注意教学的新颖性,以激起儿童的学习兴趣,并多采用鼓励的方法来培养学生的近景性学习动机,使具体的学习活动和学习效果的反馈密切相关;而对高中以上的学生,还要增加世界观教育、传统教育和爱国主义教育,使他们逐步地建立起以人民利益为出发点的远景性学习动机,为建设祖国而发奋学习。

4. 成人学习者的一般特征

成人教育是我国教育事业的重要组成部分,与其他各类教育相辅相成,对于提高亿万劳动者的思想道德品质、科技文化素质和促进经济发展有重要的作用,教学系统设计在成人教育领域有广泛的应用前景,了解成人学习者的特点对其有直接的指导意义。一般认为,成人学习者有如下特点:

(1) 学习目的明确

对于儿童和青少年学生来说,学习本身就是目的,但成人学习者则带着职业的实际需要和工作中要解决的课题参加学习,要求学以致用,学习的针对性强。这就要求根据成人学习者的实际需要,系统地设计教学,而不是简单地按学科知识体系组织教学。另外,在教与学的各个环节中都应力求目标明确,使成人学习者了解学习的实际价值。

(2) 实践经验丰富

成人学习者的生活、工作及社会经验与青少年学生的学习经验有质的区别。这种区别表现为两者在学习准备上的不同,例如,在"教育学"课程的学习中,在职教师和大学生的学习准备就大不一样,成人学习者的实践经验既是从事新的学习的基础,又是学习资源,教学系统设计中应重视利用这种"经验资源"来组织教学活动,使原有的实践经验与新的学习内容之间建立联系。

(3) 自学能力较强

多数成人学习者愿意独立自学,希望教师更多地发挥组织学习、指导学习、鼓励学习的作用。在教材设计中,要贯彻便于"自主学习"的原则。

(4) 参与教学决策

成人学习者在学习情境中,对自己所扮演角色的认识与青少年学生不同。青少年到学校只是当学生,而成人往往认为自己是负有职责的工作者。因此,他们有参与教学决策的意识,希望与教师共同承担教学责任。他们有较强的自尊心,不愿意被人仅仅看做是被动的学生。

(5) 注重教学效率

成人学习者往往是在岗的职工,对他们来说,时间是很宝贵的。因此,教学必须讲求实效,教学安排应合理紧凑。

二、学习者学习风格的分析

在各种学习情境中,每一个学习者都必须由自己来感知信息,对信息作出反应,处理、储存和提取。而学习者之间存在着生理和心理上的个别差异,不同学习者获取信息的速度不同,对刺激的感知及反应等也不同,这就是个人学习风格的问题。学习风格是学习者持续一贯的带有个性特征的学习方式,是学习策略和学习倾向的综合。[①] 它主要包括学习者在信息接收加工方面的不同方式;对学习环境和条件的不同需求;在认知方式上的差异,如场依存性和场独立性、沉思型和冲动型等;某些个性意识倾向性因素,如控制点、焦虑水平等;生理类型的差异,如左右脑功能优势等。

1. 认知风格

学习风格中的认知要素实际上是一个人的认知风格在学习中的体现。所谓认知风格,也称认知方式,指个体偏爱的信息加工方式,表现在个体对外界信息的感知、注意、思维、记忆和解决问题的方式上,是学习风格中较为重要的一种因素。目前研究较多的是场独立和场依存认知方式,冲动型和沉思型认知方式。

(1) 场独立性与场依存性

场独立性是指个体依赖自己所处生活空间的内在参照,从自己的感知出发去获得知识、信息;场依存性是指个体依赖自己所处周围环境的外在参照,从环境的刺激交往中去

---

① 邵瑞珍主编:《教育心理学》,上海:上海教育出版社1997年版,第260页。

定义知识、信息。场依存性者与场独立性者的差异,特别明显地表现在对事物的观察上。例如,场依存性者比场独立性者更多地注意他人的脸色,他们往往力图使自己与社会环境相协调,因而在形成自己的观点与态度时会更多地考虑所处的社会环境。而场独立性者一般都有很强的个人定向,且比较自信,自尊性较强。一项研究结果发现,场独立性强的男生,比场依存性强的男生具有更强的领导能力。因此,尽管场依存性看来更为社会定向,但这并不能保证他们具有领导的素质。

场依存性与场独立性这两种认知风格,与学习有密切关系。一般说来,场依存性者对人文学科和社会学科更感兴趣,而场独立性者在数学与自然科学方面更擅长。所以,在学习中,凡是与学生的认知风格相符合的学科,成绩一般会好些。此外,场依存性者较易于接受别人的暗示,他们学习的努力程度往往受外来因素的影响;而场独立性者在内在动机作用下学习,时常会产生更好的学习效果,尤其明显地表现在数学成绩上。两种认知风格所体现的学习特点如表 02-03-01 所示。

表 02-03-01　场独立性者与场依存者的学习特点

	场独立性者	场依存性者
学科兴趣	自然科学	社会科学
学科成绩	自然科学成绩好,社会科学成绩差	自然科学成绩差,社会科学成绩好
学习策略	独立自觉学习,由内在动机支配	易受暗示,学习欠主动,由外在动机支配
教学偏好	结构不严密的教学	结构严密的教学

由此可见,场依存性的学生在学习过程中易受环境的影响,学习努力程度往往被教师鼓励或暗示所决定;他们乐意在集体环境中学习,在集体中又比较顺从,与别人和睦相处充满情谊。相比之下,场独立性的学生在学习过程中则不受或很少受外界环境因素的影响,习惯独立思考,单独学习,个人研究,具有较强的内在学习动机;在相互交往中,他们不易被个人感情左右,也不受群体压力的影响;他们似乎更擅长数学和自然科学方面的学习。

(2) 沉思型与冲动型

在学习过程中,有的学生反应非常快,但往往不够准确,这种反应方式称为冲动型;而有的学生反应虽然很慢,却很仔细、准确,这种反应方式称为沉思型。沉思与冲动的认知方式反映了个体信息加工、形成假设和解决问题过程的速度和准确性。沉思型学生在碰到问题的时候倾向于深思熟虑,用充足的时间考虑、审视问题,权衡各种问题解决的方法,因而错误较少。冲动型的学生则倾向于很快地检验假设,根据问题的部分信息或未对问题做透彻的分析就仓促地作出决定,反映速度较快,但容易发生错误。

冲动型学生反应虽快,但往往出现很多错误,这主要因为他们在解决问题中没有审查全部问题和可能的答案就匆匆解答。最典型的例子就是有的同学在教师提问时急切地举手,一旦站起来却往往回答不上或答错。沉思型的学生则相反,他们喜欢深思熟虑,在学习过程中常表现出比冲动型学生更为成熟的学习策略,答案也相对准确。但是他们有一个致命的缺点,费时太长,特别是在解决高难度问题或速度竞赛时,效率非常低。

研究表明,沉思型的学生与冲动型的学生相比,表现出有更成熟的解决问题策略,更多地提出不同假设。而且沉思型学生能够较好地约束自己的动作行为,忍受延迟性满足,比起冲动型的学生更能抗拒诱惑。此外,沉思型与冲动型学生的差别还在于,沉思型学生往往更易自发地或在外界要求下对自己的解答作出解释;而冲动型的学生则很难做到,即使在外界要求下必须作出解释,他们的回答也往往是不周全、不合逻辑的。

针对认知风格在反应速度上的差异,冲动型的学生要提醒自己注意深思熟虑,先想后说,先思后行,克服信口开河、乱发议论的毛病,养成严谨、认真、一丝不苟的学习态度和学习习惯。沉思型的学生则应要求自己在提高学习速度和效率上下工夫,可进行一些必要的反应速度训练,来提高自己灵活快速解决问题的能力,做到既快又准。

2. 内外控制点

近年来,在教育心理学中,以控制点(Locus of Control)作为影响学习者学业成就的一种人格因素日益受到重视。所谓控制点,是指人们对影响自己生活与命运的那些力量的看法,一般分为内部控制与外部控制。[①] 具有内部控制特征的人相信,自己所从事的活动及其结果是由自身具有的内部因素决定的,自己的能力和所作的努力能控制事态的发展;具有外部控制特征的人认为,自己受命运、运气、机遇和他人的控制,这些外部复杂且难以预料的力量主宰着自己的行为。

赫伯特·莱夫库特(Herbert M. Lefcourt)的研究发现,属于内控倾向的个人比较关心成就感,而且在遭遇挫折时倾向于采取积极、具建设性的方式来应变突如其来的事件,对挫折的焦虑感也较少;相对的,属于外控倾向的个人,则比较容易感到焦虑,并且在面对挫折时较倾向于非建设性的行为,多关心失败后的恐惧而少关心成功后的成就。影响个人控制点的因素很多,莱夫库特综合各家研究结果,将其影响因素分为家庭因素及社会因素。[②]

一般说来,内部控制者具有较高的成就动机,外部控制者的成就动机相对较低。由于内部控制者把学业上的成功归因为能力和勤奋,因此,成功将会给他们带来更多的鼓励,提高他们的学习信心,失败则是需要付出更大努力的标志。他们对待困难的学习任务的态度是积极的,常选择适合自己能力的、中等的、适度的学习任务。相反,外部控制者把学习成败归因于外因,缺乏自信,在学习活动中表现出无能为力的态度。内控者与外控者学习特征的比较分析如表02-03-02所示:

表02-03-02 内控者与外控者的学习特征

内控者	外控者
把学习成败归因为个体内部因素	把学习成败归因于个体外部因素
学习兴趣高	学习兴趣低
自信心高、责任心强	自信心低、责任心差
勤奋努力	马虎随便
学习目标富有挑战性	学习目标过低或过高
成绩提高、进步快	成绩提高、进步慢

---

① Rotter, J. (1966). Generalized Expectancies for Internal Versus External Control of Reinforcements. Psychological Monographs, 80, Whole No. 609.

② Lefcourt, H. M. (1972). Recent Developments in the Study of Locus of Control. In B. Maher (Ed.), Progress in Experimental Personality Research (Vol. 6). New York: Academic Press.

控制点差异在一定程度上会随年龄的增长而发生变化,其一般趋势是:外控成分减少,而内控成分增多,这可能与学生内部动机、外部动机结构比例的变化有关。决定控制点差异的另一个非常重要的原因是家长、教师对学生的教育态度和教育方式(图02-03-01)。

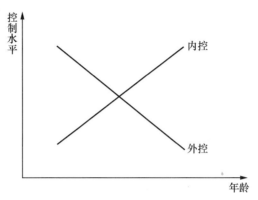

图 02-03-01　控制水平与年龄之关系

教学设计中,分析学习者控制点的意义就在于,了解学习者对学习任务采取的态度,并根据他们的态度,对教学活动作出适当的调整。国外发展了一些调查控制点的工具(量表、问卷等),通过这些测量工具可以测定学习者的控制点水平,并在此基础上鼓励或调动内部控制,从而达到预期的教学目标。

3. 焦虑水平

新近的研究表明,焦虑水平也是影响学习风格的一个方面。所谓焦虑,在心理学上是指某种实际的类似担忧的反应,或者是对当前或预计对自尊心有潜在威胁的任何情境具有一种担忧的反应倾向。按焦虑的性质,可分为正常焦虑和过敏性焦虑。

所谓正常焦虑,是指客观情境对个体自尊心可能构成威胁而引起的正常的焦虑,如学生面临重要考试而又把握不大时产生的考试焦虑,个人做了错事感到有可能损害自己形象时产生的焦虑等。这里需要指出,正常焦虑并不是指适当水平的焦虑,它同样可能出现过高或过低的不同水平,这取决于自尊心受到威胁的程度。

而过敏性焦虑则不是因客观情境对自尊心构成威胁而引起,而是由遭到严重伤害的自尊心本身引起的。自尊心受伤害程度越高,过敏性焦虑水平越高。对于某些儿童或学生,由于他们在成长过程中没有得到外界主要是父母的内在认可和评价,从而导致缺乏内在的自尊心和价值感,当他们遭受失败和挫折时,就极易引发神经过敏性焦虑。

无论是正常焦虑还是过敏性焦虑,与学习之间的关系都是十分复杂的,其对学习是起促进作用还是抑制作用,取决于多方面因素,包括原有焦虑水平的差异、学习材料的难易程度以及学习者本身的能力水平。许多研究发现,对于机械的学习或不太困难的有意义接受学习和发现学习,焦虑有促进作用。但是当个体遇到了一种新的学习情境,尤其是遇到了一些已有的认识结构中尚无现成答案的问题时,不同的焦虑水平则会对学习产生不同的影响。在这种情况下,焦虑水平与学习效率呈倒 U 形关系(图02-03-02),即中等水平的焦虑有利于学习效率的提高,而过低或过高的焦虑均对学习不利。从学习难度上说,难度大的学习,焦虑水平低较好;难度小的学习,焦虑水平高较好。

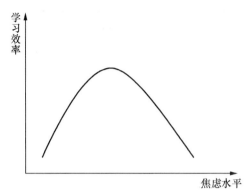

图 02-03-02　焦虑水平与学习效率之间的倒 U 型关系

实际上,焦虑对学习究竟会产生何种影响,主要还是取决于学生已有能力水平的高低。研究表明,能力中等而低焦虑的学习者,其学习成绩比同等能力而焦虑水平高的学习者好;能力低的学习者,无论焦虑水平的高低,成绩都差,但是低焦虑更有利些;能力高的学习者,相对能力低的学习者,不管焦虑高低,成绩都比较好,但高焦虑更能促进学习,而低焦虑会对学习产生一些消极影响。一般来说,随着学生能力水平的逐步提高,焦虑对学习成就的影响会日益失去其消极作用(图 02-03-03)。

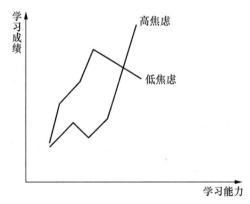

图 02-03-03　能力、焦虑与学习成绩之间的关系

此外,就学习情境压力与焦虑的关系来看,一般是低焦虑者在压力大的学习情境下学习效果较好,而高焦虑者则适合于压力较低的学习情境。对焦虑水平不同的学习者,宜采用不同压力水平的教学和测验。对于低焦虑水平的学生,适宜采用有较大压力的教学和测验,以促使他们的动机水平提高;对于高焦虑水平的学生,宜采用压力较低的教学和测验,以降低他们的动机唤醒水平,使之由高趋向中等,学习效果也会更好。

4. 左右脑功能优势

最近 20 年的脑科学研究结果表明,虽然大脑左右两半球在结构上几乎完全一样,但是在功能上却有所不同,主要表现为:左半球是处理言语、进行抽象逻辑思维、集中思维、分析思维的中枢,它主管人的说话、阅读、书写、计算、分类、言语回忆和时间感觉,具有有序性、分析性等机能;右半球是处理表象、进行具体形象思维、发散思维、直觉思维的中枢,它主管人的视觉、复杂知觉模型再认、形象记忆、认识空间关系、识别几何图形、想象、理解隐喻、模仿、态度、情感等,具有不连续性、弥漫性、整体性等机能。

大脑两半球分别以不同的方式对来自外界的信息作出加工,其方式和机制各有自身的特点,从而构成不同的加工风格:左半球采用序列的分析风格,而右半球则采用平行的综合风格。研究表明,左脑序列的分析性风格表现为继时性加工信息,偏爱由部分到整体的归纳,强调言语能力的重要性,倾向于反复沉思;而右脑平行的综合风格则表现为同时加工信息,偏爱由整体到部分的演绎,强调空间关系和情绪特征的重要性,倾向于快速冲动反应。这两种加工风格的具体特征见表02-03-03。

表02-03-03 左右半球加工风格及其特征

加工风格 特征表现	左半球序列加工	右半球平行加工
知觉	长于听觉、时间知觉 注重事物间的不同点 对信息进行继时加工	长于触觉、空间知觉 注重事物间的相同点 对信息进行同时加工
思维	理性思维 分析 归纳 发现事物因果逻辑关系 缓慢沉思	直觉思维 综合 演绎 发现事物相似类比关系 快速冲动
记忆	记忆人名,抽象逻辑记忆	记忆面孔,具体形象记忆
学习	具有周密的计划性 喜欢说写 喜欢独立学习 喜欢言语讲授教学法 喜欢客观式选择题	具有高度的自发性和灵活性 喜欢操作绘画 喜欢结伴学习 喜欢实验演示教学法 喜欢主观式论述题
表达	感情易于控制 很少使用比喻类比 较少使用体态语言	感情豪迈奔放 经常使用比喻类比 较多使用体态语言
评价	爱作客观性评价	爱作主观性评价

由于生理类型的差异,有的学习者在心理能力上表现为左脑优势,有的是右脑优势,有的则是两半球脑功能和谐发展。根据个体对左右脑的不同偏爱,可以将学习者个体的学习风格分为左脑型、右脑型、左右脑协同型以及左右脑混合型四类。

(1)左脑型风格(图02-03-04)

具有左脑型风格的个体在大多数情况下较多地使用左脑,该风格的基本特征是积极主动,爱用言语的、逻辑的方式处理信息,只有在绝对必要的时候才使用右半球的"直觉",对细节问题特别敏感,做事有计划、自觉性、责任心强。

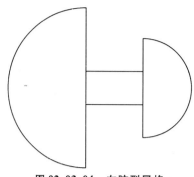

图 02-03-04　左脑型风格

（2）右脑型风格（图 02-03-05）

具有右脑型的学习者在大多数情况下较多地使用右脑。这种风格的基本特征是易于接受新东西，空间概念较强；喜欢以知觉的方式处理信息；除非绝对必要，很少使用"逻辑"，善于把握整体；喜欢灵活的规则和活动；需要自律训练。

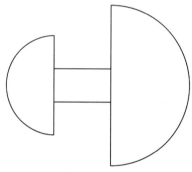

图 02-03-05　右脑型风格

（3）左右脑协同型风格（图 02-03-06）

这种风格的学习者多数情况下同时使用左、右脑，左右脑间的联系紧密，兼有左脑型与右脑型两个的特征。

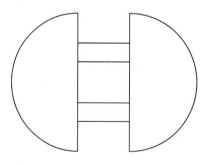

图 02-03-06　左右脑协同型

（4）左右脑混合型风格（图 02-03-07）

这种风格的学习者对左脑或右脑的偏爱取决于学习情景、学习任务的性质等因素，有时较多地使用左脑，而有时则较多地使用右脑，左右脑间的联系不像协同型那样紧密。

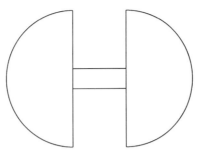

图 02-03-07　左右脑混合型

分析学习者左右脑功能优势,对教学内容、方法、媒体、评价等方面的设计,具有明显的意义。当然,根据学习者左右脑优势特征设计教学使教学做到个别化,这与重视大脑两半球功能的和谐发展并不矛盾,它涉及教育目标、教育内容、教学方法等方面的整体考虑。

三、学习者初始能力的分析

好比旅行前必须知道出发点一样,教学前也必须对学习者的初始能力有一个全面而准确的把握。学生的初始能力,主要指学生已有的知识准备、能力水平、身心成熟程度和学习动力状态等。学生已有的知识能力水平和学习准备状况是教师施教的基础,教学只有建立在学生现实发展水平的基础上,教与学之间的沟通才能成为可能。

在教学设计的过程中,准确把握学生的初始能力有利于教师确定恰当的教学起点。教学起点总是以学生已有的发展水平为标准的,起点过高或过低都不能激发学生的学习动机,促使学生正常发展。因此,全面了解学生,准确把握学生已有的发展水平,对于教师正确确定教学目标、选用教学内容、设计教学进程、保证教学活动在一个良好的起点上顺利展开,具有十分重要的意义。

一般来说,初始能力分析包括三个方面的基本内容,即预备技能、目标技能和学习者态度。

1. 对预备技能的测试

所谓预备技能,即学生在开始新的学习之前已经掌握的知识与技能。为了解学习者是否具备了从事新的学习所必须具备的预备技能,可先在教学内容分析结果图上设定一个起点,把起点线以下的知识与技能作为预备技能,并以此为依据编写测试题,通过测验了解学习者对这些预备技能的掌握情况。

比如,在语文课程的教学中,在学习"使用合适的句型表示特定的语气"这一部分的内容时,如果预计学习者已经掌握了"区别陈述句和非陈述句"的能力,那么就可以据此设定教学起点线,此线以下的内容就是编写预测试题的依据。

2. 对目标技能的分析

所谓目标技能,即在教学目标中规定学生必须掌握的知识和技能。对目标技能的分析就是了解学习者是否已经掌握或部分掌握了教学目标中要求学会的知识与技能。如已掌握了部分目标与技能,说明这部分内容的教学没有必要进行,这有助于我们在确定

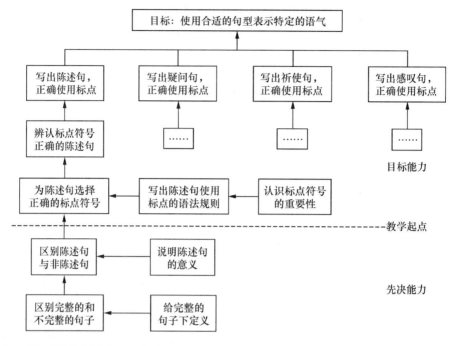

内容方面做到详略得当,即目标能力的预估。

尽管目标能力的预估与先决能力的预估所要评价的行为表现不同,但可同时通过评价知识和技能的预测来完成,如一部分测试先决能力,一部分测试目标能力。这些测试可侧重于后者,因为大部分学生至少都已具备了最低程度的必备能力。

3. 对学习者学习态度的分析

所谓学习者学习态度主要指对教学内容是否存在疑虑、偏爱或误解以及学习动机如何等。了解学习者对所学内容的认知水平及态度,对选择教学内容,确定教学方法等都有重要影响。态度是难以精确地衡量的,但可以采用问卷、采访、面试、观察、谈话等多种方法来进行测量。谈话法就是通过与学生、班主任及其他任课教师谈话,了解学生的学习态度的方法。观察法则是通过观察学生在学习过程中的言谈举止了解学习态度的方法。

例如,教学设计者在设计录像教材《教学游戏》(供小学教师教学法进修使用)时通过散发问卷,在某区 230 名被调查的小学教师中,结果发现:(1) 75% 的人认为游戏的作用仅是奖励孩子或防止他们调皮捣蛋;(2) 40% 的人认为设计教学游戏是极其复杂的工作,工作量繁重;(3) 55% 的人对游戏在基础教学中的效果表示怀疑;(4) 80% 的人认为设计与开发教学游戏的工作层次较低,不属于教研工作;(5) 39% 的人认为教学游戏浪费时间。

根据上述调研结果,教学设计者决定在教学内容中增加有关教学游戏的教育心理学基础知识、游戏在儿童教学中作用的研究结论和成功应用实例的演示,以提高学习者对教学游戏的认识,引起他们对设计教学游戏的兴趣与重视。

4. 教学起点的设计

在如何准确设计教学起点,以帮助学生迅速有效地建立起新旧知识间的联系,促进学习任务的完成方面,奥苏贝尔提出的"先行组织者"概念具有重要的借鉴价值。所谓"先行组织者",实际上就是在正式的学习开始之前以学习者易懂的通俗语言呈现给学习者的一个引导性或背景性知识材料,它的主要作用是为教学提供一个适当的起点,充当新旧知识联系的桥梁。

"先行组织者"最适宜于在两种情况下运用。一种情况是如果原有知识与新知识之间缺少明确的可辨别性,学生学习新知识时容易产生新旧知识意义上的混淆,那么教师在教学开始时就可以先给学生设计呈现一种对新旧知识异同进行比较的材料,以提高新旧知识间的可辨别性,保证新知识学习的顺利进行。

另一种情况则是,当学生面对新的学习任务时,如果其认知结构中缺乏适当的上位概念可以用来同化新知识,教师就应该先为学生设计呈现一个包容概括水平高于要学习的新材料的先行组织者,让学生先学习这一组织者,以便获得一个可以同化新知识的认知框架,使新的学习任务得以完成。

必须指出的是,在教学设计的过程中能否设计出一个符合实际需要的先行组织者,从而为教学找到一个适当的起点,其先决条件仍是是否准确地了解了学生的已有知识准备状况。没有对学习者初始能力的全面而准确的认识,教学起点的确定与设计就缺乏坚实的基础。

实 践 活 动

请把你自己作为一个学习者进行分析,并与小组的同伴和老师交流讨论,进一步修正自己的分析结果。

实践活动一:学习者分析

1. 一般特征分析

你准备采用下面的哪些方法来了解你所在班级的学习者所具有的一般特征?请在相应的选项前面打√,并开发相应的工具,存入你的个人学习档案。

方　　法	工　　具
□ 观察法	观察量表
□ 访谈法	访谈提纲
□ 调查法	调查问卷
是否准备查阅你所在班级的学习档案	□ 是　□ 否
备　　注	

学习者一般特征分析	
学习者认知发展水平描述	
学习者的一般特征描述	

2. 学习风格分析

⇨ **了解学习风格测定的方法**

在教学设计的实践中,测定学习风格的方法通常有三种。一是观察法,即通过教师对学生的日常观察来确定;二是问卷法,即按照学习风格的具体内容设计一个调查量表,让学生根据自己的情况来填写;三是征答法,让学生自己来陈述自己的学习风格。

这三种方法各有优缺点,第一种方法适合于年龄较小的学生,因为他们对自己的学习风格不太了解,所以在回答问卷或征答表的时候会感到有困难。这种方法的缺点是教师很难一一观察到每一个学生的学习风格。

第二种方法的优点是可以给平时还没有注意到自己某些学习风格的学生提供一些线索,启发他们正确地选择答案。但缺点是问卷中的题目不可能涉及全体学生所包括的学习风格,因此很难准确测定所有学生的学习风格。

第三种方法的好处是学生可以不受具体问题的限制,从而更能体现出自己的特点。缺点是如果不能把学习风格的概念准确地向学生讲清楚,那么学生的陈述就有可能不在学习风格的范围之内。

⇨ **测量你自己的学习风格**

□ 学习风格

虽然教育者早就注意到学生们在学习风格(或可称认知风格)方面有很大差异,但苦于没有很好的测试方法。北卡罗来纳州立大学的所罗门(Barbara A. Soloman)从信息加工、感知、输入、理解四个方面将学习风格分为4个组对8种类型,它们是:活跃型与沉思型、感悟型与直觉型、视觉型与言语型、序列型与综合型,并设计了具有很强操作性的学习风格量表,可以较好地进行学习风格的测试。你属于什么样的学习风格?不妨使用"所罗门学习风格自测问卷表"测试一下(http://www.engr.ncsu.edu/learningstyles/ilsweb.html),以确定你自己的学习风格。

通过所罗门学习风格自测问卷表,你测定的自己的学习风格是:_____

□ 控制点类型

说明:这个测验来自互联网,完全是趣味性的测验,并不反映真实情况。对于下面的每一个问题,你同意哪一种说法:

第一题:
1. 人们生活中很多不幸的事都与运气不好有一定的关系。
2. 人们生活的不幸起因于他们所犯的错误。

第二题:
1. 想要知道一个人是否真的喜欢你很难。
2. 你有多少朋友取决于你这个人怎么样。

第三题:
1. 很多时候我都感到对自己的遭遇无能为力。
2. 我根本不会相信机遇或运气在我生活中会起重要作用。

现在来看看,对于上述问题,你选"1"多还是"2"多?

如果你对于上述问题多选"2",那么就说明你是一个具有内部控制特征的人;而如果你对于上述问题多选"1",则说明你是一个具有外部控制特征的人。

控制点是一个连续谱,一极是外控性 另一极为内控性。请根据"理论学习"部分有关内外控制点的内容,对照自己的实际情况,看看自己在哪些地方属于内部控制者,哪些地方属于外部控制者,并最终确定自己是哪种控制占主导因素。

内部控制者特征	外部控制者特征
□ 把学习成败归因为个体内部因素	□ 把学习成败归因于个体外部因素
□ 学习兴趣高	□ 学习兴趣低
□ 自信心高、责任心强	□ 自信心低、责任心差
□ 勤奋努力	□ 马虎随便
□ 学习目标富有挑战性	□ 学习目标过低或过高
□ 成绩提高、进步快	□ 成绩提高、进步慢
总结	从总体来看,你属于一个　□ 内部控制者　□ 外部控制者
备注	在相应的选项前打 √

此外,很多学者已经开发出来了各种各样的量表,运用这些量表,你也可以迅速而准确地判定自己的控制点类型。请根据下面提供的网络地址或者自己从互联网上搜索获取,使用正规的量表测试一下自己的控制点类型,看一看自己是属于外部控制类型的人还是内部控制类型的人。

□ Terry Pettijohn 开发的控制点类型测试量表
http://www.dushkin.com/connectext/psy/ch11/survey11.mhtml
□ Julian Rotter 开发的控制点类型测试
http://www.psych.uncc.edu/pagoolka/LC.html
□ 焦虑水平

泰勒于 1953 年编制了一种测定焦虑水平的量表,叫做显相焦虑量表(Manifest Anxiety Scale),简称 MAS,它有两个基本假设:(1)个体驱力水平的变化与内在的焦虑或情绪性水平相联系;(2) 焦虑的强度可通过纸笔测验的描述表达其外显症状。[①] 该量表中有关焦虑的项目大都从明尼苏达多相个性调查表中选出,另又加入众多的缓冲项目。经过数年的修改和测试,量表中与焦虑效标有高相关的项目已增至 50 条,缓冲项目也大大增加。目前,显相焦虑量表已经成为测定人的焦虑水平的最常用方法之一。

此外,对焦虑水平的测试量表还有 Charles 和 Spielberger 于 1977 开发出来的《状态—特质焦虑问卷》(*State-Trait Anxiety Inventory*,简称 STAI) 和 John Gillis 于 1980 年专门为儿童设计开发的《儿童焦虑量表》(*Anxiety Scale for Children*) 等。我国华东师范大学心理学系教授周步成则和其他心理学科研究人员,在日本铃木清等人编制的"不安倾向诊断测验"基础上进行修订,开发了适应于我国中学生的《心理健康诊断测验》,用于测定中学生的焦虑水平。

下面是一份简易的学习焦虑水平自我评价表,你可以使用它来测定一下自己在学习上所处的焦虑水平。具体的做法是判断评价表中的每一个项目是不是适合你自己的状况,并在相应的得分等级上打√,记 1 分表示自己很少是这种情况,记 2 分表示自己部分时间内是这样的,记 3 分表示大多数时间是这样的,记 4 分表示自己总是如此。

序号	问题项目	等级			
		1	2	3	4
1	我吃饭很香,胃口很好。				
2	对于学习我感到忧心忡忡,就怕考不好。				
3	我特别容易感到疲劳和乏力。				
4	我的睡眠不太好,睡得不香。				
5	我感到心情平静,很少静下心来学习。				
6	我最怕家长和我谈学习问题。				
7	我感到头昏脑涨。				
8	我感到肠胃不舒服。				
9	我的呼吸顺畅而自然。				
10	我容易心烦意乱,十分烦躁。				
11	我容易因一点小事而生气或冒火。				
12	我的手总是温暖而干燥。				
13	我感到时间特别紧张,总觉得时间不够用。				
14	我容易入睡,睡得很好。				
你的总体得分是		你的焦虑水平是	□ 轻度焦虑	□ 中度焦虑	□ 重度焦虑
备注	给各题计分之后,就要计算你的总分,先把 1、5、9、12、14 这五个题的分数转换一下,原先记的 1、2、3、4 分,分别转化为 4、3、2、1 分。其余各题的分数不变,这时你可以把 14 个题的分数加在一起,所算出来的总分就是你的焦虑程度的总分,然后可以按照如下标准判断自己的焦虑程度。总分为 24—31 时,为轻度焦虑;总分为 32—39 时,为中度焦虑;总分在 40 分以上,为重度焦虑。				

[①] Taylor, J. A. (1953). A Personality Scale of Manifest Anxiety. *Journal of Abnormal and Social Psychology*, 48, 285—290.

第二单元　前端分析与学习目标设计

☐ 左右脑偏好

关于左右脑偏好的测试量表有很多,你可以使用"Hemispheric Dominance Inventory"为关键词在互联网上进行搜索,利用你搜索到的量表测定你的左右脑偏好情况,看一看在学习中,你属于左脑型、右脑型、左右脑协同型还是左右脑混合型。下面就有一些在线的左右脑偏好量表:

http://www.mtsu.edu/~studskl/hd/hemispheric_dominance.html

http://www.web-us.com/brain/braindominance.htm

经过测量,你发现自己在左右脑偏好上属于(请在相应的选项前打√):
☐ 左脑型　　☐ 右脑型　　☐ 左右脑协同型　　☐ 左右脑混合型
基于你的左右脑偏好,你认为应该如何科学用脑以改进你的学习？请在下面简要叙述你的想法。

实践活动二:学习者初始能力分析与教学起点的确定

在"前端分析"这一模块中,你作为一个学习者需要掌握的目标技能有哪些？请以图示的方法表示出来。

在这些目标技能中,你已经掌握哪些目标与技能？请使用★在上图中相应的地方标记出来。

在"前端分析"这一模块的学习开始前,你自己的学习态度如何?有没有很高的学习动机?是否意识到了"前端分析"这一模块的内容在整个教学设计课程学习中的地位和作用?请简要对此进行一个分析和描述。

前面你已经就"前端分析"这一模块的教学内容进行了分析,请以此为基础,根据对自己初始能力的分析,来设定这一模块的教学起点,并使用"先行组织者"的方式来设计教学的起点。关于如何撰写"先行组织者",请参考本书"教学模式与教学策略设计"单元的相关内容。

本模块的教学起点是:_____ 因此,教学应该从_____
_____开始。

针对此起点的一个"先行组织者"是:_____

_____

_____

_____

_____

模块四　学习目标设计

理论学习

通过前期分析,教与学的内容已基本清楚。这样,我们就可以确定学习者通过教学活动所要达到的学习结果或标准。这种结果或标准的具体化、明确化就是学习目标的阐明。学习目标是制定教学策略、实施教学评价的依据。

一、学习目标的基本内涵

学习目标(learning object)是对学习者通过教学后应该表现出来的可见行为的具体明确的表述。学习目标也称为行为目标(behavioral object),是教学系统设计的专门术语。运用这个术语是为了强调教育结果的可见性和可测量性。传统的教学和教学研究一般用教学目的描述学习者预期的学习结果。由于目的规定得太笼统、太抽象,如"培养学生创新能力",各人的理解可能相去甚远,因而对教学过程与结果的测量与评估不能起指导作用。

此外,用以陈述教学目的的词语常常是用以说明学习者内部心理过程的词语,如"掌握"、"知道"等,这些内部过程的说明使人无法观察和测量。教学系统设计人员认为,采用学习目标有助于克服上述缺点,因此学习目标的可见性和可测量性是系统研究方法的最重要的特点之一。学习目标必须明确、具体、详细。

学习目标是教学活动的出发点和最终归宿,它可以提供分析教材和设计教学活动的依据。教师一方面根据教学目的确定课时的学习目标,另一方面又根据这些学习目标设计教学活动和实施教学。可以说,学习目标不仅制约着教学系统设计的方向,也决定着教学的具体步骤、方法和组织形式,有利于保证教师对教学活动全过程的自觉控制。

学习目标描述的是具体的行为表现,能为教学评价提供科学依据。教学大纲提出的教学目的与任务过于抽象,教师无法把握客观、具体的评价标准,使教学评价的随意性很大。用全面、具体和可测量的学习目标作为编制测验题的依据,可以保证测验的效度、信度及试题的难度和区分度,使教学评价有科学的依据。

学习目标可以激发学习者的学习动机。要激发学习者的认识内驱力、自我提高内驱力和附属内驱力,必须让学习者了解预期的学习成果,他们才能明确成就的性质,进行目标清晰的成就活动,对自己的行为结果作成就归因,并最终取得认知、自我提高和获得赞许的喜悦。

学习目标可以帮助教师评鉴和修正教学的过程。根据控制论原理,教学过程必须依靠反馈进行自动控制。有了明确的教学目标,教师就可以此为标准,在教学过程中运用提问、讨论、交谈、测验和评改作业等各种反馈的方法。

二、教学目标分类简介

要在教学实践中科学地确定和达成学习目标,除了了解学习目标的内涵与功能,还应了解当今世界上最具影响力的教学目标分类理论,以便从中得到借鉴。在各种教学目标分类理论中,美国芝加哥大学教授布卢姆(Benjamin Bloom)对教学目标所做的研究对指导当代教学目标设计影响深远。

布卢姆(1913—1999)是美国教育心理学家,是泰勒的学生助手和同事。他继承了泰勒的研究成果,率先建立了教育目标分类系统。1948年,美国心理学会与大学考试的专家们在波士顿召开心理学会例会,在涉及有关教育目标问题的讨论中,与会者意见分歧而表述不一。用语不一致造成了交流上的困难。为了解决这个问题,与会者受到生物学分类学的启发,认为必须对教育目标进行分类,即对教育过程中学生行为的本质特点作出客观的表述和归类,从而为课程、教学、测试等多方面的研究提供基础。

于是,在这次会议上,大学考试的专家们提出了认知、情感和动作技能三个领域分类体系的框架。从此以后,心理学与教育学专家们每年轮流到各大学聚会,致力于教育目标分类问题的研究。1956年,由布卢姆主编的《教育目标分类学第一分册:认知领域》出版。1964年,由D. R. 克拉斯伍和布卢姆等人编著的《教育目标分类学第二分册:情感领域》出版。1972年,由两位女专家A. J. 哈罗女士和E. J. 辛普森女士合编的《教育目标分类学第三分册:动作技能领域》出版。

1. 认知领域目标分类

布卢姆把认知领域的教育目标分为六级,从低级到高级分别是知道、领会、运用、分析、综合、评价(图02-04-01)。

知道 是指对先前学习过的知识材料的回忆,包括具体事实、方法、过程、理论等的回忆。"知道"又叫"知识",是认知领域中最低水平的认知结果,它所要求的心理过程主要是记忆。知识又分为具体的知识、处理具体事物的方式方法的知识和某一领域普遍和抽象的知识三种。

领会 亦称理解或领悟,是较低层的处理各种材料和问题的理智操作方式,是指把握知识材料意义的能力。领会超越了单纯的记忆,代表着最低水平的理解,它又可分为转化、解释和推断三种。

运用 是指在具体的情境中使用抽象概念,这些抽象概念包括一般的概念、程序的规则或概括化的方法,以及专门性的原理、观念和理论。运用代表了较高水平的理解,比如用二元一次方程解答工程性质的应用题,又如把其他文献中已经提出来的新论点用来引证自己类似的实验结果。

分析 指将一种传播内容(现象、事物、过程)分解成为它的组成因素或组成部分,以便弄清各种观念的有关层次,或者弄清所表述的各种观念之间的关系。分析比运用的智能水平更高,可分为要素分析、关系分析和组织原则分析三种。

综合 指将各种要素及组成部分组成一个整体,以构成更为清楚的模式或结构。综合强调的是创造能力,包括进行独特的交流、制订计划或操作步骤和推导出一套抽象关系三方面的内容:

评价 指为了一定的目的,对某些观念和方法等的价值作出判断。评价是最高水平的认知学习结果,包含根据内部准则判断和依据外部准则判断两方面的内容。

在上述布卢姆的分类系统中,第一级层次是"知道",往上的五个层次都是智力技能。

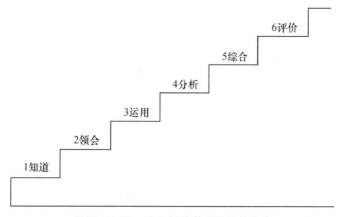

图 02-04-01　认知领域学习目标的分类

第一级"知道",只要求对信息作简单的记忆,不需要对原输入的信息作多大改组或加工,而往上五级的智力技能与"知道"的不同之处在于:它们是加工知识的方式,需要学习者在心理上对知识进行组织与重新组织。这个分类系统为我们确定学习目标提供了一个很好的思考框架。阐明学习目标应反映这一分类系统中所涉及的各种能力水平,不能仅停留在"知道"这一起码的目的上,必须重视培养学习者的智力技能。一般说来,凡是重要概念或基本原理的教学都可以按这六级设定教学目标和评价教学质量。但是具体应用时,应考虑学科特点、学习者特征等,不能简单照搬。

2. 情感领域目标分类

情感是人对客观事物的态度的一种反映,表现为对外界刺激的肯定或否定,如喜欢、厌恶等。情感学习既与形成或改变态度、提高鉴赏能力、更新价值观念等方面有关,也影响认知的发展和动作技能的形成,所以它是教育一个非常重要的方面。这里介绍克拉斯沃尔等人 1964 年的分类,该分类依照价值内化程度,将情感领域的教学目标由低到高划分成五级,即接受或注意、反应、价值评分、组织、价值或价值体系的性格化(图 02-04-02)。

接受或注意　指学生感受到某些现象和刺激的存在,愿意接受或注意这些现象和刺激。由于以往的经验,学生对每一种情境都会产生某种观点和心向,这种心向促使或阻碍他再认那些现象。接受或注意是低级的价值内化水平,包括觉察、愿意接受和有控制的或有选择的注意三个方面的内容。觉察即注意到某种情境、现象、客体或事态,比如形成对建筑物、艺术品等事物中的美感因素的意识;愿意接受,即对刺激的一种中立态度或保留批判,比如上课时静听老师的讲解;有控制的或有选择的注意,即对被看做从毗连的印象中清晰地划分开来的刺激的各个方面作出区分,比如在聆听音乐时辨别其格调和意义,并识别各种音素和乐器对整个效果的作用。

反应　是指学生不仅注意某种现象,而且以某种方式对它作出反应,可分为默认的反应、愿意的反应和满意的反应三种:默认的反应,即被动的顺从行为,比如遵守游戏规则;愿意的反应,即主动的自愿行为,比如自愿读规定范围外的材料;满意的反应,即伴随着愉悦和兴奋的冲动行为,比如在技艺方面的自我表现中获得享受,并以此作为个人充实的一种手段。

价值评分 又称价值化,指学生将特殊的对象、现象或行为与一定的价值标准相联系,包括价值的接受、对某一价值的偏好、信奉三个方面的内容:价值的接受,即把价值归于某种现象、行为、客体等,比如愿意改进与班级同学交往的技能;对某一价值的偏好,即对某种价值的信奉已达到追求、寻找、要求得到它的地步,比如为发挥集体的有效作用而承担义务;信奉,即对信念具有高度的确定性,用某种方式促进有价值的事情,比如为某种理想和信念不惜牺牲自己的一切。

组织 是指学生将许多不同的价值标准组合在一起,克服它们之间的矛盾、冲突,并开始建立内在一致的价值体系,包括价值的概念化和价值体系的组织两个方面:价值的概念化,即注意到特定价值是怎样与自己已有的价值或特有的价值联系在一起的,比如对社会保护环境资源和自然资源的责任作出判断;价值体系的组织,即把各种价值组织成一个价值复合体,并使这些价值形成有序的关系,比如根据绝大多数人对长远利益而非小团体的当前利益来权衡可供选择的方针政策。

价值或价值体系的性格化 指学生具有长时期控制自己的行为以致发展了性格化"生活方式"的价值体系,包括泛化心向和性格化两方面的内容:泛化心向,即在任何特定的时候都对态度和价值体现有一种内在一致性的倾向,比如随时准备根据事实来修正判断和改变行为;性格化,即对隐蔽的现象以及它们所构成的行为范围最具概括性的一致性倾向,比如形成一套受一定人生哲学支配的个人生活行为规范。

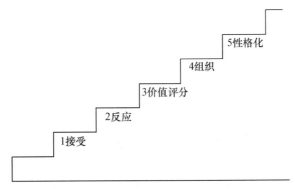

图 02-04-02　情感领域学习目标的分类

克拉斯沃尔等人的分类启示我们,情感或态度的教学是一个价值标准不断内化的过程。教师或教科书上所介绍的价值标准,对学生来说是外来的,学生必须经历接受、反应和评价等连续内化的过程,才能将它们转化为自己信奉的内在价值。其次,情感或态度的教学不只是政治课或思想品德课的任务,各门学科也都包含这方面的任务。因为任何知识、技能或行为、习惯都不能离开一定的价值标准。例如,学生"重文轻理"或"重理轻文"就反映了学生在知识、技能的学习中对某种价值的接受或偏爱。

3. 动作技能领域学习目标分类

动作技能涉及骨骼和肌肉的运用、发展和协调。在实验课、体育课、职业培训、军事训练等科目中,这常是主要的教学目标。动作技能领域的教育目标分类比认知和情感领域的教育目标分类公布得晚,而且出现了好几家分类法,其中辛普森(E. J. Simpson)等人于 1972 年提出的分类系统、哈罗（A. J. Harrow）于 1972 年提出的分类系统、基布勒（R. J. Kibler）等人于 1981 年提出的分类系统影响最大。体育运动、艺术表演、工具操作技能等一般都可以用上述中的一个或综合使用上述两个或三个分类系统来加以分类，从而确定相应的教学目标。动作技能的行为通常外显化，容易观察、描述和测量。

三、学习目标的撰写方法

在以往的教学活动中，人们一直采用这样的方式描述学习目标：比如"通过教学，发展学生的阅读理解能力"。但是这种学习目标只表述了学生的内部心理变化，所以很难准确地理解其真实含义，更不能用它去观察学生学习以后的结果。为了改变这种状况，教育心理学家和教学设计专家们一直在致力于设计出一种更好的描述学习目标的方法。

近 40 年来，许多教育心理学家都致力于设计、开发、描述和分析学习目标的方法，并大致形成了两种不同的观点，即行为观和认知观。行为观强调用可观察的或可测量的行为来描述教学目标，而认知观则强调用内部心理过程来描述教学目标。尽管这两种观点有所不同，但它们都一致认为，应把描述学习目标的重点放在学生行为或能力的变化上。

考虑到学习的最终结果必然会反映到学生的具体行为上来，新的方法就从描述学生的行为或能力的变化入手，这样教师就可以用它去观察学习是否已发生在学生身上了，因而从根本上解决了传统方法带来的问题。这样的学习目标就可以成为客观地评价学习结果的依据了。

1. 五要素目标表述法

美国当代著名的教育心理学家加涅在其《学习的条件》（Conditions of Learning）一书中把学习的结果划分为五种类型：言语信息、智力技能、认知策略、运动技能和态度，又将智力技能分出五个附属范畴（亚类），并按其复杂程度排列为：鉴别作用、具体概念、为概念下定义、规则和高级规则。[①]

加涅认为一个较为准确的学业行为目标必须说明怎样去观察一个业已习得的学习结果。他所说的学业行为目标即学习目标。为此，他提出了"五要素目标"表述法，即学习目标中必须包含：(1) 学业行为的情景，(2) 习得能力的类型，(3) 学业行为的对象，(4) 运用习得能力的具体行为，(5) 与学业行为有关的工具、条件或限制。

如何把课程的教学要求改写成"五要素学业行为目标"，这同确定教学要求所期望的学习结果有直接关系。下面分别对五类学习结果的学业行为目标编写进行举例说明。在下面的例子中，分别以 S、V、O、A、C 表示情景、能力动词、对象、行动、限制五要素。

[①] 罗伯特·加涅等著：《教学设计原理（第五版）》，王小明等译，上海：华东师范大学出版社 2007 年第一版，第 47 页。

智力技能	辨别	[S]呈现画有三架飞机的图片,让学生[V]辨别,[A]指出其中一架形状与另两架不同的飞机。
	具体概念	[S]在一组几何体当中[V]确认[O]锥体,[A]把它选出来。
	定义概论	[S]提问什么是"惰性气体"时,学生[A]用定义和例子[V]归类[O]氮、氖等惰性气体。
	规则	[S]给10题简单除法题(被除数为三位数,除数为1位数的整数除法)(abc/d)[V]演证[C]不用任何计算工具,[A]写出商。
	高级规则	[S]给出一项工程的已知数,[A]口头[V]说出工程时间与建筑工人数量之间的关系式。
认知策略		[S]给学生10个记忆项目,学生[V]采用[O]关键词记忆法,[C]不借助任何工具,在30秒之内[A]记住这些内容并保持至少两天。
言语信息		[S]口头提问,要求学生[C]不看参考材料,[A]口头或书面[V]陈述[O]鸦片战争爆发的主要原因。
动作技能		[S]给学生一个皮下注射器,让学生[A]刺准静脉执行[O]静脉注射,[C]误差小于1/20。
态度		[S]在有朋友吸烟的场合,[V]采取[O]不赞成的态度,[A]拒绝接受别人敬烟。

2. ABCD 法

ABCD 目标陈述法是由阿姆斯特朗和塞维吉提出来的一种教学目标陈述技术。这种方法之所以叫做 ABCD 法,是因为它包含了四个要素:教学对象(audience)、行为(behavior)、条件(condition)和标准(degree),而它们的英文单词的第一个字母正好是 A、B、C、D,所以简称为 ABCD 法。

A—对象(Audience):指目标所指向的对象

学习目标的表述中应该明确指出目标所指向的对象,例如"大学一年级新生"、"参加在职培训的高中数学教师"等。有的学者还主张在学习目标中要说明对象的基本特征。

B—行为(Behavior):指表明学习的具体行为

在教学目标的构成要素中,实际的行为及其结果是一个最基本的要素。它说明了学生通过学习所能够完成的特定而可观察的行为及其内容。描述行为及其结果的基本方法是使用一个动宾结构的短语,其中表述行为的动词说明学习的类型,宾语则用来说明学生的行为结果或学生所做的事情。

描写行为的具体步骤是:首先根据学习目标的分类方法把具体的课程内容分成不同的类别,然后按照类别选用推荐的规范动词作为动宾结构中的动词,最后把课程的具体内容作为动宾结构中的宾语。表 02-04-01 和表 02-04-02 分别列出了编写认知学习和情感学习目标时可选用的动词,供教学系统设计人员编写学习目标时参考。

表 02-04-01　编写认知学习目标可供选用的动词

学习目标层次	特征	可参考选用的动词
知道	对信息的回忆	定义、列举、排列、选择、重复、背诵、说出（写出）……的名称、辨认、记住、回忆、描述、陈述、标明、指出、说明、命名
领会	用自己的语言解释信息	叙述、解释、鉴别、选择、转换、区别、估计、引申、归纳、表明、报告、举例说明、猜测、预测、摘要、改写、讨论……
运用	将知识运用到新的情境中	运用、选择、计算、演示、改变、阐述、解释、解答、说明、证明、修改、计划、制定、表现、发现、操作、利用、列举、准备、产生、修饰……
分析	将知识分解，找出各部分之间的联系	分析、分类、比较、对照、图示、区别、检查、调查、编目、指出、评析、评论、猜测、细述理由、分辨好坏、举例说明、计算……
综合	将知识各部分重新组合，形成一个新的整体	编写、创造、设计、提出、排列、组合、计划、修饰、建立、形成、管理、重写、综合、归纳、总结、收集、建议……
评价	根据一定标准进行判断	鉴别、鉴赏、讨论、估计、选择、对比、比较、评定、评价、说出……价值、接近、判断、衡量、预言、检讨、总结、结论、分辨好坏……

表 02-04-02　编写情感学习目标可供选用的动词

学习目标层次	特征	可参考选用的动词
接受（注意）	愿意注意某事件或活动	听讲、知道、看出、注意、选择、接受、赞同、容忍……
反应	乐意以某种方式加入某事，以示作出反应	陈述、回答、完成、选择、列举、遵守、记录、听从、称赞、表现、帮助……
价值判断	对现象或行为做价值判断，从而表示接受、追求某事，表现出一定的坚定性	接受、承认、参加、完成、决定、影响、支持、辩论、论证、判别、区别、解释、评价、继续……
组织	把许多不同的价值标准组成体系并确定它们之间的相互关系，建立重要的和一般的价值	讨论、组织、判断、联系、确定、建立、选择、比较、定义、系统阐述、权衡、选择、制订计划、决定……
价值与价值体系的性格化	具有长期控制自己的行为以致发展了性格化的价值体系	修正、改变、接受、判断、拒绝、相信、继续、解决、贯彻、要求、抵制、认为、正视……

C—条件（Conditions）：指行为出现的条件

学生在证实其相应的行为及其结果时，总是在一定的情境条件下进行的，也就是说在学生证实其终点行为时，我们常提出相应的限制条件。行为的条件一般包括以下因素：

1. 环境因素（气温、光线、地点、噪音等）
2. 人的因素（在教师的指导下进行、小组合作进行、学生独自完成等）
3. 设备因素（设备、工具、图纸、计算器、说明书等）
4. 信息因素（教科书、笔记、资料、图表、词典等）
5. 问题明确性的因素（为证实学生的行为表现，提供什么刺激条件以及刺激的数量如何等）

编写良好的教学目标应尽可能地包含实际的有关条件,以使学生能在适当的环境中证实其行为结果。

D—标准(Degree):指可接受的行为水平

行为的标准是指行为完成质量的可接受的最低衡量依据。为了使学习目标具有可测量性,应该对学生行为的水平进行具体的描述。学生行为表现的熟练程度一般而言是具有差异的,而且幅度可能很大。在学习目标编写时采用什么程度的标准要依据教学内容的实际要求,应当以大多数学生在经过必要的努力之后都能做到的事情作为行为的标准。行为的标准一般从行为的速度和准确性等方面进行描述。例如"在5分钟以内"、"误差在1秒以内"、"准确率达90%"都包含了学习目标中的有关标准。

例如,这样陈述的一个目标是:"每一个学生都将能够对在单元测验的阅读材料中给出的10个项目中的8个下定义。"在这个目标中,A(对象)指"每一个学生",B(行为)指"能够下定义",C(条件)指"在单元测验的阅读材料中",D(标准)指"10个项目中的8个或80%"。

用ABCD法陈述教学目标时,这四个因素的前后顺序并不重要,重要的是在一个教学目标中这四个因素要同时具备。

ABCD法的后三个因素与马杰(Robert Mager)的行为目标三要素是一致的,不过它增加并强调了行为者(Audience)这一因素,从而使得教学目标的陈述更加完整。

3. 内部过程与外显行为相结合的方法

行为主义观点编写学习目标的方法虽然能明确具体地描述学习目标,克服了传统方法的含糊性和笼统性,但它也存在一些缺点,比如说只注重学生外在行为的变化而忽略其内在能力和情感的变化。由于学生因学习而产生的比较持久的变化除包括行为的变化以外,还包括认识、能力和心理倾向方面的变化,并且认识、能力和心理倾向的变化又很难行为化,因此为了全面准确编写学习目标,描述学生内部心理操作的术语就不可完全避免,于是,采用内部过程和外显行为相结合编写学习目标的方法便应运而生。

学习的实质是学生的内在心理过程发生了变化,所以教育的真正目标并不是为了改变学生的具体行为,而是要使其内在的能力或情感发生变化。用内部心理过程与外显行为相结合的方法阐明学习目标正好可以弥补ABCD法的不足。具体做法是在陈述学习目标时,先用描述学生内部心理过程的术语表明学习目标,以反映学生理解、应用、分析、欣赏、尊重等内在的心理变化,然后再列举出一些能够反映上述内在变化的行为,使得学生内在的心理变化也能够观察与测量。在列举行为的变化时,仍然要采用前面所讲的ABCD法。

教育心理学家格朗伦(N. E. Gronlund)1978年就指出,在编写学习目标时应首先明确陈述如理解、记忆、欣赏、掌握等内在的心理变化,然后再列举反映这些内部变化的行为表现样例。例如,理解杠杆的原理:

(1)能举出三种生活中采用杠杆原理的实例。

(2)能用自己的语言说明杠杆的平衡条件。

(3)能写出杠杆实例中的力臂和力矩的关系式。

这里"理解杠杆的原理"是学习目标的一般陈述,旨在理解。而理解是一个内部的心理过程,不能直接测量和观察。例中为了使"理解"能够得到测量和观察,利用了三个能证明学生是否具备"理解"能力的行为实例进行描述。值得注意的是,这里利用内部过程和外显行为相结合描述的学习目标强调的"理解",而不是表明"理解"的具体行为样例。

再如,"让学生能够理解一篇描述人物的课文是怎样围绕中心思想取材的",这样的目标是很难观察的。应该怎样来描述它呢?如果采用内外结合的方法表述就应该这样:

内部心理描述:能理解描述人物的课文是怎样围绕中心思想取材的;

行为1:能用自己的话概述课文中的主人公是一个怎样的人;

行为2:能从课文中找出作者描述主人公时表露自己感情的句子;

行为3:能指出课文所叙述的事件中哪些采取了略写的方式,哪些进行了详写,以及它们对表现中心思想所起的作用。

同样应该注意的是,在这个例子中,总的学习目标是"理解",而不是那些用来表明"理解"的具体行为。因为在这里所列举的每一个具体行为,都仅仅是为了表明"理解"的一个侧面,而不是学习目标。

内外结合的表述方法避免了ABCD法只考虑具体行为变化而忽视内在心理过程变化的缺点,也克服了用传统方法陈述学习目标的含糊性。

尽管新的方法从根本上解决了传统方法所带来的问题,但是它也存在着某些局限性。首先,因为有些学科的内容本身带有明显的序列性,如数学、物理、化学和英语等,对于这样的学科,新的方法比较好用,而在社会科学课程中使用时则受到了一些限制;其次,教师不可能提前确定教学活动中所有潜在的教学成果,而那些没有预料到的成果,却有可能引出更有价值的结果;再次,完全使用可以测量的学习目标,有可能使学习过程变得过于机械。

4. 情感型学习目标的编写方法

情感领域相对于认知和动作技能领域来说更内在些。所以,把它们用可观察和可测量的行为术语来进行描述,存在一定的困难。但是,意识总会有它的物质作依托,具体言行是思想意识的外在表现。因此,我们可以通过能观察到的行为间接推断出这些目标,学生说的和其行为可以被假定是与这个目标有关的行为证据。通过间接测量即通过二级线索推断学生的情感,这就是情感学习领域目标编写的一个特点。

根据这一特点,编写情感学习目标可采用类似内外结合的表述方法。例如,教学目标是"学生懂得食品营养对健康的重要性",由于"懂得食品营养对健康的重要性"的态度难以直接评价、判断,所以我们必须列举几方面的具体行为(二级线索),通过对这些行为的观察,来判断学生是否"懂得食品营养对健康的重要性"。例如:可以观察到他只吃营养高的食物吗?愿意建议别人关于营养食物的价值吗?自愿阅读有关营养食物做法的书吗?参加营养专家组织的报告和讨论吗?如果对这些问题的回答是肯定的,那么这些行为就是和"懂得重要性"情感有关的行为证据,间接地达到了对情感目标的测量。

从这个例子我们也可以看到,这些行为只是情感目标是否达到的一种表示,其实我们并没有直接也无法直接测量到它。有时,我们也会被一时的行为所蒙蔽。例如,要看小学生是否热爱劳动,也许在学校,学生可能表现得十分积极,但在家里就未必如此。这也是情感领域学习目标难以测量的一个方面。所以,要测量情感目标,需要多种环境、途径、长时间才能下结论。

四、学习目标的系统化

在预期的学习结果以学习目标的形式明确陈述出来以后,还需要把各章节或单元的一系列学习目标加以分析和整理,使之系统化。一般说来,学习目标的系统化以教学内容的分析为基础,分析教学内容工作做得比较细致,学习目标体系就容易安排;同时,学习目标系统化的过程又可对教学内容作进一步的分析。

学习目标的系统化方法有图示和列表两种。现以本章"学习目标设计"的学习目标系统为例介绍这两种方法。图 02-04-03 是图示法的实例,表 02-04-03 是列表法的实例。学习目标系统化的这两种方法各有长短,如图示法比较直观、明确,但很占篇幅;列表法方便易行,但层次关系不能一目了然。实际选用时可以因人而异,各取所需。

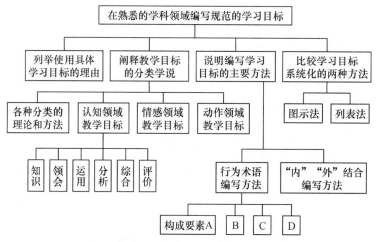

图 02-04-03　学习目标系统化的图示方法

表 02-04-03　学习目标系统化的列表方法

目标编号	学习目标(简化)
5.0	能为面临的教学课题编写学习目标
5.1	列举使用学习目标使用的理由
5.2	阐释学习目标使用的分类学说
5.2.1	各种分类理论和体系
5.2.2	认知领域的教学目标
5.2.2.1	知识
5.2.2.2	领会
5.2.2.3	运用
5.2.2.4	综合
5.2.2.5	分析
5.2.2.6	评价
5.2.3	情感领域的学习目标
5.2.4	动作技能领域的学习目标

(续表)

目标编号	学习目标(简化)
5.3	说明编写学习目标的主要方法
5.3.1	行为术语的编写方法
5.3.1.1	构成要素 A
5.3.1.2	构成要素 B
5.3.1.3	构成要素 C
5.3.1.4	构成要素 D
5.3.2	"内""外"结合的编写方法
5.4	比较学习目标系统化的两种方法
5.4.1	图示法
5.4.2	列表法

整理得好的学习目标体系具有以下几个明显的特征:(1) 规范性和科学性,即目标体系既体现了国家规定的大纲的要求,又反映了当代教育科学和心理科学的研究结果;(2) 客观性和具体性,即目标体系列出了教学内容的全部知识点,并根据每个知识点在单元或知识体系中的相对重要程度和学生的接受可能确定相应的学习水平层次;(3) 系统性和递进性,即每个单元或章节以及整个学科的学习目标都自成体系,同时又前后联系,逐渐递进。

在整理学习目标的过程中,可以运用布卢姆等人的学习目标分类框架,把学习目标分成不同的层次,具体做法如表02-04-04所示。纵向栏目是初中化学某一章简化了的部分知识点和认知学习目标,横向栏目是布卢姆对认知领域学习目标的分类,我们可以用"√"之类的符号在相应的空格中表示每个学习目标所反映的学习水平层次。

表02-04-04 表示学习目标层次的双向细目表

知识点和学习目标 认知目标层次	知道	领会	运用	分析	综合	评价
1. 分子式的写法 (1) 写出诸如氧气、铁、磷等单质的分子式;诸如二氧化碳、硫化锌、水等两种元素组成的化合物的分子式	√					
(2) 根据某一单质是双原子气体、是惰性气体还是其他金属、非金属单质,写出其分子式		√				
(3) 根据某两种元素化合物的名称,写出其分子式		√				
2. 分子式的意义 (1) 写出分子式的定义	√					
(2) 解释分子式左边和右下角的数字的意义		√				
3. 由分子式计算分子量 (1) 根据任一物质分子式计算其分子量			√			

（续表）

认知目标层次＼知识点和学习目标	知道	领会	运用	分析	综合	评价
4. 由分子式计算元素质量比 （1）根据任一物质的分子式，计算其各元素的质量比 （2）判断两物质中指定元素含量的高低			✓	✓		
5. 由分子式计算元素百分含量 （1）根据任一物质的分子式，计算其指定元素的百分含量 （2）计算从两种指定物质中取得一定比例的元素时，两物质的质量之比			✓	✓		

学习目标的系统化为克服教与学的盲目性和随意性提供了客观标准和依据，从宏观上对教学过程起导航作用。但在微观上，它不能代替教师从学生的实际出发，对每一堂课的学习目标和教学过程进行精心安排和创造性发挥。

实践活动

实践活动一：撰写学习目标

请选择本书中"前端分析与学习目标设计"单元为例，参考本模块中提供学习目标设计的例子，使用几种不同的方法撰写学习目标。

☐ 五要素目标表述法

智力技能	辨　别	
	具体概念	
	定义概论	
	规　则	
	高级规则	
认知策略		
言语信息		
动作技能		
态　度		

☐ ABCD 法

	学习目标描述	目标描述中使用的行为动词
知识性目标		
技能性目标		
情感性目标		

☐ 内部与外部相结合的方法

学习目标1	内部心理描述		
	外部行为描述	行为1	
		行为2	
		行为3	
学习目标2	内部心理描述		
	外部行为描述	行为1	
		行为2	
		行为3	
学习目标3	内部心理描述		
	外部行为描述	行为1	
		行为2	
		行为3	
学习目标4	内部心理描述		
	外部行为描述	行为1	
		行为2	
		行为3	

实践活动二:学习目标的系统化

在学习目标撰写的基础上,对这些目标进行分析和整理,使其具有层次性。请分别使用本书中介绍的图示和列表法使你表述的"前端分析与学习目标设计"单元的一系列学习目标系统化,并把系统化的结果填写在下面的这个表格中。

		学习目标的层级水平	内容标准中使用的行为动词
知识性目标	低→高	了解水平	
		理解水平	
		迁移应用水平	
技能性目标	低→高	模仿水平	
		独立操作水平	
		熟练操作水平	
情感性目标	低→高	经历(感受)水平	
		反应(认同)水平	
		领悟(内化)水平	

学习评价

通过本单元的学习,相信你肯定已经对"前端分析与学习目标设计"有了基本的认识。现在到了检验收获的时候了。那么,就请通过完成下面的这个学习评价表格来看一看你到底学到了什么吧!在评价的时候,不要忘记对照在一开始学习本单元时设定的学习目标哦!

学习内容习得评价			
评价项目与标准	学生自评	小组评价	教师评价
掌握学习需要分析的几种基本方法,并能在教学设计的具体实践中运用这些方法来分析学习者的学习需要。			
掌握教学内容分析的一般步骤及其基本方法;并能在教学设计的具体实践中运用它们来对教学内容进行分析。			
掌握学习者分析的基本内容与方法,并能在教学设计的具体实践中运用它们来对学习者进行分析。			
意识到学习目标设计的重要性,掌握学习目标撰写的基本方法,能够运用这些方法撰写具体的学习目标。			
学习能力发展评价			
评价项目与标准	学生自评	小组评价	教师评价
自学活动 能针对课程内容进行自学,获得相关资料,形成个人意见或结论。			
小组活动 积极参与小组内的讨论,补充相关资料,形成小组意见。			
班级活动 认真听取其他小组或同学的意见,掌握相应方法,形成最后结论或提出新的问题和见解。			
情感态度 学习动机、兴趣、态度、意志等情感因素都得到发展,在学习活动中能各尽其智并产生成功的喜悦。			
签 名			

综合评定(请在相应等级处打√):□ 优秀;□ 合格;□ 待改进

（续表）

个人学习小结	
备注：	

扩展阅读

Anna L Ball, Shannon G Washburn(2001). Teaching students to think：PRactical applications of bloom's taxonomy. The Agricultural Education Magazine. Henry：Nov/Dec 2001. Vol. 74, Iss. 3；p. 16.

David R Krathwohl(2002). A revision of Bloom's taxonomy：An overview. Theory into Practice. Columbus：Autumn 2002. Vol. 41, Iss. 4；p. 212.

Harless, J. H. (1973). An analysis of front-end analysis. Improving Human Performance：A Research Quarterly, 2(4), 229—244.

Kappa Delta Pi Record. Indianapolis：Summer 2002. Vol. 38, Iss. 4；p. 184.

Kaufman, R., Rojas, A. M., Mayer, H. (1993). Needs Assessment：A User's Guide. Englewood Cliffs, NJ：Educational Technology Publications.

Kimberly C Gray, Jan E Waggoner(2002). Multiple intelligences meet Bloom's taxonomy.

L. Harold(1975). Front-End Analysis. Training, 12(3), 27—29.

Schwen, Thomas M. (1973). Learner Analysis：Some Process and Content Concerns. AV Communication Review, 21(1), 44—72.

Signe E Kastberg(2003). Using Bloom's taxonomy as a framework for classroom assessment. The Mathematics Teacher, Sep 2003. Vol. 96, Iss. 6；p. 402.

高宝玲：《学习者特征与教学设计》，《中国电化教育》，1998.02。

辜筠芳：《基于学习风格的教学设计》，《全球教育展望》，2001.08。

姜曾贺、吴战杰:《网络环境下多维学习者特征分析模型的构建》,《电化教育研究》,2005.04。

王海燕、李芒、时俊卿:《课堂教学设计的学习者分析流程》,《中国电化教育》,2001.05。

王汉松:《布卢姆认知领域教育目标分类理论评析》,《南京师范大学学报(社会科学版)》,2000.03。

杨明权:《加涅与布卢姆教育目标分类理论之比较》,《汉中师范学院学报》,1996.01。

张丽霞、张立新:《基于学习理论的教学内容分析和组织的模式》,《电化教育研究》,1998.04。

张丽霞、张立新:《基于学习理论的教学内容分析和组织技术》,《电化教育研究》,1998.06。

张祖忻:《教学设计中的学习需要分析》,《外语电化教学》,1990.03。

知识花絮

教育目标分类之父——本杰明·布卢姆

本杰明·布卢姆(Benjamin Bloom,1913年2月21日—1999年9月13日),美国教育心理学家,生于宾夕法尼亚州兰斯富,1935年先后获宾夕法尼亚州立大学文学学士学位和理学硕士学位。1940年在芝加哥大学考试委员会任职,同时师从拉尔夫·泰勒研究教育,并于1942年获芝加哥大学博士学位。1944年,布卢姆加盟芝加哥大学教育系,在其后的30余年间,在芝加哥大学由讲师逐级晋升至教授,并最终于1970年升任Charles H. Swift杰出服务教授(Charles H. Swift Distinguished Service Professor)。1965—1966年任美国教育研究协会主席。1967年任测试问题邀请会主席。1971年,先后发起创立了国际教育成就评价协会和国际课程协会。1968年获约翰·杜威学会颁发的杜威奖金。1972年获美国心理学会颁发的桑代克奖。2005年,布卢姆的昔日门生、肯塔基大学教授Thomas R. Guskey出版了《本杰明·布卢姆:一位教育家的肖像》(Benjamin S. Bloom: Portraits of an Educator)一书,披露了这位大师很多不为人知的逸闻趣事,也全面总结了布卢姆一生的学术成就。

斯坦福大学的埃利奥特·艾斯纳在一篇文章中说:"身高约5.5英尺(1.65米)的本杰明·布卢姆个头并不高大,他的身材绝反映不出他在一个房间里的存在或他在教育学领域达到的水平。一个人的个子虽然矮小,但他的谈吐却极有分量,智慧之光四射,看到这种情

况,总觉得是一种反常。"①这段话对布卢姆的评价可谓独到,但却非常中肯而贴切。

布卢姆的学术成就是多方面的,其中当首推他对教育目标分类的研究。布卢姆长期在拉尔夫·泰勒的领导下工作,泰勒的学术思想对其推出教育目标分类学起到了非常重大的促进作用。1956年,布卢姆领导的一个研究小组出版了《教育目标分类学第一分册:认知领域》一书,旋即成为教育经典,也奠定了他在教育学术界中的地位。1964年,他又和克拉斯伍等人合作推出了《教育目标分类学第二分册:情感领域》,逐渐完善了教育目标分类学的体系。

除了教育目标分类学之外,布卢姆还长期从事智力的研究,并发展出了掌握学习的教学策略,有效推动了学校教学的实践。布卢姆指出了早期经验和早期学习在智力成长中的地位,认为智力在积极运用中是不断发展的,随年龄的增长而日趋稳定,年龄愈大,变化的可能性愈小。此外,他还发展了掌握学习的教学策略,强调只要在向学生提供恰当材料和进行教学的同时,给以适度帮助和充分时间(即学习机会),90%的学生能够做好学校作业,达到既定目标。

---

① Elliot W. Eisner. (2000). Benjamin Bloom. Prospects: the Quarterly Review of Comparative Education; vol. XXX, no. 3.

第三单元　教学模式与教学策略设计

学习目标

1. 能够使用自己的语言陈述教学模式的基本内涵，能够简要地描述几种基本的教学模式以及信息化环境下涌现出来的几种新型教学模式。

2. 能够使用自己的语言陈述教学策略的基本内涵，能够简要复述构成教学策略的几个基本要素。

3. 掌握先行组织者撰写的基本方法，能够在教学设计的实践中结合具体需要撰写一个有效的先行组织者。

4. 掌握教学策略选择的依据、应用的原则以及影响因素，并能在实践中有效地应用它们以切实地促进教学。

模块一　信息化环境下的教学模式

理论学习

教学模式是教学系统设计的核心问题，直接制约着教学系统设计方案在实践中的成败。从教学的基本原理出发，人们创建了许多不同的教学模式。那么，这些不同情境中的教学模式有何特征呢？我们将在本章讨论这个问题。

一、教学模式的基本内涵

"模式"词义来源于"模型"。《辞源》中对"模型"的语义解释有三：(1) 模型, 规范；(2) 模范, 楷模；(3) 模仿, 效法。"模型"最初本义是指一种用实物做模的方法, 词义拓展后, 有模范、示范、模仿的意义。后来, 模型由实物模型发展为非实物的形式模型, 最普遍使用的是"数学模型", 即把一个实际问题, 抽象为用数学符号、图形表示数学问题, 即称"数学模型"。后来, 这种非实物的形式模型向更多的领域扩展, 并使用"模式"这词。例如, 文化模式、教育模式、经济模式、社会模式、办学模式、教学模式, 等等。在这个时候, "模"包括了实物模型的意义, "式"包括了形式、样式的意义。"模式"一词兼容了实物与形式两大类。

将模式一词最先引入到教学领域并加以系统研究的人, 当推美国的乔伊斯和韦尔。乔伊斯和韦尔在《教学模式》一书中认为："教学模式是构成课程和作业、选择教材、提示教师活动的一种范式或计划。"① 实际教学模式并不是一种计划,因为计划往往显得太具体,太具操作性,从而失去了理论色彩。将"模式"一词引入教学理论中,是想以此来说明在一定的教学思想或教学理论指导下建立起来的各种类型的教学活动的基本结构或框架,表现教学过程的程序性的策略体系。

因此,教学模式可以定义为是在一定教学思想或教学理论指导下建立起来的较为稳定的教学活动结构框架和活动程序。作为结构框架,突出了教学模式从宏观上把握教学活动整体及各要素之间内部的关系和功能;作为活动程序则突出了教学模式的有序性和可操作性。教学模式通常包括五个因素,即理论依据、教学目标、操作程序、实现条件和教学评价。这五个因素之间有规律的联系就是教学模式的结构表现形式。

首先,教学模式是一定的教学理论或教学思想的反映,是一定理论指导下的教学行为规范。不同的教育观往往提出不同的教学模式。比如,概念获得模式和先行组织模式的理论依据是认知心理学的学习理论,而情境陶冶模式的理论依据则是人的有意识心理活动与无意识的心理活动、理智与情感活动在认知中的统一。

其次,任何教学模式都指向和完成一定的教学目标,在教学模式的结构中教学目标处于核心地位,并对构成教学模式的其他因素起着制约作用,它决定着教学模式的操作程序和师生在教学活动中的组合关系,也是教学评价的标准和尺度。正是由于教学模式与教学目标的这种极强的内在统一性,决定了不同教学模式的个性。不同教学模式是为完成一定的教学目标服务的。

此外,每一种教学模式都有其特定的逻辑步骤和操作程序,它规定了在教学活动中师生先做什么、后做什么,各步骤应当完成的任务。而实现条件则是指能使教学模式发挥效力的各种约束因素,如教师、学生、教学内容、教学手段、教学环境、教学时间,等等。这些约束因素制约着实践中教学模式的逻辑步骤和操作程序的选择和调整。

教学模式的最后一个要素是教学评价。所谓教学评价,是指各种教学模式所特有的完成教学任务,达到教学目标的评价方法和标准等。由于不同教学模式所要完成的教学任务和达到的教学目的不同,使用的程序和条件不同,当然其评价的方法和标准也有所不同。目前,除了一些比较成熟的教学模式已经形成了一套相应的评价方法和标准外,有不少教学模式还没有形成自己独特的评价方法和标准。

二、教学模式的基本类型

教学模式是教学理论的具体化,是教学实践概括化的形式和系统,具有多样性和可操作性,因此教师对教学模式的选择和运用有一定的要求,教学模式必须要与教学目标相契合,要考虑实际的教学条件,针对不同的教学内容来选择教学模式,当然还首先要对教学模式的几种基本类型有所了解。

1. 课堂讲授型模式

课堂讲授型模式是一种历史最悠久、应用最广泛的教学模式,它几乎伴随着学校教育和班级授课制的整个历史。该教学模式源于赫尔巴特的四段教学法,后来由苏联凯洛

---

① Joyce, B., & Weil, M., (1972). Models of Teaching. Englewood Cliffs, NJ: Prentice-Hall, p. vii.

夫等人进行改造传入我国并广为流行,很多教师在教学中自觉不自觉地都用这种方法教学。该模式以传授系统知识、培养基本技能为目标,其着眼点在于充分挖掘人的记忆力、推理能力与间接经验在掌握知识方面的作用,使学生比较快速有效地掌握更多的信息量。该模式强调教师的指导作用,认为知识是教师到学生的一种单向传递的作用,非常注重教师的权威性。

课堂讲授型教学模式的理论基础是行为主义的心理学。该教学模式根据行为心理学的原理进行设计,尤其是受到了斯金纳操作性条件反射的训练心理学的影响,强调控制学习者的行为达到预定的目标,认为只要通过"联系——反馈——强化"这样反复的循环过程就可以塑造有效的行为目标。

课堂讲授型教学模式的基本教学程序是:复习旧课—激发学习动机—讲授新课—巩固练习—检查评价—间隔性复习,所有的教学活动都围绕这几个基本程序组织与展开。复习旧课是为了强化记忆、加深理解、加强知识之间的相互联系和知识进行系统整理。激发学习动机是根据新课的内容,设置一定情境和引入活动,激发学生的学习兴趣。讲授新课是教学的核心,在这个过程中主要以教师的讲授和指导为主,学生一般要遵守纪律,跟着教师的教学节奏,按部就班地完成教师布置给他们的任务。巩固练习是学生在课堂上对新学的知识进行运用和练习解决问题的过程。检查评价是通过学生的课堂和家庭作业来检查学生对新知识的掌握情况。间隔性复习是为了强化记忆和加深理解。

课堂讲授型教学模式要求教师要根据学生的知识结构的认知水平对教学内容进行加工整理,力求使得所传授的知识与学生原有的认知结构相联系。它还强调要充分发挥教师的主导作用,教师在传授知识的时候需要很高的语言表达能力,同时要对学生在掌握知识时常遇到的问题有所经验与觉察。同时,课堂讲授型教学模式也充分尊重学生的学习主体地位,一个设计良好的课堂讲授型教学同样也可以有效激发学生的积极思考和参与,从而使其主动学习。

在采用课堂讲授型教学模式时,教师通过循序渐进的叙述、描绘、解释来传递信息、传授知识、阐明概念、论证规律、定律、公式,引导学生分析和认识问题,并促进学生的智力与品德的发展。从教师的角度来说,这种过程是一种传授的方式,而从学生的角度来说,则是一种接受性的学习方法。它的特点是学生所学习的内容都是由教师以系统语言的形式呈现给学生,学生则把教师所提供的材料贮存到自己的头脑中去。

采用课堂讲授型教学模式虽然能使学生在短时间内就能获得大量系统的科学知识,教师合乎逻辑的分析、论证,生动形象的描绘以及善于设疑、解疑等都有利于发展学生的智力,有利于教师对学生进行思想教育。但是,授受式教学没有提供充分的机会让学生对所学的内容及时做出反馈,学生学习的主动性、积极性没有发挥,也没有学生的情感态度的投入。在授受教学过程中,学生也没有体验到学习的过程与方法,而教师课堂上"满堂灌",势必导致学生机械学习。

2. 自主探究型模式

在实施素质教育的今天,新课程改革呼唤学生主体性的回归,把思考权、判断选择权、体验探索权尽可能地还给学生,自主探究型教学模式引起了广泛关注,成为我国基础教育课程改革所倡导的主要的教学模式。自主探究型教学模式包括两方面的基本特征,一是自主,二是探究。

所谓自主,即学习者在总体教学目标的宏观调控以及教师的指导下,根据自身条件和需要制订并实现具体学习目标的一种学习模式。自主学习是学习主体主导自己的学习,它是对学习目标、过程及效果等方面进行自我设计、自我管理、自我调节、自我检测、自我评价和自我转化的主动建构过程。

所谓探究,是指一种积极的学习过程,即学生在课程学习中自己探索问题并解决问题的一种学习方式。美国国家科学教育标准中对探究的定义是:"探究是多层面的活动,包括观察;提出问题;通过浏览书籍和其他信息资源发现什么是已经知道的结论,制定调查研究计划;根据实验证据对已有的结论作出评价;用工具收集、分析、解释数据;提出解答,解释和预测;以及交流结果。探究要求确定假设,进行批判的和逻辑的思考,并且考虑其他可以替代的解释。"[①]

当然,必须指出的是自主探究并不意味着教师在教学过程中撒手不管,对学生的学习不闻不问。相反,教师在整个学习过程中都要一直充当着学生自主探究的情境创设者、学习引导者、疑难帮助者、学习评价者的角色。在自主探究型教学模式中,师生要密切合作,紧密互动,教师和学生在探究过程中分别扮演着不同的角色。

自主探究型教学模式的一般流程为:创设情境—提出假设—科学探究—形成结论—反思拓展(图03-01-01)。

(1) 创设情境

问题情境是科学探究的基础。建构主义认为学习活动是在一定的情境下进行的,而且这个情境必须有利于学生对所学内容的意义建构。在探究性课堂教学实践中,要十分重视问题情境的创设,以引起学生的惊奇、疑问、新鲜、亲近等情绪,从而激发学生探究问题的动机,提高学习的兴趣。在教学中,问题情景一般由教材或教师呈现出来,应该尽量贴近学生生活,贴近学生认知的最近发展区,使学生能运用所学的知识和已掌握的技能,去尝试解决这个问题。同时,呈现的问题情境要能最大限度地激发学生的探究兴趣,使学生乐意探究、能够探究。

(2) 提出假设

提出假设是学生自我探究的开始。"假设"可以是学生提出解决问题的初步方案,也可以是学生对结论的初步估计。方案是否可行,对结论的估计是否正确,都有待学生在自主探究中去验证。教师要注意组织学生间的交流活动,让他们通过交流、讨论,筛选出有价值的假设,再进行探究。

(3) 科学探究

科学探究是探究式教学的核心环节。科学探究要求培养学生自主探究、合作交流、动手实践等能力,让学生发现并提出问题后,自主提出猜想并制订实验方案,放手探究,使其在获得知识和技能的同时,培养动手实践能力、分析解决问题的能力以及合作与交流的能力,这样也就提高了学生学会学习的能力。

---

① National Research Council. (1996). The National Science Education Standards. Washington DC: National Academy Press, p. 23.

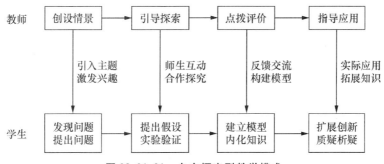

图 03-01-01　自主探究型教学模式

在这一环节中,学生要收集信息并对收集到的信息进行整理,然后通过操作与实验、分析与推理等多种方法对提出的假设进行论证。如果提出的假设不成立,学生必须修正自己的假设,针对需要解决的问题提出其他假设,并再次通过探究活动验证这种假设是否成立,直至取得探究的成功。学生在这一环节的自我探究,既不能不着边际,也不能处于一种无序状态,教师要注意调控。最有效的调控方式就是教师以参与者的身份参与学生的探究,用平等的身份与学生对话,用协商的口气和学生交流,以促进学生的探究取得成功。

(4) 形成结论

学生经过操作与实验、分析与推理,对提出的假设进行了论证后,需要经过一个去粗取精、去伪存真的整理过程,最后形成自己对解决问题的结论性认识。这个过程不仅体现了学生感性认识向理性认识的发展,而且可以充分让学生感受探究学习的价值,感受探究成功带来的喜悦。在自主探究的基础上,让学生自己阐述实验过程和得出结论,以及实验失败的原因,及时表扬和鼓励思维中的闪光点,这样可以使其体验成功的喜悦,以便取得更大的成功。

(5) 反思拓展

学生在这一环节中应对整个探究过程进行反思,想一想:自己是怎样取得探究成功的,有什么值得注意的问题,这次探究对自己有什么启发,等等。这种反思,既是一种总结性的思考,又是一种发展性的思考。在反思的基础上,让学生运用所学知识解决一些实际问题,使学生进一步巩固对新知识的理解和掌握,以利于更好地迁移和运用。同时,在解决问题的过程中,不断发现新问题,探索新方法,不断增强实践能力和创新能力。

3. 合作探究型教学模式

所谓合作探究型教学模式,即在教学中充分发挥学生的主体性,以"学生本位"代替传统的"课本本位",以"主动探究"代替"被动接受",以问题为开端,倡导学生以探究学习、合作学习和自主学习等多种方式参与学习,教师则以一种"导演"的身份参与、指导学生的学习过程,让学生主动地在问题解决过程中获取新知。合作探究型教学模式与自主探究型教学模式不同的地方在于学生探究形式的多样性和综合化。

建构主义强调学习的主动建构性、社会互动性和情境性,合作探究型教学模式集中体现了建构主义的观点。合作探究型教学模式中的学习在实质上是基于问题解决活动进行的协同性知识建构,它以合作性的问题解决活动为主线,同时整合了其他的知识获取方式。网络作为一种开放的信息环境,比传统教学环境更能支持灵活开放的探究活动,支持师生之间、学生之间以及学校与社区之间的多向互动,有利于合作探究型教学模式的实现。

在合作探究型教学模式中,首先是教师组织学习者以小组为单位开始解决一个实际问题。在通常情况下,为了解决问题学习者往往需要获得一些必要的专业知识,即学习议题,因此学生要通过利用信息技术,分头查找资料获取知识,并通过小组活动相互交流知识经验、讨论如何运用获得的知识来促进问题的解决。在讨论的过程中,小组发现还需要引入另外的学习议题,学习者就需要反复循环地产生学习议题、分头查找资料、小组交流并讨论问题解答,直到问题得到解决。问题解决后,学习者还要对自己的学习过程进行自我反思和评价,总结所获得的知识和思维技能。

(1) 组织小组

合作探究型教学的第一步是组建合作小组,创建一种合作的文化与氛围,培养小组成员的合作技能。在作为一个小组探索问题之前,教师要确保学习者互相认识,为合作学习建立基本的规则,创设舒适的气氛。在组建合作小组时,学习者和教师分别做自我介绍,互通姓名,形成毫无偏见的氛围。

(2) 合作探究

在合作探究学习过程中,学习者要明确和分析所探究的问题,制定探究方案,然后从多种渠道收集多种信息,对信息进行分析、综合和评价,得出适当的结论,最后用多种形式呈现自己的作品,交流探究结果。这种学习过程具有较大的自主性和开放性,教师必须对学习过程进行必要设计。此外,围绕所确定的探究任务,教师需要设计相应的学习资源,以促进学习者在相关领域知识的基础上展开探究,突出探究活动的意义性、理解性和反思性。

(3) 后续行动

小组成员再次集合,沟通他们所学的东西,基于他们新学习的东西生成新的解决问题的假设。在分享他们的学习成果时,很重要的一点是学习者要评价自己的信息以及他人的信息,看信息是怎样得来的、来源是否可靠等,这是促成自主学习的重要途径。这个过程可以借助多媒体信息工具来促进学习者的交流、表达。

(4) 活动汇报

合作探究型教学模式所强调的不只是让学习者解决问题,而且要让他们理解问题背后的关系和机制,更要培养他们的合作精神,因此对问题解决过程与结果的汇报与展示必不可少。在活动汇报中,各小组利用各种不同形式来报告自己的结论以及得出结论的过程,比如借助计算机等演示数学分析、图表、口头报告、戏剧表演等。

(5) 评价反思

为了提炼他们所学到的东西,学生们要有意地反思与评价问题解决的过程。要考虑这个问题与以前所遇到的问题的共同点与不同点,这可以帮助他们概括和理解新知识的应用情境。而且,在学生们评价自己以及他人的表现时,他们同时也在对自主学习和合作性问题解决活动进行反思,这对于高级的思维技能的发展来说是很有意义的。同样,这个过程也要利用信息技术,如让学习者运用信息技术记录学习过程,运用电子学档的评价方式等。

三、信息化教学的新模式

伴随着建构主义学习理论的兴起以及多媒体与网络广泛而深入地参与教学与学习，涌现了许许多多新型教学模式，其中比较成熟、影响最大、应用最广的有抛锚式教学模式、支架式教学模式和随机进入式教学模式等。

1. 抛锚式教学模式

抛锚式教学模式是由范德比尔特大学认知与技术小组（CTGV）在约翰·布朗斯福特（John Bransford）的领导下开发出来的一种信息化环境下的教学新模式。它是一种深受目前西方盛行的建构主义学习理论影响、以技术为基础的教学模式，与情境学习、情境认知以及认知弹性理论有着极其密切的关系，主要强调以技术为基础的学习。

抛锚式教学的主要目的是使学生在一个完整、真实的问题背景中，产生学习的需要，并通过镶嵌式教学以及学习共同体中成员间的互动、交流，即合作学习，凭借自己的主动学习、生成性学习，亲身体验从识别目标到提出和达到目标的全过程。总之，抛锚式教学是使学生适应日常生活，学会独立识别问题、提出问题、解决真实问题的一个十分重要的途径。

抛锚式教学主张学习者在基于技术的整合的学习环境中，学会解决复杂问题。在这种学习环境中，学生的学习内容和学习过程是真实的，所学结果具有较高的迁移性，从而使学生的学习变得有意义。抛锚式教学中的核心要素是"锚"，学习与教学活动都要围绕着"锚"来进行。简单来说，抛锚式教学中的"锚"，是指在真实的情境中创设问题所依靠的故事情节，具体包括两方面的含义：

一是技术。抛锚式教学将技术当做教学依靠的"锚"，特别强调技术在教学中的运用。一方面，依靠技术创设逼真的学习情境；另一方面，学生可以依靠交互式计算机、影碟光盘和互动网站等技术支持，不断地重访情境中的某个特定部分，并从多种视角对问题加以揭示，使学生的思考拓展到与之相关的领域。

二是情境。它通常指包含所需解决问题或主题的一个故事、一段冒险或一个情景，且能引起学生的兴趣。抛锚式教学强调创设有情节的、真实的情境，并从情境中引出"锚定"的问题，发展出与"锚"相关的类似问题与拓展问题。

抛锚式教学模式主要包括设置锚、围绕锚组织教学、鼓励学生开展自主学习和合作学习、消解锚、对学习效果进行评价等五个基本步骤组成（如图 03-01-02 所示）。

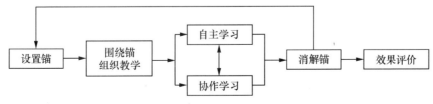

图 03-01-02　抛锚式教学模式

（1）设置锚

抛锚式教学模式的第一步是要求教师根据教学内容和学习者的发展需求创设真实的问题情境。著名数学家、哲学家和教育理论家怀特海在其教育代表作《教育的目的》中说道：在脱离情境脉络的条件下获得的知识，经常是呆滞的和不具备实践作用的。① 抛锚式教学所设置的锚（即所提供的宏情境）将相关的信息置于或镶嵌于其中，而不是提供独立的信息，学生一旦引入了宏情境，就自己形成了子问题。因为问题是多方面的和复杂的，就可能有许多解决方法。这样一来，学生就不是利用只有一个正确答案的思维去解决问题，而是去创造独特的方法来解决问题。

（2）围绕锚组织教学

"锚"是使教学开始的有效方式。范德比尔特大学认知与技术小组认为，围绕"锚"组织教学再逐步过渡到学生的"亲自实践"的问题解决有以下几个优点：第一，对于教师来说，围绕"锚"组织教学比寻求所有的资源以完成任务要更易于掌握；第二，由于学生的程度不同，首先围绕某个"锚"进行学习有助于他们作好完成任务的准备；第三，"锚"提供了一个共享的知识背景，这有助于学习者和其他成员相互合作、相互交流和积极地参与；第四，"锚"提供了学习者自我敏感的形成性评价的基础，保证他们尽可能地从教学中获得更多的知识和理解。

（3）鼓励自主学习和合作学习

抛锚式教学模式鼓励开展多种形式的自主学习和合作学习。在学生自主学习和合作学习的过程中，鼓励学生自己发现解决问题的方法：收集信息、确定完成任务的子目标、利用并评价有关信息与材料、提出解决问题的假设等。教师在学生遇到困难时提供一定的"脚手架"，以使学生的理解进一步深入。另外，在学生自主学习的同时，应该鼓励教师、学生及同伴间的讨论或对话，从多个角度寻求解决问题的可能办法，提高学生的合作、交流的能力。

（4）"消解"具体的"锚"

抛锚式教学不能仅让学生局限在解决特定情境的问题，还要发展他们的知识迁移能力，解决新情境的问题（如新的类似问题、部分类似问题、课堂背景外的问题、其他学科的问题等）。抛锚式教学模式认为教学的关键在于应该在情境化与非情境化之间保持一种合理的平衡，学生在情境中的学习要能够脱离这一特定的情境，向其他情境迁移。

（5）效果评价

抛锚式教学不仅是为了让学生能够解决"锚"中的问题，而且要通过教学使学生能够自主地完成学习目标，自主地解决复杂背景中的真实问题，以及与他人合作、交流、相互评价和自我反思的能力。范德比尔特大学认知与技术小组的研究发现，抛锚式教学不仅提高了学生解决复杂问题的能力，而且有趣的是"普通学校的教师还可利用抛锚式教学课程中与某一知识、技能相应的教学时段，去帮助学生在标准化测验以及其他各种测验中获得高分"。②

---

① 转引自戴维·H. 乔纳森：《学习环境的理论基础》，郑太年等译，上海：华东师范大学出版社2002年版，第35—45页。

② 转引自毛新勇：《建构主义学习理论在教学中的应用》，《课程·教材·教法》，1999.09。

总之,抛锚式教学是一种新型的信息化教学模式,其理论和实践都还在不断的探索中。尽管抛锚式教学模式出现的时间并不长,但它在发展学生的思维能力(批判性思维、问题解决、决策能力和创新能力)方面所表现出的优势已非常明显。显然,抛锚式教学模式对于促进我国传统教学模式的变革,实现学习方式的转变,具有积极的启示意义和借鉴作用。

2. 支架式教学模式

支架式教学是近二三十年来国外流行的衍生于建构学习理论的一种教学模式,它在处理"教"与"学"二者之间的关系方面提出了富有创造性的见解。支架式教学模式倡导学生的体验和参与,有助于转变教师和学生角色,促进学生合作探究学习能力,培养学生独立解决问题的能力。

支架原本指建筑行业中使用的脚手架,在这里用来形象地描述一种教学方式:学生被看做一座建筑,学生的"学"是在不断地、积极地建构自身的过程;教师的"教"则是一个必要的脚手架,支持学生不断地建构自己。支架式教学被定义为:"应当为学习者建构对知识的理解提供一种概念框架。这种框架中的概念是为发展学习者对问题的进一步理解所需要的,为此事先要把复杂的学习任务加以分解,以便把学习者的理解逐步引向深入。"[①]

很显然,这种教学思想是来源于苏联著名心理学家维果斯基的"最邻近发展区"理论。维果斯基认为,在儿童智力活动中,对于所要解决的问题和原有能力之间可能存在差异,通过教学,儿童在教师帮助下可以消除这种差异,这个差异就是"最邻近发展区"。换句话,最邻近发展区定义为,儿童独立解决问题时的实际发展水平(第一个发展水平)和教师指导下解决问题时的潜在发展水平(第二个发展水平)之间的距离。可见儿童的第一个发展水平与第二个发展水平之间的状态是由教学决定的,即教学可以创造"最邻近发展区"。因此教学绝不应消极地适应儿童智力发展的已有水平,而应当走在发展的前面,不停顿地把儿童的智力从一个水平引导到另一个新的更高的水平。

建构主义者正是从维果斯基的思想出发,借用建筑行业中使用的"脚手架"作为上述概念框架的形象化比喻,其实质是利用上述概念框架作为学习过程中的脚手架。如上所述,这种框架中的概念是为发展学生对问题的进一步理解所需要的,也就是说,该框架应按照学生智力的"最邻近发展区"来建立,因而可通过这种脚手架的支撑作用(或曰"支架作用")不停顿地把学生的智力从一个水平提升到另一个新的更高水平,真正做到使教学走在发展的前面。

支架式教学模式主要包括以下几个环节。(1)搭脚手架——确定要建构的知识,围绕学习主题,按"最邻近发展区"的要求建立概念框架。(2)进入支架——呈现一定的问题情境,由此将学习者引入概念框架中的某个节点,为学习者的建构活动提供基础。(3)独立探索——让学习者在支架的帮助下自主寻求问题的答案,探究的内容包括确定与给定概念有关的各种属性,并将各种属性按重要性大小顺序排列。在探索的过程中,教师的引导作用应由大到小、从有到无,直至放手让学习者独立探索,即要逐步消解概念框架

---

① 何克抗:《建构主义——革新传统教学的理论基础(上)》,《电化教育研究》,1997年第3期。

的支撑作用。(4)合作学习——进行小组协商、讨论,在共享集体思维成果的基础上达到对当前所学概念比较全面和正确的理解,即最终完成对所学知识的意义建构。(5)效果评价——对学习效果的评价包括学习者个人的自我评价和学习小组对个人的学习评价,评价内容包括自主学习能力、对小组合作学习所作出的贡献、是否完成对所学知识的意义建构三方面。

以上各个环节只是支架式教学模式的一般形式。教师可以根据教学内容和学生实际,进行教法的处理、教学手段的运用及学法指导,增加或减少部分环节,也可在一课中反复运用这些环节,以达到提高课堂教学效率的目的。

实践活动

实践活动一:结识"明日苹果教室"

> 明日苹果教室(ACOT)惊人地修正了教学过程。它也是从黑板和课本式教学转变为学生自己探索、发现和建构知识的教学方法的催化剂。
> ——Barry Stebbins,自然课程教师
>
> 因为 ACOT 和科技教学,我能够继续充满热情地去做一名老师。
> ——Chris Stors,ACOT 教师
>
> 在高级教育技术和教育研究的革新实验方面,ACOT 是一个拓荒者。它提出了在教育中应用技术的新模式,极大地鼓舞了教师、研究人员和工业界人士。
> ——Roy Pea,原西北大学教育和社会政策学院院长

1. 了解 Apple 与 ACOT

苹果电脑公司(Apple)由乔布斯、斯蒂夫·沃兹尼亚克和 Ron Wayn 在 1976 年 4 月 1 日创立。1975 年春天,Apple Ⅰ 由 Wozon 设计,并被 Byte 的电脑商店购买了 50 台当时售价为 666.66 美元的 Apple Ⅰ。1976 年,Wozon 完成了 Apple Ⅱ 的设计。苹果电脑公司通过 Apple Ⅱ 在 20 世纪 70 年代引发了个人电脑革命,Macintosh 的推出在 20 世纪 80 年代又彻底改造了个人计算机。通过其创意性的硬件、软件和 Internet 技术及设备,苹果公司致力于将最佳的计算机使用体验带给全世界的学生、教育工作者、创意专家及普通消费者。

苹果公司自成立之初,就非常关注教育领域发展。在二十多年前苹果电脑公司是最早将电脑介绍到美国的学校教育领域的公司。在 20 世纪 80 年代中后期,苹果电脑公司专注于信息技术和学科教学整合项目研究,同时发起并领导了从 1985 到 1997 长达 12 年的教学整合研究项目,名为"明日苹果教室"(Apple Classroom of Tomorrow),此项目是迄今为止在计算机教育领域最有影响的教育科学研究项目之一。

"明日苹果教室"是一个联合公立学校、大学、研究机构和苹果公司的十几年研究和发展的合作项目。在 20 世纪 80 年代中期,人们都热衷于研究利用技术来提高教育水平。1985 年,苹果公司的教育家们启动了一个研究项目——明日苹果教室——来回答下述问题:"如果教师和学生在需要计算机时总能得到满足,那将会发生什么?"他们要创造一种更好的学习环境,在这种环境中,获取技术就像使用书和纸一样方便,而不管学生是在教室还是在机房,是在学校还是在家里,然后,观测在这个环境下的教与学的效果。

在 ACOT 的成果中包含大量的研究性学习的教育理论、教学方法、教学案例,同时也总结出一套行之有效的研究性学习评价标准和方法。2002 年苹果公司启动"数字苹果园"中国教育推广计划。

2. 访问 ACOT

请访问 Apple 中国的网站(http://www.apple.com.cn,提取时间:2007-7-4),从上面了解更多关于 Apple 公司"明日苹果教室"项目的情况。

□ "明日苹果教室"项目是从 _____ 开始,至 _____ 年结束,它的主要目的是
_____

□ 你在苹果公司网站上搜索到的关于"明日苹果教室"项目的主要文件有:
◇ _____   ◇ _____
◇ _____   ◇ _____
◇ _____   ◇ _____
◇ _____   ◇ _____

□ 在这些文件中,与创建新型教学与学习模式相关的有:
◇ _____   ◇ _____
◇ _____   ◇ _____
◇ _____   ◇ _____

□ "明日苹果教室"采用的新型教学与学习模式有:
◇ 探究性学习   ◇ 自主学习   ◇ 合作学习   ◇ 基于问题的学习   ◇ 其他_____

□ 你认为"明日苹果教室"创建的新型教学与学习模式与传统的教学与学习模式最大的不同体现在_____
_____
_____

□ 苹果公司除了"明日苹果教室"这一项目外,其他的教育应用项目还有:
_____

□ 如果仅仅通过 Apple 的官方网站完成以上任务有困难,为了帮助你加深对"明日苹果教室"这一项目的了解,更多的资源请参阅下列文献或者从互联网上的其他地方获取。

◇ 高卫平：《苹果明日教室打造明日教育》，《信息技术教育》，2004.04。
◇ 教育信息化编辑部：《再现明日苹果教室魅力》，《教育信息化》，2002.05。
◇ 马孟德：《苹果明日教室》，《信息技术教育》，2006.08。
◇ 于志宏：《信息技术导演的"喜剧"》，《中国教育报》，2002年6月6日第3版。
◇ 《改变教学、学习和技术的对话——ACOT十年研究报告》，http://www.psfshl.pudong-edu.sh.cn/E-Learning/ACOT/CN/ACOT10year.pdf，提取时间2007-7-18。

实践活动二：分享"英特尔®未来教育"经验

> "英特尔®未来教育"这个项目表明，我们整个业界都认识到，如果教师不了解如何更加有效地运用技术，所有与教育有关的技术都将没有任何实际意义。计算机并不是什么神奇的魔法，而教师才是真正的魔术师。
>
> ——英特尔公司首席执行官 克瑞格·贝瑞特 博士

"英特尔®未来教育"（Intel® Teach to the Future）项目是英特尔公司为支持计算机技术在课堂上的有效利用而设计的一个全球性的培训项目。该项目的目标是对一线的学科教师进行培训，使他们懂得如何促进探究型学习，能够将计算机的使用与现有课程密切结合，最终使得学生能够提高学习成效。

"英特尔®未来教育"项目于2000年在我国正式启动，到目前为止已培训了大批一线中小学教师，改变着教师和学生的教学方式，在广大教师心中留下了美好的记忆。"英特尔®未来教育"在中国教师心中产生了重要的影响。

1. 了解"英特尔®未来教育"

"英特尔®未来教育"在中国已经有了五周年的历史。请访问：Intel® teach to the future中文站点 http://www.teachfuture.com/，浏览下列有关五周年纪念的资源，以了解"英特尔®未来教育"在中国的发展。以下网络资源的地址提取时间为：2007-2-28。

☐ Intel® IIE Overview Chinese Version

http://www.teachfuture.com/news/2005/5year/images/media/IIE_Overview_Chinese.wmv

☐ 中国"英特尔®未来教育"五周年庆典颁奖典礼影像回顾

http://www.teachfuture.com/news/2005/5year/images/media/awarding.wmv

☐ 中国"英特尔®未来教育"五周年庆典精彩相册

http://www.teachfuture.com/news/2005/5year/photoview.asp

☐ 中国"英特尔®未来教育"五周年庆典代表发言稿

http://www.teachfuture.com/news/2005/5year/images/5yearppt.rar

☐ 中国"英特尔®未来教育"项目五周年回顾短片

http://www.teachfuture.com/news/2005/5year/images/media/5yearover-view.wmv

☐ 中国"英特尔®未来教育"五周年庆典相册全集

http://www.teachfuture.com/news/2005/5year/allphotoview01.asp

为了更进一步了解"英特尔®未来教育"的情况,请仔细浏览 Intel® teach to the future 中文站点上的更多内容,并使用思维导图软件把这个网站上面的主要内容表示出来,创建的思维导图请存入自己的学习档案中,以作为你学习进程的见证。有关思维导图的使用方法,请参考本书有关单元。

2. 分享"英特尔®未来教育"经验

"英特尔®未来教育"启动以来,使得许多中小学教师从中受益。"英特尔®未来教育"的理念与方法深刻地影响了这些中小学教师们的教育理念与教学行为。"英特尔®未来教育"中国项目的官方网站上收录了大量受到"英特尔®未来教育"项目培训的中小学教师的感受与经验总结,其中不乏精彩的思想。请登录其官方网站,浏览"创新之旅"栏目:http://www.teachfuture.com/odyssey/story_index.aspx(提取时间:2007-7-14),仔细阅读其中收录的创新之旅故事与国外教学故事,从这些故事中摘录出来两个最精彩的片断抄在下面。

精彩片断一:

精彩片断二:

通过你对"英特尔®未来教育"的了解,你认为"英特尔®未来教育"的理念是:_____

"英特尔®未来教育"的主要目的是:_____

"英特尔®未来教育"在对教师的培训中,采用的新型教学与学习模式有:

◇ 探究性学习　　◇ 自主学习　　◇ 合作学习　　◇ 基于问题的学习　　◇ 其他_____

□ 你认为"英特尔®未来教育"创建的新型教学与学习模式与传统的教学与学习模式最大的不同体现在_____

_____

_____

3. 演示:"英特尔®未来教育"在中国

在了解"英特尔®未来教育"的基础上,请使用PowerPoint创作一个题为"'英特尔®未来教育'在中国"的多媒体演示作品,要求至少包括以下几个部分的内容:

> □ "英特尔®未来教育"的发展历史
> □ "英特尔®未来教育"的基本理念
> □ "英特尔®未来教育"所采用的教学与学习模式
> □ "英特尔®未来教育"对中国基础教育的贡献
> □ 我对"英特尔®未来教育"的感想

如果你仅仅通过"英特尔®未来教育"中国项目官方网站获取的资源还不足以帮助你圆满地完成上面的活动,请从互联网上获取更多的有关"英特尔®未来教育"的资源或者参考下面提供的资料:

蒋芬君:《浅谈"英特尔®未来教育"新视点——教学再设计》,《金华职业技术学院学报》,2005.02。

胡圣涛:《从"英特尔®未来教育"看互联网对教育观念的影响》,《安顺师范高等专科学校学报》,2005.03。

徐东海:《关于"英特尔®未来教育"教师培训的探讨》,《大连教育学院学报》,2005.02。

肖成林:《"英特尔®未来教育"与研究性学习》,《湖北广播电视大学学报》,2005.01。

蒋芬君:《有关"英特尔®未来教育"项目的若干教学再设计构思》,《远程教育杂志》,2004.06。

李良树:《从"英特尔®未来教育"看信息技术与课程整合的实施》,《湖北广播电视大学学报》,2004.05。

丁跃华:《"英特尔®未来教育"的实践与思考》,《湖北广播电视大学学报》,2004.01。

傅　强:《"英特尔®未来教育"培训之体会》,《信息技术教育》,2003.02。

曹昭全:《"英特尔®未来教育"的实施途径与对策》,《教育探索》,2003.02。

张　玲:《让未来的教师成为教育上的"魔术师"——"英特尔®未来教育"职前教师培训实录》,《电化教育研究》,2003.09。

钱家荣:《"英特尔®未来教育"对教师培训的启示》,《外国中小学教育》,2002.05。

王振利:《"英特尔®未来教育"与我国的教育信息化》,《电化教育研究》,2002.03。

高　晖:《对"英特尔®未来教育"项目的几点思考》,《北京教育》,2001.07。

实践活动三：认识抛锚式教学——贾斯伯系列概览

范德比尔特大学的认知与技术小组基于已有的研究成果，充分利用教育技术在教学中的作用，以建构主义教学理论为理念，以抛锚教学为主要教学设计原则，以基于案例的学习、基于问题的学习和基于项目的学习为课程设计思想与原则，创设了风靡当今美国教育界的建构主义教学模式的案例典范——贾斯珀系列。现在，贾斯珀系列已经成为20世纪80年代以来美国新出现的信息化教学模式的典范案例之一。

1. 贾斯珀系列的来龙去脉

请访问"贾斯珀的家"，了解贾斯珀系列的来龙去脉，向你的同学简要介绍一下这个项目的历史。网址：http://peabody.vanderbilt.edu/projects/funded/jasper/Jasperhome.html，2007-07-20 提取。

贾斯珀系列的来龙去脉

2. 贾斯珀系列的主要特征

贾斯珀系列共包括以录像为依据的12个历险故事（包括一些录像片段，附加材料和教学插图等），这些历险故事主要是以发现和解决一些数学中的问题为核心。每一个历险故事都是按美国国家数学教师委员会推荐的标准来设计的，而且每一个历险故事都为数学问题的解决、推理、交流，以及与其他领域如科学、社会学、文化与历史等的互动提供了多种机会。在贾斯珀项目的网站上，有这12个历险故事的详细介绍。

除了贾斯珀系列的网站之外，范德比尔特大学认知与技术小组还出版了《美国课程与教学案例透视——贾斯珀系列》一书，对贾斯珀项目进行了全面的阐述。此书已经出版了中文版本，也是你了解贾斯珀系列的好资料。请认真研读这12个历险故事，全面了解贾斯珀项目的运作情况，简要概括出贾斯珀系列的主要特征，并与你的同学分享。

贾斯珀系列项目的主要特征

模块二　教学策略的选择与运用

理论学习

教学策略的选择与设计是教学系统设计的核心内容之一,是教学设计过程的中心环节,直接制约着教学系统设计方案以及教学活动实施的得失成败。课堂教学组织得如何,在很大程度上取决于教学策略的选择与设计是否科学合理。

一、教学策略的基本内涵

确定了教学目标,还不能立即进行具体的教学活动,必须考虑教学的具体安排以及教学的指导思想。教学策略是对完成特定的教学目标而采用的教学顺序、教学活动程序、教学方法、教学组织形式和教学媒体等因素的总体考虑。教学策略主要是解决教师"如何教"和学生"如何学"的问题,是教学设计研究重点。教学策略的制定是一项系统考虑诸教学要素,总体上择优的富有创造性的设计工作。

按照教学策略的性质划分,可以分为生成型教学策略和替代型教学策略。生成型教学策略是指让学生作为学习的主要控制者,学生自己形成教学目标,自己对学习内容进行组织和加工、安排学习活动的顺序,并鼓励学生自己从教学中建构具有个人特有风格的学习。教师在此作为学习的指导者和帮助者,为学生提供一些必要的条件支持,将管理和控制学习的责任转移给学生,学生成为教学活动的主要责任承担者。学生主要依靠自己的力量,使原来的知识能力与新信息产生联系,发生相互作用,通过探究活动进行学习。

替代型教学策略则强调教师在学生学习过程中的指导作用,倾向于替学生处理信息,为学生提供学习目标、选择教学内容、安排教学顺序以及设计教学活动等。替代型教学策略可以使学生的学习较好地集中在预定的学习目标上,比生成型教学策略有更高的学习效率,学生可以在短时间内学习更多的内容,先决知识不足和学习策略技能有限的学生可以借助这种方式获得成功的学习。这种策略的缺点在于学生的智力投入较少,信息处理的深度不够,容易导致被动的接受。

很显然,生成型教学策略和替代型教学策略具有显著的区别,是两种相对对立的策略。如何在上述两种矛盾甚至对立的基本教学策略中取得平衡,使这两种教学策略在具体实践中相得益彰,是许多教学设计者和教师共同关心的重要问题。在生成性策略和替代性策略中,有许多因素能使一种策略的效果超过另一种策略的效果,它们之中没有一种是绝对占优势的。在制订教学策略时,设计者往往需要对减轻认知负担和提高学习效果这两种矛盾的要求进行平衡。

任何教学策略都有其内在的结构,教学策略的结构是由它所包含的诸要素有规律地构成的系统。一个成熟的有效的教学策略一般应包含以下几个要素:指导思想、教学目标、实施程序、操作技术,其中指导思想统领并制约着教学目标、实施程序和操作技术。

1. 指导思想

指导思想即某一教学策略所依据的理论基础,它能对具体的教学策略作出理论解释,是教学策略的灵魂。任何一种教学策略的背后都有一定的教学观念、教学理论作支撑。在教学策略的制定和实施过程中,教师拥有不同的教学思想,就会导致不同的教学策略出台。明确这一点,有助于教师有目的、有意识地贯彻教学理论,更好地发挥理论的价值,否则有可能陷入盲目和混乱。

2. 教学目标

任何一种教学策略都是指向一定的教学目标,为完成一定的教学任务而创立的。目标是教学策略结构的核心要素,对其他要素起制约作用。也就是说,一定的教学策略总是针对一定的教学目标的,并且总是尽力满足教学目标所提出的要求。对教学策略的运用,无论是活动内容,还是活动细节、活动方式,或者是活动的程序及其每个环节,都是指向教学目标的,为达成教学目标而存在。每一种教学策略都有一定的教学目标,但教学策略与教学目标又不是一对一的关系。一种教学策略可以有多种目标,其中又有主次之分。主要目标是区别不同策略的特点,也是适用教学策略的重要依据。这是在制定和运用教学策略时应当注意的。

3. 实施程序

即教学策略按时间展开的逻辑活动步骤以及每一步骤的主要做法等。教学策略是针对一定教学目标相互组织起来的程序化设计,因此有其自身的操作序列,它指出教师在采取一定的教学策略时先做什么、后做什么、再做什么。由于教学活动的复杂性和特殊性,教学策略的实施程序只能是基本的和相对稳定的,而不是僵化的和一成不变的,也就是说教学策略的实施程序有一定的前后顺序,但没有定式,可以随着教学条件的变化以及教学的进程及时调整和变换。

4. 操作技术

即教师运用教学策略的方法和技巧。要保证教学策略的实施有效和可靠,就必须提出一整套明确易行的行为技术和操作要领,它一般包括以下几个方面的内容:(1) 教师方面,教师在教学策略中的角色、作用或对教师的要求;(2) 教学内容方面,包括教学策略的根据及教师对教学内容的处理;(3) 教学手段方面,除平常教学所需的教学手段外,还包括运用本策略所需的特殊教学手段;(4) 使用范围方面,包括策略适用的学科性质、问题性质或年级层次等。以上几个因素相互联系,相互制约,缺一不可,它们完整地构成一定的教学策略。

教学策略不是抽象的教学原则,也不是在某种教学思想指导下建立起来的教学模式,而是可供教师和学生在教学中参照执行或操作的方案,有关明确具体的内容。了解了教学策略的基本结构,就掌握了教学策略建构的要领,抓住了它的实质。这不仅有助于学习和借鉴有效的教学策略,而且有助于总结和建构自己的教学策略,知道从哪些方面去总结归纳教学策略。

在教学策略的设计与选择中,教师要根据不同的教学目标和任务,并参照学生的初始状态,来选择最适宜的教学内容、教学媒体、教学组织形式、教学方法并将其组合起来,只有这样才能保证教学过程的有效进行,并实现特定的教学目标,完成特定的教学任务。迄今为止,出现了很多的教学策略。但是,在教学设计实践中切实有效而又应用广泛的教学策略首推奥苏贝尔(David P. Ausubel)提出的"先行组织者"策略。

二、"先行组织者"教学策略

奥苏贝尔区分了四种不同类型的学习:机械学习与有意义学习、接受学习和发现学习,而有意义的接受学习是他所主张的主要学习形式。奥苏贝尔认为,能促进有意义学习的发生和保持的最有效策略,是利用适当的引导性材料对当前所学新内容加以定向与引导,这种引导性材料就称为"先行组织者"。

1. "先行组织者"的基本内涵

奥苏贝尔所谓的"先行组织者",是一种安排在学习任务之前呈示给学习者的引导性材料,它比学习任务具有更高一层的抽象性和包摄性。[①] 提供"先行组织者"的目的就在

---

① Ausubel D. P. The Use of Advance Organizers in the Learning and Retention of Meaningful Verbal Material. Journal of Educational Psychology, 1960, 51: 267—272.

于用先前学过的材料去解释、整合和联系当前学习任务中的材料(并帮助学习者区分新材料和以前学过的材料)。"先行组织者"可以是比较性的,也可以是讲解性的,但是在呈现作为"先行组织者"的概念时,必须仔细解释这些概念或者命题的基本特征。

奥苏贝尔还认为,每一门学科都有一个按层次排列的概念结构,高层是一些抽象概念,较低层次是一些较具体的观念。每一个学科的概念结构都不难确定,而且能够教给学生。对于学生来说,这些概念不仅可以用来分析具体领域,还可成为解决这些领域诸多问题的"智力地图"。人的大脑也具有与上述学科的概念结构相类似的信息储存系统,也是一个按照层次组织的概念体系(即通常所说的认知结构),它为信息和概念的学习提供了"锚点",并成为这些信息和概念的储存库。所以,他认为教学的组织形式与人们在头脑中组织知识的形式应该是一致的。

"先行组织者"在三个方面有助于促进学习和保持信息:首先,如果设计得恰当,它们可以使学生注意到自己认知结构中已有的那些可起固定作用的概念,并把新知识建立在其之上;其次,它们通过把有关方面的知识包括进来,并说明统括各种知识的基本的原理,从而为新知识提供一种"脚手架";最后,这种稳定的和清晰的组织,使学生不必采用机械学习的方式。

由于原有观念和新观念(即当前学习内容)之间,可以有"类属关系"、"总括关系"和"并列组合关系"等三种不同的关系,所以"先行组织者"也可以分成三类,分别称为上位组织者、下位组织者和并列组织者(图 03-02-01)。上位组织者在包容性和抽象概括程度上均高于当前所学的新内容,即组织者为上位观念,新学习内容为下位观念,新学习内容类属于组织者,二者存在类属关系。下位组织者在包容性和抽象概括程度上均低于当前所学新内容,即组织者为下位观念,新学习内容为上位观念,组织者类属于新学习内容,二者存在总括关系。并列组织者在包容性和抽象概括程度上既不高于、也不低于新学习内容,但二者之间具有某种或某些相关的甚至是共同的属性,这时在组织者与新学习内容之间存在的不是类属或总括关系而是并列组合关系。

此外,奥苏贝尔还区分了两类组织者:一类是"说明性组织者",用于提供适当的类属者,它们与新的学习内容产生一种上位关系;另一类是"比较性组织者",既可用于新观念与认知结构中基本类似概念的整合,又可用于增加本质不同而貌似相同的新旧概念之间的可辨别性。由于在学校学习中,学生对学习内容完全陌生的情况是很少见的,学生对新学内容往往是既感到熟悉又感到陌生,因此很容易引起新旧知识的混淆,比较性组织者可以起到提高新旧知识可辨别性的作用,从而保证学生获得精确的知识。

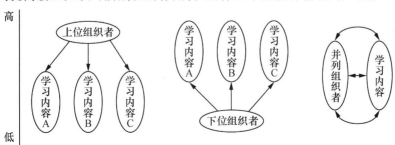

图 03-02-01　三类"先行组织者"

在教学中实施"先行组织者"策略,首先要确定"先行组织者"。如上所述,"先行组织者"实际上是学习者认知结构中"原有观念"的具体体现——即通过语言文字表述或通过某种媒体呈现出来的、与当前所学内容相关的原有观念。而学习者认知结构中是否存在与当前所学内容具有某种关系(例如类属关系、总括关系或并列组合关系)的"原有观念"这一问题,在"学习者特征分析"环节中已经解决,因而只需把"学习者特征分析"环节中已经选定的"原有观念",用适当的语言文字表述出来或用某种媒体呈现出来就是一个"先行组织者"。

2. "先行组织者"的设计策略

由于有三类不同的"先行组织者"(上位组织者、下位组织者、并列组织者),所以对教学内容的组织相应的也有三种不同的策略。奥苏贝尔提出,对于上位组织者的设计,宜采用"渐进分化"策略;对于下位组织者的设计,宜采用"逐级归纳"策略;而对于并列组织者的设计,则宜采用"整合协调"策略。

(1)渐进分化策略

当"先行组织者"在包容性和抽象概括程度上均高于当前教学内容,即组织者为上位观念时,奥苏贝尔建议对教学内容的组织采用"渐进分化"策略。所谓渐进分化是指,应该首先讲授最一般的即包容性最广、抽象概括程度最高的知识,然后再根据包容性和抽象程度递减的次序逐渐将教学内容一步步分化,使之越来越具体、越深入。

对于学习者来说,为了建立新旧知识之间的实质性联系,这种情况所要求付出的认知加工量是最小的,因而最有利于知识意义的习得与保持。在贯彻渐进分化策略时应注意的是,不仅整门课程的内容要按渐进分化组织,就是课程内各个教学单元的内容以及各单元之内的各种概念也要按照包容性递减的次序渐进分化地组织。

为了便于渐进分化策略的实施,教学设计专家瑞奇鲁斯和梅瑞尔经过多年研究提出了一套比较完善而且便于操作的理论方法——细化理论(Elaboration Theory),它的基本内容可以用"一二四"概括即:一个目标、两个过程、四个环节。[①] 一个目标是指细化理论的全部内容都是为了达到一个目标,即按照渐进分化策略实现对教学内容最合理有效的组织。两个过程是指它主要通过"概要"设计和一系列细化等级设计这两个设计过程来实现上述目标。四个环节是指为保证细化过程的一致性和系统性,必须注意细化设计中"选择"(Selection)、"定序"(Sequencing)、"综合"(Synthesizing)和"总结"(Summarizing)这四个环节的密切配合。

所谓"选择",是指只是从学科的内容中选出为了达到总的学习目标或者单元的教学目标所要教的各种概念和知识点,从而为概要设计做好准备,这是细化理论的初始设计任务。"定序"的目的是将教学内容按照"从一般到特殊"的次序来组织和安排,这既是概要设计和细化系列设计的指导思想,又是设计的基本内容,贯穿在两个设计过程的始终。"综合"的作用是要维护知识体系的结构性、系统性,通过综合使得学习者看到各个概念之间的关联以及他们在更大的概念图中的地位。"总结"对于学习的保持和迁移都

---

① C. M. Reigeluth, In Search of a Better Way to Organize Instruction: The Elaborational Theory. Journal of Instructional Development, 1979/2 (3).

是很重要的,包括两种总结:课后总结和单元总结。

(2) 逐级归纳策略

当"先行组织者"在包容性和抽象概括程度上均低于当前教学内容,即组织者为下位观念时,对于教学内容的组织可以采用"逐级归纳"策略。所谓逐级归纳是指,应先讲授包容性最小、抽象概括程度最低的知识,然后再根据包容性和抽象程度递增的次序逐级将教学内容一步步归纳,每归纳一步,包容性和抽象程度即提高一级。事实上,"渐进分化"和"逐级归纳"正好是互为逆过程。

这样一来,使用逐级归纳策略设计现行组织者的过程也可用"一个目标、两个过程、四个环节"来概括。其中"一个目标"与细化理论完全相同;两个过程则是"锚点设计"和一系列归纳等级的设计;"四个环节"只需作两点小的修改即可:"选择"——从学科内容中选出各种概念和知识点的目的是要从中选出"初始锚点"(而非"初始概要");②"定序"——是要使教学内容按照"从特殊到一般"(而不是"从一般到特殊")的次序来组织和安排。

"锚点"设计是指从学科内容中选出包容性最小、抽象概括程度最低的学习任务作为"初始锚点"。这类"锚点"同样有概念性、过程性和原理性等三种不同类型。显然,在运用逐级归纳策略来组织教学内容的情况下,这个"初始锚点"就是"先行组织者"。换句话说,这里的初始固着点,其作用就相当于细化过程中的初始概要。

一系列归纳等级的设计要求对选出的初始固着点不断进行归纳。第一级归纳是指利用初始固着点(先行组织者)去同化、吸收在包容性和抽象性方面都要比自身高一级的新概念、新知识(这种以下位概念去同化、吸收上位概念的过程就称为"归纳"),然后再以第一级归纳得到的新知识作为新的固着点(称为"一级固着点"),去同化、吸收在包容性和抽象性方面又比它要更高一级的新概念、新知识,从而完成第二级归纳并得到"二级固着点"……如此一步步归纳下去,直至新知识的包容性与抽象性达到教学目标的要求为止。第二级的归纳除了是对第一级归纳的结果作进一步的归纳(而不是对初始固着点即"先行组织者"归纳)以外,其他过程与第一级相同。其他各级之间的关系与此类似。总之,每一级归纳都是前一级教学内容的概括与提升(包容性更广,抽象程度更高)。可见,逐级归纳和细化过程一样都是逐级的同化、吸收过程。不过,逐级细化中的同化、吸收是"由一般到特殊",而逐级归纳中的同化、吸收则是"由特殊到一般"。

(3)"整合协调"策略

当"先行组织者"在包容性和抽象概括程度上既不高于、也不低于当前教学内容,但二者之间具有某种或某些相关的甚至是共同的属性时,对于教学内容的组织可以采用"整合协调"策略。所谓整合协调是指,通过分析、比较"先行组织者"与当前教学内容在哪些方面具有类似的或共同的属性,以及在哪些方面二者并不相同,来帮助和促进学习者认知结构中的有关要素进行重新整合协调,以便把当前所学的新概念纳入到认知结构的某一层次之中,并类属于包容范围更广、抽象概括程度更高的概念系统之下的过程。

以初中课程中的"回声"与"雷达"为例,从生活经验中得到的"回声"概念可以作为学习雷达原理的"先行组织者"。在这种场合,"整合协调"策略的运用就体现为对当前教学内容按下面的方式进行组织:

① （通过媒体展示和语言文字表述）介绍回声现象及有关特性（作为"先行组织者"）；
② （通过媒体展示和语言文字表述）讲解雷达工作原理——无线电波的发射与接收（当前的学习主题）；
③ 指出雷达与回声的共同属性——都是波的反射、接收；
④ 分析雷达与回声的区别——前者是无线电波（一种电磁波），只能通过仪器探测到；而后者是声波，可以通过耳朵听到；
⑤ 介绍雷达在航空、航海、军事等方面的应用，以巩固和加强习得的意义。

通过上述教学内容组织策略就可以使关于雷达原理的新知识（即关于无线电波的反射、接收的知识）被纳入到学习者认知结构中关于"波的反射、接收"这一上位概念之下，并与声波的反射、接收一起成为类属于它的下位概念，即在新知识与旧知识之间建立起上下位关系——一种非任意的实质性联系，从而使学习者建构起关于雷达知识的意义。显然，通过上述认知结构的重组和整合过程，学习者的原有认知结构得到扩充（把雷达知识纳入其中）并形成了新的稳定而协调的结构。

通过上面的例子可以清楚地看到整合协调策略的意义与作用——在回声与雷达之间并无上下位（或下上位）关系，在此情况下要想实现有意义学习原本是困难的，但是通过这种策略的运用，使学习者原有认知结构中的有关要素被重新整合，从而得到新的稳定而协调的认知结构形式。在这种新的结构形式中，通过回声的上位概念（而不是"回声"本身）与雷达之间建立起上下位关系，因而能对新知识起到同化与吸收的作用（即成为新知识的"固着点"），比较容易地实现了有意义的学习。

再以初中生物课程中的"蔬菜"为例。在已有"蔬菜"概念的基础上学习某些食物的植物学分类，是运用整合协调策略组织教学内容的另一个例子。通过日常生活经验，一般学生都知道西红柿、土豆、豌豆和胡萝卜等都属于蔬菜类。如果现在要进一步学习它们的植物学分类，即要学生掌握西红柿、豌豆既是蔬菜又属于植物的果实，土豆和胡萝卜既是蔬菜又是植物的根，这种学习因为与学生的原有观念有冲突，所以本来是比较困难的。现在我们运用整合协调策略将有关的教学内容按下列方式组织：

① （通过媒体展示或语言文字表述）介绍我们日常生活中的各种菜肴：蔬菜、肉类、海鲜、禽蛋等，而蔬菜中又包括西红柿、土豆、豌豆、胡萝卜……（作为"先行组织者"）；
② （通过媒体展示或语言文字表述）说明西红柿、土豆等蔬菜又属于植物，从植物学观点又可按根、茎、叶、果实等分类（当前的学习主题）；
③ 指出"先行组织者"与当前学习主题的相关属性——都属于"分类"问题；
④ 分析"先行组织者"与当前学习主题的不同属性——前者属于菜肴分类，后者则属于植物学分类；
⑤ 启发学生思考还有哪些蔬菜是属于植物的根或果实（促进习得知识的巩固）；
⑥ 启发学生思考有哪些蔬菜是属于植物的茎和叶（促进习得知识的迁移）。

这样组织的教学内容将能有效地促进学生认知结构的重新整合，整合的结果，"植物学分类"概念将被纳入学生认知结构的某一层次之中，并与"菜肴分类"概念一起类属于"分类"这一上位概念之下，从而使原有认知结构得到扩充并形成新的稳定而协调的结构。由于扩充后的认知结构中植物学分类概念与其上位概念"分类"之间建立了实质性联系，表明学生已完成对这一新知识的意义建构，而对这样的认知过程学生一般不会感到有困难。

应当指出,上述三种教学内容组织策略之所以能有效地促进有意义学习的发生和习得意义的保持,从根本上说是因为它们都能符合认知同化理论。对于第一种策略(渐进分化)来说,由于"先行组织者"是上位观念,当前教学内容是下位观念,二者之间无需做其他的认知加工(认知结构无需重组)就可以直接建立起实质性联系,所以"先行组织者"所体现的"原有观念"可以作为同化、吸收新知识的可靠"固着点",使认知结构的同化过程很容易完成。

对于第二种策略(逐级归纳)来说,由于"先行组织者"是下位观念,当前教学内容是上位观念,二者之间也无需做其他的认知加工(认知结构也无需重组)就可以直接建立起实质性联系,所以和第一种策略一样,由于有可靠的"固着点",认知结构的同化过程也很容易完成。

对于第三种策略(整合协调)来说,由于"先行组织者"和当前教学内容之间不存在上下位(或下上位)关系,缺乏同化、吸收新知识的固着点,因而不能直接进行认知结构的同化,只能通过认知结构的"顺应"——引起原有认知结构的改造和重组来吸纳新知识。可见这种学习本来是相当困难的(因为没有"固着点"),但是由于采用了整合协调的内容组织策略,使得学习者能够从与新知识相关或公共属性的上位概念中找到同化、吸收当前新知识的固着点。这样,就相当于把"顺应"过程(比较复杂的认知结构的改造重组过程)转化为"同化"过程(认知结构的简单扩充过程)。这就是整合协调策略能有效地促进有意义学习的发生与保持的秘密所在。

奥苏贝尔认为,"先行组织者"教学策略的教学过程主要由三个阶段组成,其具体内容如表 03-02-01 所示。

表 03-02-01 "先行组织者"教学策略表

教学阶段	教学过程	教学活动
阶段 1	呈现"先行组织者"	阐明本课学习的目的。 呈现作为"先行组织者"的概念:确认正在阐明的属性;给出例子;提供上下文。 使学习者意识到相关知识和经验。
阶段 2	呈现学习任务和材料	使知识的结构显而易见; 使学习材料的逻辑顺序外显化; 保持注意; 呈示材料; 演讲、讨论、放电影、做实验和阅读有关的材料。
阶段 3	扩充与完善认知结构	使用整合协调的原则; 促进积极的接受学习; 提示新、旧概念(或新、旧知识)之间的关联。

三、教学策略选择与运用

从前述有关教学策略的内涵、特征、结构可以看出,教学策略是复杂多样的,影响因素也是为数众多的,这就涉及教学策略的有效性问题,要求教学策略的制定、选择和运用必须有一定依据,坚持一定的原则。

1. 制定和选择教学策略的依据

第一,依据教学的具体目标与任务。不同的教学目标与教学任务需要不同的教学策略去完成。教学目标不同,所需采取的教学策略也不同,即使是同一学科的教学也是如此。

第二,依据教学内容的特点。一般来说,不同学科性质的教材,应采用不同的教学策略,而某一学科中的具体内容的教学,又要求采用与之相适应的教学策略。

第三,依据学生的实际情况。教师的教是为了学生的学,教学策略要适应学生的基础条件和个性特征。所以,制定和选择教学策略要考虑学生对某种策略在智力、能力、学习态度、班级学习氛围诸方面的准备水平,要能调动学生的学习兴趣和积极的学习态度。

第四,依据教师本身的素养。教学策略的运用是要通过教师来实现的,每个教师在制定和选择教学策略时都要考虑自身的学识、能力、性格及身体诸方面条件,尽量能扬长避短,选择那种最能表现自己才华、施展自己聪明才智的教学策略。

第五,依据教学策略的适用范围和使用条件。每种教学策略都有各自的适用范围和使用条件,同时又有各自的优点和局限。某种教学策略对于某种学科或某一课题是有效的,但对另一课题或另一种形式的教学可能是完全无用的,如传授新知识的谈话策略,是以学生的知识准备和心理准备为前提条件的,离开了这个条件,用谈话策略去传授新知识是困难的,不会收到满意的效果。

第六,依据教学时间和效率的要求。教学策略研究的一个重要目的就是提高教学效率,提高教学质量,实现教学的最优化。教学的最优化就是要求以最少的时间取得最佳的教学效果。所以,实际教学中,制定和选择某种教学策略,还应考虑教学过程的效率,做到省时高效。好的教学策略应是高效低耗,至少能在规定的时间内完成教学任务,实现具体的教学目的,并能使教师教得较松,学生学得愉快。

2. 教学策略的运用

制定和选择了适当的教学策略,还要能够在教学实践中正确地运用。虽然教学策略有明确的指向性和一套实施的操作程序,具有可模仿性,但由于具体的教学活动过程中存在着许多变量,教学策略的运用并不能照抄照搬,而要在运用中有所变化,有所创造。

第一,要树立正确的教学指导思想。教学策略总是受一定教学思想、教学观念支配和规范的,教学策略的运用能否达到预期效果,关键在于是否有正确的思想指导。在错误的教学思想干扰下,无论采用什么样的教学策略,都不可能达到最佳教学效果。

第二,要树立完整的观点。每一种教学策略都有各自的功能、特点及应用范围和具体条件,而且又有各自的局限性。为了更好地完成教学任务,达成教学目标,教师必须坚持完整的观点,随教学的进程、环节及具体情况的变化,注意各种教学策略之间的有机配合,充分发挥教学策略体系的整体综合功能。

第三,要坚持以学生的主动自主学习为主。教学过程中,学生是学习的主人,教师的教是为了学生的学,是为了学生学会学习。教学的根本目的在于使学生学会作学习的主人,能自觉主动地学习,成为自我发展的主体。教学策略的运用应以此为根本指导思想,应通过采用各种有效的形式去调动学生学习的积极性、主动性和独立性,引导学生通过自己积极的智力活动去掌握知识、发展能力、完善人格。

第四,要寻求教学策略的多样化配合和变通运用。教学过程是具体而复杂的,教学内容是丰富多彩的,教学要完成的任务又是多方面的。因此实际教学过程中应当有多种策略,不可能一种策略从头到尾用到底,要根据不同的教学目标、不同的教学情境、不同的教学环节,采用不同的教学策略。从学生方面而言,必须根据学生的学习准备、认知风格、学习进度、学习技能等方面的个别差异来作出相应的变化和调整,以适应在班级教学中对学生进行个别指导的需要,要给每个学生提供尽可能多的参与教学活动的机会。因此,教学策略应呈现动态可调整的结构。教师要根据教学的实际情况创造性地组织教学,融会贯通地理解和运用多样化的教学策略。

3. 教学策略实施效果的影响因素

教学策略的选择与运用不能用一个具体的标准来衡量它是否正确,不同的教师所面临的具体情况不同,会有不同的选择。教学策略的选择与运用的成功取决于教师的教学理念、对教学内容及其相关材料的理解、对教学策略的认知程度,等等因素。从操作层面上分析,教学策略如何展开应该是一个需要重点考虑的角度,而课堂氛围的营造和教学载体的介入则影响着教学策略的实施效果。

(1) 和谐的民主课堂

课堂民主就是在课堂上真正体现学生是学习的主人,学生可以自由发表自己的观点,可以按自己的方式思考问题,可以选择自己感兴趣的内容进行研究。和谐的民主课堂,就是在课堂教学中,尊重学生的有意义选择,给学生提供利于身心发展的机会和条件,提供有益的启发和引导。民主的教学原则和课堂氛围能保障和促成学生真正的参与,使不同的学生各自得到自由的发展,教学策略的实施以和谐民主的生态课堂作为前提。

在民主课堂中,教师的作用不是被削弱,而是更加重要了,但突出教师的作用并非让教师成为学生学习的主角。教师和学生应该在各自的领域努力,学生是学习活动的主体,教师是教学活动的主体,教师用教学策略调控课堂教学的整个过程,帮助学生创设一定的教学情境或研究氛围,以引起学生的思维积极地与原有的和新的知识点发生冲撞,通过自身的同化与顺应或通过学习伙伴之间的讨论研究,达到对知识、技能的理解和吸收掌握。没有民主的课堂,教师的课堂教学策略就只能是一种强制性的教学行为,学生的被动学习情绪将影响到学习的顺利进行和知识的掌握。

(2) 交流的开放性

教学策略包含着教师对课堂教学过程的设计和调控,但教学策略具体落实在教学对象和教学资源的交流之中。师生和生生之间的关系,影响着教学策略的实施和教学过程的进展,和谐的生态课堂,师生间相对于"传"和"授"的关系而言是开放的。因为在许多问题的研究中,师生关系不再仅仅是"教"和"学"的关系,教师可能从系统、全面的讲解变为专注地听取学生的发言,课堂由教师提问变为学生提问,课堂交流也由师生间的单向交流变为还有生生之间、人机之间或生机师之间的多向交流。学生的思考时间相对增加,思维的空间开阔,学生学习的主体意识和创新意识增强。师生经常在平等、商量的气氛中讨论研究学习中的问题,课堂内外,教师教学和学生学习的积极性都明显提高。

教学过程的开放性和教学内容的开放性,是有效的课堂教学策略实施的一种保障,因为既然是策略,则不能囿于封闭的程式之中,应该以发展学生的全面素质作为基点,给学生更多的自主参与和创新的机会,打破教学过程、教学内容完全由教师确定的格局,拓宽学生的思维空间,使学生体验到学习活动充满着探索和创造的快乐。

(3) 媒体介入的适度性

时下比较流行的教学公开课,大多以多媒体和网络作为教学的主要手段,似乎运用教学课件才可显示出执教者的水平,评价者甚至把其列为评优的一项指标,虽然私下里已经有许多人对此有异议。

事实上,教学手段的选择应该以教学内容和教学对象作为依据,现代化教学手段确实为课堂教学活动提供了广阔的平台,给教堂教学提供了大量的信息资源,拓展了人们的思维和想象力,增强了内容的直观性,加大了课堂教学的容量,等等,但是不加选择地一概应用可能并非时时合适,有时也许还会适得其反,这在平时的听课中其实经常碰到。

教堂策略的设计,应该注意到载体介入的适时、适度和实效性,在恰当的场合,我们可以借助网络的力量选择、补充、优化课堂教学资源,扩展学生的眼界;面向全体学生开展练习反馈,而不必限于时间和板演面过于狭隘,无法表示学生的优秀作法和错误原因;在生生和师生间进行合作交流,针对性强又有较高效益;利用"学习课件"进行自主探究,寻找思考和假设的真实性;模拟实验,验证课本的结论或者实际问题的解决方案,等等。

但是,媒体的介入一定要注意是必需而不是勉强。在许多情况下,一种简单的教具,甚至凭空想象也能使问题得以很好的解决,关键在于使用得恰当、得法,在于设计教学策略时是否真正用心思考。

实践活动

在教学研究和实践中,人们从不同的角度、基于不同理论提出了各种教学策略。其中,"先行组织者"策略已经在模块的理论学习部分进行了详细介绍。下面,就开始近距离接触一下各种教学策略吧!

实践活动一:教学策略全接触

请你从"扩展阅读"部分以及其他各种有关教学策略的参考资源中搜寻更多(至少五种以上)的实用性教学策略,并把它们一一列举在下表中。

策略名称	主要步骤	适用场合

在广泛搜寻了各种实用性教学策略之后,请认真阅读下面提供的案例,分析它具体用到了哪些教学策略。

初中科学课程"激素对生命活动的调节"教学过程设计

教学阶段	教学内容	教师	学生	设计意图	时间
一、引入新课	血液中二氧化碳浓度的变化对人体的生命活动有调节作用。	引导学生做一个实验：大家可以控制自己的呼吸快慢和深浅，但你是否可以让自己连续做深呼吸，你能连续不断一直做下去吗？到了一定程度你有什么感觉？是否有再不想深呼吸，甚至想停一会儿的感觉。 解释造成这种现象的原因：由于连续的深呼吸，血液的成分发生了变化，其中的二氧化碳大大减少，可见血液的这种变化对人体的生命活动起到了调节作用。	兴致勃勃，积极配合做实验。	通过小活动，吸引学生注意，引起兴趣。 探索原因，为新概念的引入做好铺垫	3—5分钟
二、讲解概念	体液调节及激素调节的概念，强调激素调节就是一种体液调节。 唾液腺、汗腺等外分泌腺的概念及分泌途径。	1. 激素调节 化学物质通过体液（血浆、组织液、淋巴等）的运输而对人体生理活动进行的调节，叫做体液调节。 这些化学物质除二氧化碳以外还有内分泌系统的内分泌腺所分泌的激素，它们都会通过血液的运输，刺激神经系统的相应中枢，从而对人体的生理活动起到调节作用。这种激素调节就是一种体液调节。 2. 人体主要的内分泌腺（复习） 引导学生进行讨论： （1）举例说明过去学习过哪些腺体？ （2）唾液腺、汗腺等腺体通过什么途径把分泌物分泌出去？	积极讨论： 这些腺体的分泌物都可以通过对外的导管排出腺体，所以叫做外分泌腺。	新课导入，概念讲解	3—4分钟

(续表)

教学阶段	教学内容	教师	学生	设计意图	时间
	内分泌腺的形态和位置，及人体内分泌系统的构成。	展示人体主要内分泌腺的挂图，介绍垂体、甲状腺、胸腺、胰腺（内有胰岛）和性腺（男性的睾丸和女性的卵巢）等，主要认识这些内分泌腺的形态和位置，并指出由这些内分泌腺构成了人体内分泌系统。	内分泌腺均没有对外开放的导管，它们的组织中有丰富的毛细血管，其分泌物进入血液，运输到身体各部位，因此称之为内分泌腺。	学生对这几种内分泌腺的功能有一个初步的感性了解。	
	垂体、甲状腺和胰岛三种腺体的位置和作用。	利用挂图或课本 P.101 的图解，先明确垂体、甲状腺和胰岛的解剖位置，特别是胰岛，应利用胰脏的显微结构图。	学生看到许多分散在胰脏组织中的一堆堆的结构，好像海洋中分散的小岛，这就是胰岛。		13—15 分钟
		播放录像片 提出问题：以上一段内容，除了说明垂体的重要性以外，还说明了什么问题？	学生可知道：垂体分泌的几种促激素，可以调节其他内分泌腺的活动，如促甲状腺激素，能促进甲状腺的生长发育，调节甲状腺激素的合成和分泌；促性腺激素能促进性腺的生长发育，调节性激素的分泌等。	引导学生得出人体是一个统一整体，内分泌腺之间也并不是彼此孤立的结论。	
		3. 激素 （1）讲解激素的概念 激素是由内分泌腺的腺细胞所分泌的、对身体有特殊作用的化学物质。它们在血液中的含量极少，但对人体的新陈代谢、生长发育和生殖等生理活动，却起着重要的调节作用。		结合学生的感性知识，通过教师的讲解，让学生理解激素的概念。	

（续表）

教学阶段	教学内容	教师	学生	设计意图	时间
	人体缺乏胰岛素的症状	（2）胰岛素 糖尿病人的主要症状可概括为"三多一少"：食量大、老口渴而大量饮水、尿量大增，而且尿带有大量葡萄糖。所谓"一少"是指体重大量减少。重病患者每天都要注射胰岛素才能正常生活。	课前进行相关资料的收集和整理，介绍糖尿病的主要症状及如何治疗的简单常识。 读图讨论：完成 p.108 读图活动，讨论胰岛素的主要生理功能是什么？		
	胰岛素的生理功能	胰岛素的主要生理功能是调节糖代谢，它能促进血糖合成糖元，加速血糖分解，从而降低血糖浓度。糖尿病人是由于胰岛素分泌不足引起的，所以严重的糖尿病人每天都要注射胰岛素制剂。	学生讨论后，大家一起看课本 p.109，用教材进行小结。		14—16分钟
	生长激素的生理作用	（3）生长激素 生长激素是由垂体分泌的，有调节人体生长发育的作用。 采用临床观察法，利用教材 p.109 的一组照片或相应挂图，组织学生讨论 提问： ① 成年人为什么不再继续长高？（启发学生回忆骨的生长原理）。 ② 若由于某种原因，一位成年人的生长激素分泌过多，他还能长高吗？	回忆刚刚学过的内分泌腺的知识，概括侏儒症和巨人症的主要症状和病因 热烈讨论，纷纷发表自己的观点	从反面推理，及时巩固知识。	

（续表）

教学阶段	教学内容	教师	学生	设计意图	时间
	甲状腺素的生理作用，及对人体正常生命活动的重要意义。	（4）甲状腺激素 介绍甲状腺功能亢进，激素分泌过多所引起的主要症状： ① 新陈代谢过于旺盛，特别是体内物质分解过快，患者食量虽很大，却身体消瘦。 ② 患者神经系统兴奋性过高，情绪易激动、脾气很大、难以入眠、呼吸和心跳加快。多数还可表现眼球突出的特征。 甲状腺功能不足，激素分泌过少，成年人患者主要症状： ① 新陈代谢缓慢，体态臃肿（水肿）、心跳减慢、怕冷、皮肤干燥粗糙等。 ② 性情淡漠，甚至智力减退。幼儿时期甲状腺分泌不足，就会引起呆小症。其主要表现是：身材矮小、智力低下、语言不清、面容丑陋、鼻宽舌大、生殖器官发育受阻滞等。 知识拓展： 在内陆地区，由于土壤、饮水和食物中缺碘，而碘又是合成甲状腺激素的重要原料，以致体内甲状腺激素合成受阻，引起地方性甲状腺肿（俗称大脖子病），结合照片或录像讲述其主要症状：脖子肿大、影响呼吸，劳动时出现心跳气短等，病人的新陈代谢和神经系统表现正常。	结合甲状腺激素分泌异常患者的照片、挂图或录像材料，学生讨论，概括出正确结论，甲状腺激素的主要生理功能是： （1）促进新陈代谢，特别是有机物的分解。 （2）促进生长发育。 （3）提高神经系统的兴奋性。 讨论： （1）为什么在缺碘地区呆小症患者也比其他地区要多？ （2）为什么要打击贩卖"私盐"的盐贩子？ 我国大部分地区是缺碘的环境，政府推广加碘盐，在防治地方性甲状腺肿及呆小症方面取得了很大成效，而"私盐"往往是不加碘的，这对病区人民的危害是很大的。	通过甲状腺激素分泌异常的临床症状归纳出甲状腺激素的主要生理功能。 巩固甲状腺激素生理功能的知识，培养学生知识迁移、分析、综合等能力。	

（续表）

教学阶段	教学内容	教师	学生	设计意图	时间
		（3）经常食用海带等海产品有什么好处？海带含有大量碘，可预防地方性甲状腺肿和呆小症。			
四、课堂小结	内分泌腺、激素的概念。胰岛素、生长激素、甲状腺激素的主要生理作用。				3—4分钟

在仔细阅读了上面提供的这个案例之后，请认真思考这份案例在教学过程的设计中，在动机激发、直观教学、比较认知、交互教学和情境迁移等方面分别采用了哪些具体的策略与做法？请填入下表。

激发动机策略	
直观教学策略	
比较认知策略	
交互教学策略	
情境迁移策略	

实践活动二：撰写"先行组织者"

本书在理论学习部分已经对"先行组织者"这一教学策略进行了较为详细的介绍，下面请你选择"前端分析与学习目标设计"单元的教学内容，为它撰写一段"先行组织者"材料，并对运用"先行组织者"策略进行这一单元的教学的具体过程进行设计。

"先行组织者"类型	☐ 上位组织者　☐ 下位组织者　☐ 并列组织者
设计策略	☐ 渐进分化　☐ 逐级归纳　☐ 整合协调
"先行组织者"材料	

教学阶段	教学过程	教学活动
阶段1	呈现"先行组织者"	

（续表）

教学阶段	教学过程	教学活动
阶段2	呈现学习任务和材料	
阶段3	扩充与完善认知结构	

学习评价

通过本单元的学习，相信你肯定已经对"教学模式与教学策略设计"有了基本的认识。现在到了检验收获的时候了。那么，就请通过完成下面的这个学习评价表格来看一看你到底学到了什么吧！在评价的时候，不要忘记对照在一开始学习本单元时设定的学习目标哦！

学习内容习得评价			
评价项目与标准	学生自评	小组评价	教师评价
能够使用自己的语言陈述教学模式的基本内涵,能够简要地描述几种基本的教学模式以及信息化环境下涌现出来的几种新型教学模式。			
能够使用自己的语言陈述教学策略的基本内涵,能够简要复述构成教学策略的几个基本要素。			
掌握"先行组织者"撰写的基本方法,能够在教学设计的实践中结合具体需要撰写一个有效的先行组织者。			
掌握教学策略选择的依据、应用的原则以及影响因素,并能在实践中有效地应用它们以切实地促进教学。			
学习能力发展评价				
---	---	---	---	---
评价项目与标准		学生自评	小组评价	教师评价
自学活动	能针对课程内容进行自学,获得相关资料,形成个人意见或结论。			
小组活动	积极参与小组内的讨论,补充相关资料,形成小组意见。			
班级活动	认真听取其他小组或同学的意见,掌握相应方法,形成最后结论或提出新的问题和见解。			
情感态度	学习动机、兴趣、态度、意志等情感因素都得到发展,在学习活动中能各尽其智并产生成功的喜悦。			
签　　名				

综合评定(请在相应等级处打√):□ 优秀;□ 合格;□ 待改进

（续表）

个人学习小结	
备注：	

扩展阅读

Ausubel D. P. The use of advance organizers in the learning and retention of meaningful verbal material. Journal of Educational Psychology, 1960, 51: 267—272.

Joyce, B., & Weil, M., & Calhoun, E. (2003). Models of teaching (7th ed.). Englewood Cliffs, NJ: Prentice-Hall.

Merrill, M. D. (1983). Component Display Theory. In C. Reigeluth (ed.), Instructional Design Theories and Models. Hillsdale, NJ: Erlbaum Associates.

Merrill, M. D. (1987). A lesson based upon Component Display Theory. In C. Reigeluth (ed.), Instructional Design Theories in Action. Hillsdale, NJ: Erlbaum Associates.

Reigeluth, C. M., & Darwazeh, A. N. (1982). The elaboration theory's procedure for designing instruction: A conceptual approach. Journal of Instructional Development, 5, 22—32.

Reigeluth, C. M., & Rodgers, C. A. (1980). The elaboration theory of instruction: Prescriptions for task analysis and design. NSPI Journal, 19, 16—26.

Reigeluth, C. M., & Stein, R. (1983). Elaboration theory. In C. M. Reigeluth (Ed.), Instructional-design theories and models: An overview of their current status. Hillsdale NJ: Erlbaum.

Twitchell, David. (1990). A Comparison or Robert M. Gagne's Events of Instruction and M. David Merrill's Component Display Theory. Educational Technology.

Wilson, B., & Cole, P. (1992). A critical review of elaboration theory. Educational

Technology Research and Development, 40（3），63—79.

M. 希尔伯曼著：《积极学习——101 种有效教学策略》，陆怡如译，上海：华东师大出版社 2005 年版。

蔡宪：《建构新型教学模式是教育技术的首要任务》，《电化教育研究》，1999.05。

樊泽恒：《基于自主学习的网络教学策略设计》，《中国电化教育》，2005.10。

高文：《教学模式论》，上海：上海教育出版社 2002 年版。

和学新：《教学策略的概念、结构及其运用》，《教育研究》，2000.12。

胡俊：《网络环境下学生自主探究学习及其教学模式研究》，《电化教育研究》，2005.01。

黄高庆：《关于教学策略的思考》，《教育研究》，1998.11。

黄秋生：《E-环境下的教育教学模式思考》，《电化教育研究》，2001.11。

李志河：《基于 Web 的抛锚式教学模式研究》，《电化教育研究》，2004.06。

李子华：《学生自主学习的有效教学策略研究》，《中国教育学刊》，2005.12。

刘孝华：《基于建构主义的教学策略探析》，《教育理论与实践》，2005.20。

吕宪军：《促进学生有效学习的课堂教学策略》，《中国教育学刊》，2006.01。

倪小鹏：《认知学习领域两个阶段的教学策略》，《电化教育研究》，2001.01。

谭顶良：《学习风格与教学策略》，《教育研究》，1995.05。

韦义平：《教学策略的三维研究视角》，《教师教育研究》，2006.01。

谢幼如：《新型教学模式的研究》，《电化教育研究》，2000.01。

徐春华：《网络教学策略结构分析》，《中国远程教育》，2006.10。

钟海青：《教学模式的选择与运用》，北京：北京师范大学出版社 2006 年版。

钟志贤：《新型教学模式新在何处（上）》，《电化教育研究》，2001.03。

钟志贤：《新型教学模式新在何处（下）》，《电化教育研究》，2001.04。

钟志贤：《信息化教学模式——理论建构与实践例说》，北京：教育科学出版社 2005 版。

周军：《教学策略》，北京：教育科学出版社 2003 年版。

知识花絮

"先行组织者"之父——奥苏贝尔

戴维·奥苏贝尔，教育心理学家，1918 年出生，在纽约布鲁克林长大，其后进入宾夕法尼亚大学医学预科，并主修心理学，1939 年在宾夕法尼亚大学获学士学位，1940 年在哥伦比亚大学获心理学硕士学位，1943 年获布兰迪斯大学医学博士学位。"二战"期间被征召入伍，在美国公共卫生局工作，其后加入联合国善后救济总署，在德国等地从事难民服务方面的工作，1950 年获哥伦比亚大学发展心理学的哲学博士学位。

1950 年后，先后在美国伊里诺斯大学教育研究部、加拿大多伦多大学教育学院和安大略教育研究院（OISE）应用心理学系任教；1957 年至 1958 年，受富布赖特项目的资助从事毛利人和欧洲人职业选择动机方面的比较研究;1968年后在美国纽约市立大学任教,曾在该校师范教育部任研究和评价的主管,后来又在该校的研究生院和大学中心工作过。1973年退休后,专门从事精神心理治疗方面的工作。1994年彻底退休,专心著述。

奥苏贝尔一生学术兴趣广泛,涉猎多个研究领域,主要关注学校学习理论的研究,同时在理论医学、临床医学、精神病理学和发展心理学等领域也颇有建树。他曾在美国心理学会、美国教育协会、美国医学协会、全国科学院农业教育部、白宫吸毒问题研究小组、生物学课程研究委员会等学术组织里参与工作,并于1976年因其在教育心理学方面的卓越贡献获得美国心理学会颁发的桑代克奖。

奥苏贝尔的主要代表著作有:《自我发展与个性失调》(1952)、《青少年发展的理论与问题》(1954、1977,第二版时与人合作)、《儿童发展的理论与问题》(1958)、《意义言语学习心理学》(1963)、《教育心理学:一种认知观点》(1968、1978,第二版时与人合作)、《学校学习:教育心理学导论》(1969,与人合作)、《自我心理学与精神障碍》(1977,与人合作)等。其中,《教育心理学:一种认知观点》为其在教育心理学领域赢得了世界声誉。1985年,国外开展的一项调查研究表明,在被专家提名认可的23位当代著名认知心理学家中,奥苏贝尔与布鲁纳齐名。

"先行组织者"的思想可以追溯到19世纪赫尔巴特提出来的"联想"教学法。1960年,奥苏贝尔在发表的一份名为《有意义言语材料学习和保持的先行组织者用途》的实验报告中正式提出了"先行组织者"这一概念,把它作为一种促进课堂言语讲授和意义接受学习的教学策略。1978年,奥苏贝尔在《教育心理学:一种认知观点》中进一步完善了"先行组织者"的概念,引起了学术界的广泛关注,影响日益扩大。目前,它已经成为实现"有意义接受学习"的最有代表性、最具影响力也是最见实际效果的教学策略之一。

第四单元　教学媒体与学习环境设计

学习目标

1. 能够使用自己的语言阐释媒体概念的基本内涵，以及各种不同种类的教学媒体的特性与功能。
2. 能够掌握教学媒体选择的基本程序与方法，并且能够在教学设计的具体实践中运用这些程序方法。
3. 能够使用自己的语言阐述学习环境的基本内涵，并能够结合具体教学的需要设计各种不同的学习环境。
4. 充分意识到教学媒体与学习环境在教学中的重要地位，并能在教学中有意识地利用各种媒体与环境。

模块一　教学媒体选择

理论学习

在教学设计中必须作出的一个重要决定是应当采用什么样的媒体来传递教学信息并创设环境。如果媒体选择与运用得不恰当，不仅达不到优化课堂教学的目的，反而会给人以画蛇添足之感，严重的甚至会干扰、影响课堂教学效果。因而，教学媒体的选择与应用是教学设计过程中的一项重要工作。

一、教学媒体的基本内涵与特性

媒体，也称媒介、传播媒体。媒体在英文中表述为 media，意思是指信息传播过程中，从传播者到接受者之间携带和传递信息的任何物质工具。计算机、光盘、网络、电影、电视、无线电广播、录音、录像、图片、幻灯片、投影片和印刷材料等都属于媒体。

媒体用于传递以教学为目的的信息时，被称为教学媒体。我们知道，媒体包括硬件和软件。教学媒体的软件习惯上也称作教学材料，是指那些包含了教学信息的印刷材料、音像材料和机读材料，后两者一般统称为非书资料、视听教学软件或电教教材等。

教学媒体直接加入教学活动，沟通了教与学两个方面，其性能对教学的效果和效率影响甚大。在相当长的一段教育史上，它只限于言语和文字。教科书的产生、直观教具的使用、音像材料的涌现，是教学媒体的三次重大发展，从而使教师能用多种媒体传递教学信息，使学生能通过广阔的渠道获得更大范围的学习经验。图 04-01-01 大致反映了媒体在教学过程中的地位和作用。

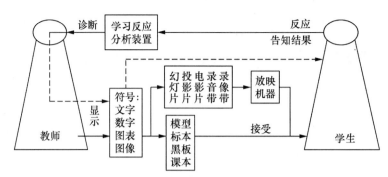

图 04-01-01　媒体在教学过程中的作用

媒体在教学过程中起着传递教学信息的作用,是教学系统的构成要素之一。从图 04-01-01 中我们可以进一步看到:媒体的种类越多,教学信息的传递通道就越宽敞;媒体传递的教学信息是靠符号体系承载的;传统媒体和现代化媒体在记录和传输符号方面目的是一致的;各种媒体可以相辅相成,相得益彰。

现代教学媒体是相对于传统教学媒体而言的。传统教学媒体一般指黑板、粉笔、教科书等。现代教学媒体主要指电子媒体,由两部分构成:硬件和软件。硬件指与传递教育信息相联系的各种教学机器,如幻灯机、投影仪、录音机、电影放映机、电视机、录像机、计算机等;软件指承载了教育信息的载体,如幻灯片、投影片、电影胶片、录音带、录像带、光盘等。

当前,计算机多媒体技术和计算机网络技术迅猛发展,特别是互联网的普及应用,使信息技术正在极大地改变着社会的面貌,对教育产生巨大的影响,使教育技术与教学设计的发展进入一个新的历史阶段。现代教学媒体在打破传统教育模式的过程中发挥着巨大作用,是需要我们重点开发建设、研究和应用的一个方面。

1964 年,加拿大著名大众传播学者麦克卢汉(M. Mcluhan)在《媒体通论:人体的延伸》一书中,论证人类在进入电子时代的同时,对媒体的性质、特点、作用和分类,提出了许多新的观点,其中一个重要的观点就是认为媒体是人体的延伸。[①] 例如,印刷品是眼睛的延伸;话筒是嘴巴的延伸;收音机是耳朵的延伸;电子计算机是大脑的延伸。除此之外,教学媒体还有六个特性。

1. 固定性

教学媒体可以记录和储存信息,以供需要时再现。如印刷媒体直接将文字符号固定在书本上;电子媒体将语言、文字、图像转换成声、光、磁讯号,固定在磁带或胶片上。媒体的这一特性使前辈们能够把丰富的实践经验逐渐积累,教师们能够把宝贵的知识财富传授给学生。

2. 散播性

教学媒体可以将各种符号形态的信息传送到一定的距离,使信息在扩大的范围内再现。古代的"秀才不出门,全知天下事"依靠的就是媒体的这一特性。而在电子信息技术

---

① McLuhan, M. (1964). Understanding Media: The Extensions of Man. New York, NY: McGraw-Hill, p.23.

长足进步的当代,麦克卢汉提出"地球村"(Global Village)的概念也就不足为怪了。

3. 重复性

教学媒体可以重复使用。如果保存得好,这些媒体可以根据需要一次次地被使用,而其呈示信息的质量稳定不变。此外,它还可以生成许多复制品,在不同的地方同时使用。这种重复使用的特性适应了学生逐渐领会、重温记忆的需要,也适应了扩大受益面的需要。

4. 组合性

若干种教学媒体能够组合使用。这种组合可以是在某一教学活动中,几种媒体适当编制、轮流使用或同时呈示各自的信息,也可以把各种媒体的功能结合起来,组成多媒体系统,如声画同步幻灯、交互视频系统。组合性还指一种媒体包含的信息可以借助另一种媒体来传递,如图片、模型等可以通过电视呈现在屏幕上。多媒体计算机更是集中地体现了这个特点。

5. 工具性

教学媒体与人相比处于从属地位。即使功能先进的现代化电子媒体,还是由人所创造,受人所控制的。教学媒体只能扩展或代替教师的部分作用,而且适用的媒体还需要教师和设计人员去精心编制相应的教材。我们认为,即使具有人工智能的多媒体计算机系统也不可能完全替代教师,而只是促进了教学设计者对人机功能合理分配的思考。

6. 能动性

教学媒体在特定的时空条件下,可以离开人的活动独立起作用。比如,优秀的录像教材和计算机课件的确可以代替教师上课。精心编制的教学软件一般都比较符合教学设计原理,采用的是最佳教学方案,尤其是由教学经验丰富的老教师参与设计、编制的教学媒体,较之缺乏教学经验的年轻教师来说,教学效果会更好。

二、教学媒体选择的原则与依据

随着现代信息技术的发展,各种各样的教学媒体越来越多,教师所面临的教学情境也越来越复杂。针对不同的教学系统,媒体设计的具体方法可能有很大的差别,但一般来说均应遵守下述原则:

1. 目标控制原则

教学目标是贯穿教学活动全过程的指导思想,它不仅规定教师的教学活动内容和方式,指导学生对知识内容的选择和吸收,而且还控制媒体类型和媒体内容的选择。以外语教学为例,让学生掌握语法规则和要求学生能就某个情景进行会话,是两种不同的教学目标。前者往往通过文字讲解并辅以各种实例来帮助学生形成语法概念;后者则往往通过反映实际情景的动画和声音使学生在具体的语言环境中去掌握正确的言语技能。不同的教学目标决定不同的媒体类型和媒体内容的选择。若不遵守这一原则,效果将会适得其反。

2. 内容符合原则

学科内容不同,适用的教学媒体也不同。即使同一学科,各章节的内容不一样,对教学媒体的要求也不一样。以语文学科为例,散文和小说体裁的文章最好通过能提供活动影像的媒体来讲解,使学生有亲临其境的感觉以加深对人物情节和主题思想的理解。对于数理学科中的某些定理和法则,由于概念比较抽象,最好通过动画过程把事物的运动变化规律展现出来(或把微观的、不易观察的过程加以放大),以帮助学生对定理和规律的掌握。同是化学学科,在讲解化学反应时最好用动画一步步模拟反应的过程;而在讲解分子式、分子结构以及元素周期表等内容时则以图形或图表的配合为宜。总之,对教学媒体的选用和设计应以符合教学内容为原则。

3. 对象适应原则

不同年龄阶段的学生其认知结构有很大差别,教学媒体的设计必须与教学对象的年龄特征相适应,否则不会有理想的教学效果。按照皮亚杰的儿童认知发展理论,小学生(6—11、12岁)正好处于认知发展的第三阶段即"具体运算阶段",其认知结构属"直觉思维图式";而初中学生(12—15岁)则处于认知发展的第四阶段即"形式运算阶段",其认知结构属"运算思维图式",处于这一阶段的学生思维能力有了较大发展,且抽象思维占优势地位。但是对初中学生来说,这种抽象思维仍属经验型,还需要感性经验的直接支持。而对高中学生(16—18岁)来说,其抽象思维能力已得到进一步发展,逐渐由经验型过渡到理论型,即能在有关理论的指导下分析处理某些实际问题,并能通过对外部现象的观察归纳出关于客观世界的某些知识。

在进行教学媒体的设计时必须充分考虑上述不同年龄段的认知特点,绝不能用某种固定的模式。在小学低年级阶段各学科媒体设计的重点应放在如何实施形象化教学以适应学生的直觉思维图式,因而应多采用图形、动画和音乐之类的媒体使图、文、声并茂;在小学高年级阶段则要把重点放在如何帮助学生完成由直觉思维向抽象思维的过渡,因而这一阶段的形象化教学可适当减少;在中学阶段则应着重引导学生学习抽象概念,学会运用语言符号去揭示事物的内在规律,逐步发展学生的逻辑思维能力。在初中阶段尽管形象化教学仍不可缺少,但是只能作为一种帮助理解抽象概念的辅助手段,而不能像小学那样以形象化教学为主。否则将会喧宾夺主,达不到教学目标的要求,从形式上看很生动、美观,而内容却无助于学生认知能力的发展。

4. 最小代价原则

最小代价原则就是在教学设计的过程中选择教学媒体时,要根据能得到的效能和需要付出的代价来作决定,力求做到以最小的代价,得到最大的收获。美国学者宣伟伯(Wilbur Schramm)提出过一个"选择定律",用来解释个人选不选择某一事物的行为。这个选择定律用方程式来表达,就是:可能得到的报酬(效能)/需要付出的努力(代价)=预期选择率。这个方程式表明:需要付出的努力(代价)越小,而可能得到的报酬(效能)越大,则预期选择率就越高,即使用价值越高。

这个方程式用于选择教学媒体,也是适用的。可能得到的报酬(效能),主要是媒体在内容上能否满足教和学的需要,能否有助于提高教和学的效率。需要付出的努力(代价),主要是设计和制作媒体需要花费的人力、物力、财力,使用媒体需要花费的时间和精力,媒体是否得来方便、用来方便。在设计和选择教学媒体时,主要应从需要与方便两方面来考虑,也就是要同时在代价与效能两个方面精打细算,力求做到代价小、效能大。

5. 共同经验原则

选择的教学媒体,它所传输的知识经验,同学生已有的经验,必须有若干共同的地方,否则,学生是难于理解、掌握的。图04-01-02 中两个圆圈,A 代表教学媒体传输的知识、经验,B 代表学生已有的经验,其间重叠的地方,便是他们的共同经验,是他们可以传通的地方。

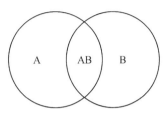

图 04-01-02　共同经验原则

共同经验原则和桑代克(Edward L. Thorndike)的"共同要素说"是一个道理。桑代克认为,两种学习有共同要素才能互相迁移。即在学习上,要甲向乙迁移,重要的条件是甲和乙之间有共同的要素,否则就不能迁移。例如,在活动 A(包含 1、2、3、4、5 等要素)和活动 B(包含 4、5、6、7、8 等要素)之间,因有共同成分 4 和 5,所以这两种活动之间才会有迁移出现,学习 A 才能影响学习 B。

6. 多重刺激原则

选择的教学媒体,应是从不同角度、侧面,去表现事物的本质特征。所讲对象,在不同的时间、地点、条件下多次重复出现,用不同的形式,表现同一内容。例如,讲"热胀冷缩原理",既用固体也用液体和气体等材料,来说明热胀冷缩现象。这样的教学媒体,有助于防止学生对原理的片面理解,增强教学效果。

多次重复,这种重复不应是机械的、无效的重复,而是不同形式的、有效的重复。每次重复,都应能提供一定的信息量,在学生的认识中增添一点新的东西。

7. 抽象层次原则

设计和选择的教学媒体,它所提供的信息的具体和抽象程度,要根据学生的实际状况(年龄、水平、智能状况),分为不同等级、层次。每个层次,都包含一部分具体成分和抽象成分。这两种成分的比例,依学生水平而有所改变。如图 04-01-03 所示。

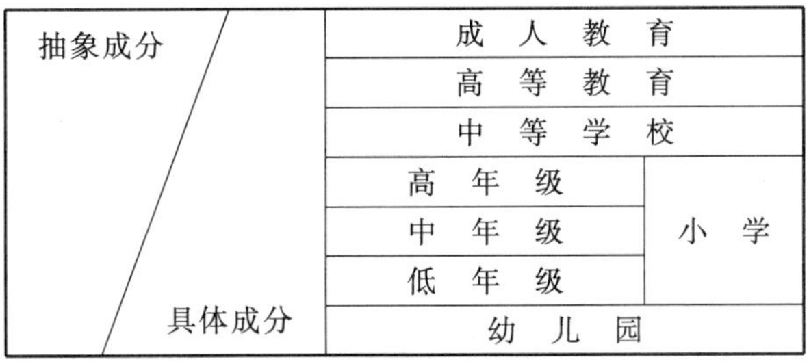

抽象成分	成　人　教　育	
	高　等　教　育	
	中　等　学　校	
	高　年　级	小　学
	中　年　级	
	低　年　级	
具体成分	幼　儿　园	

图 04-01-03　各级学校学生抽象认识成分图

为了完成既定的教学任务,在丰富多彩、功能各异的教学媒体中选择哪一种或哪几种的组合最为合适、最为有效呢?在教学媒体的选择过程中,除了遵循上述几个基本原则之外,其选择的依据是什么呢?这也是教学设计中的一项基本考虑。

(1) 依据教学目的

每项学习任务、每次上课都有一定的教学目的,比如要使学生知道某个概念、明白某个规则、掌握某个技能、形成某种态度等。为了达到不同的教学目的常需使用不同的媒体去传递教学信息。以外语教学为例,让学生知道各种语法规则与使学生能就某个题材进行会话是两种不同的教学目标。前者往往采用教师讲解,辅以板书或投影材料,使学生在井井有条的内容安排中形成清晰的语法规则;后者往往采用角色扮演,并辅以幻灯或录像资料,使学生在情景交融的沟通条件中掌握正确的语言技能。但若为了纠正学生的外语发音,则最好采用录音、录像。

(2) 依据教学内容

各门学科的性质不同,适应的教学媒体会有所区别;同一学科内各章节内容不同,对教学媒体也有不同要求。如在语文学科中讲读那些带有文艺性的记叙文,最好配合再造形象,所以应通过能提供某些情景的媒体,使学生有亲临其境的感受,以唤起他们对课文中的人物、景象和情节的想象,使之加深理解和体会。又如数学、物理等学科的概念和原理都比较抽象,要经过分析、比较、综合等一系列复杂的思维过程才能理解,所以应使媒体提供的教材辗转变化,才能帮助学生理解。

(3) 根据教学对象

不同年龄阶段的学生对事物的接受能力不一样,选用教学媒体必须顾及他们的年龄特征。比如,小学生的认知特点是直观形象的思维占优,注意力不容易持久保持,对他们可以较多地使用幻灯和录像。幻灯片要生动形象、重点突出、色彩鲜艳,能活动的地方力求活动,每次课使用的片数不宜过多,解释要细致些;使用录像也宜选用短片,动画镜头可以多一些。随着年级的升高,学生的概括和抽象能力发展了,感知的经验也逐渐丰富起来,注意力持续集中的时间延长,为他们选用的教学媒体就可以广泛一些,传递的内容则增多了分析、综合、抽象、概括,增加了理性认识的分量,重点应放在揭示事物的内在规律性上,同一种媒体连续使用的时间也可长些。

(4) 依据教学条件

教学中能否选用某种媒体,还要看当时当地的具体条件,其中包括资源状况、经济能力、师生技能、使用环境和管理水平等因素。录像教学具有视听结合、文理皆适的优点,但符合特定课题需要的录像片不一定随手可得。语言实验室是一种极其有效的外语教学媒体,但并非每个学校都能具备,每堂课都能用上的,往往只能因陋就简地采用录音机代替。使用计算机辅助教学前景看好,但除了需要资金购买计算机,还得编制软件,培训教师。若教室不具备遮光设施,可能连"价廉物美"的投影、幻灯都不能用。有的学校因管理混乱,结果使不少已经置备的现代化教学媒体也无法选用。

除了这四点,在实际的选择教学媒体过程中,还有一些因素需要考虑。图 04-01-04 表示了影响教学媒体选择的各种因素。

图 04-01-04　影响教学媒体选择的诸因素

三、教学媒体选择的方法与程序

教学媒体的选择需要利用一定的方法,并遵循一定的程序。为了在选择教学媒体时所作出的主观判断更为客观、准确,能较充分地考虑各种因素,人们确立了若干类型的媒体选择决策模型,常用的有以下四种。

1. 问卷表

它实际上是列出一系列要求媒体选用者回答的问题,通过逐一回答这些问题可以比较清楚地发现适用于某种教学情景的媒体。下面的一组问题便是例子:

编号	题　　目
1	所需媒体是用来提供感性材料还是提供练习条件?
2	该媒体是用于辅助集体讲授还是用于个别化学习?
3	媒体材料与学生的认知水平相一致吗?
4	教学内容是否要作图解或图示的处理?
5	视觉内容是用静态图像还是活动图像来呈现?
6	活动图像要不要配音?是用电影还是录像来表达视听结合的活动图像?
7	有没有现成的电影或录像以及放映条件?

这里列出的问题根据实际情况可多可少,但最好按某种逻辑排序,以便把挑选的目光引向理想的教学媒体。

2. 矩阵式

它通常以媒体的种类为一维,以教学功能和其他考虑因素为另一维,然后用某种评判尺度反映两者之间的关系。评判尺度可用"适宜"与否、"高、中、低"等文字表示,也可用数字和字母表示,甚至可以用表 04-01-01 这个例子中的方式表示。

表04-01-01　教学媒体特性一览表

教学特征	媒体种类	教科书	板书	模型	无线电	录音	幻灯	电影	电视	录像	计算机
表现力	空间特性			✓			✓	✓	✓	✓	
	时间特性	✓	✓		✓	✓					✓
	运动特性							✓	✓	✓	✓
重视力	即时重现		✓			✓				✓	✓
	事后重现	✓		✓		✓				✓	✓
接触面	无限接触	✓			✓				✓		
	有限接触		✓	✓						✓	✓
参与性	感情参与					✓		✓	✓	✓	
	行为参与	✓	✓	✓			✓				✓
受控性	易控	✓	✓	✓		✓				✓	✓
	难控				✓				✓		

3. 算法型

它通过模糊的数量计算,确定媒体的成本与效益之间的比值关系。为此,先要对成本和收益分别进行要素分析。前者是要把与媒体成本相关的要素,如资金消耗、所用时间和努力程度等,全部罗列出来并加以分析,得到它们的总和,若以 C 表示,则 $C = \sum C(Mi)$,其中 Mi 指成本要素;后者是要把与媒体收益相关的要素,如学生成绩、教学规模、教师效率等,全部罗列出来并加以分析,得到它们的总和,若以 E 表示,则 $E = \sum E(Ni)$,其中 Ni 指收益要素。

得到 C 和 E 之后就可以对媒体选择作出决策,而决策总是以低成本、高效益为原则的。若存在 a 和 b 两种备选媒体,并已得到 Ca、Ea、Cb、Eb,那么只要衡量 Ea/Ca 和 Eb/Cb 的比值大小,就可以决定选择取向了。

4. 流程图

它建立在问题表模型的基础上。先将选择过程分解成一套按序排列的步骤,每一步骤都设有一个问题,由选择者回答"是"或"否",然后按逻辑被引入不同的分支。回答完最后一个问题,就会有一种或一组媒体被认为是最合适于特定教学情景的媒体。图04-01-05 是一个选择视觉媒体的流程图。

除了上述四种主要模型,其他受到推崇的媒体选择模型还有"一维分类"和"多维排列"。前者如大家比较熟悉的戴尔(Edgar Dale)的"经验之塔"(cone of experience),它将教学媒体按其所能提供的经验,即教学信息的抽象程度作为分类标准,排列出十一个层次,构成锥形的塔状体。"塔"的最底层所提供的直接经验最为基本,逐层上升后直接感觉参与量越来越少,趋向于抽象。其优点是能较快地作出抉择,但在媒体间进行相互比较的标准过于简单。后者如托斯弟(D. T. Tosti)等的"六维排列",这六个维度分别是信息呈现形态、信息呈现的持续时间或间隔频率、呈现的信息要求学生作出的反应类型、要

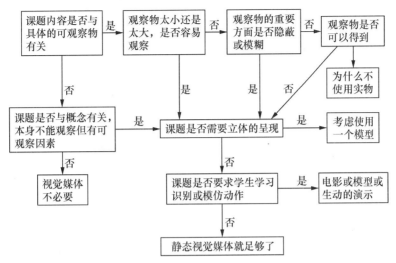

图 04-01-05 视觉媒体选择流程图

求学生作出各种反应的频率和时间、管理形式和意图管理的频率等。它可以顾及更多的与教学情境有关的因素,但实际使用起来比较复杂。

当我们面临的教学任务对媒体选择的要求比较高,需要权衡许多因素才能作出决策时,可以将两种以上的模型综合起来使用。前面已经介绍了教学媒体及其选择的有关知识,那么如何具体运用这些知识来作出媒体选择的实际决策呢?这是一个工作程序问题。一般来说,教学媒体的选择大致可以按以下顺序展开。

1. 对媒体要求的描述

在教学内容、教学对象和教学目标已经确定的情况下,以及在考虑教学的程序、方法和形式等其他策略因素的时候,设计者基本上也已逐步形成了对适合特定教学情境需要的教学媒体的期望。这里的工作是使我们对媒体的期望具体化,即描述出对教学媒体的要求。

比如,如果教学内容是太阳、地球和月亮三颗星球的运行规律,我们就可能要求媒体展示三球的运行轨迹;如果教学对象是初中学生,我们可能要求媒体包含公式和推理;如果教学程序是从引导到发现,我们可能要求媒体让学生自己摆弄使用,如果教学方法是以讲解为主、演示为辅,我们可能要求媒体操作方便、灵巧精练;如果教学组织形式是集体授课,我们可能要求媒体展示的可见范围较大。在这个例子中,除了可以选择插图、挂图、模型(三球仪)等媒体,也可以选择投影、幻灯、影视、计算机等媒体,哪个最合适,需要综合考虑所有上述要求。

2. 有关流程图的运用

媒体选择的流程图可以根据不同的需要设计成各种形式。这里,我们先介绍罗密佐斯基(A. J. Romiszowski)的视觉媒体选择流程图(图 04-01-06),它适用于已经确定需要视觉媒体的情况。然后,我们再介绍不同教学组织形式下教学媒体选择的一般流程。

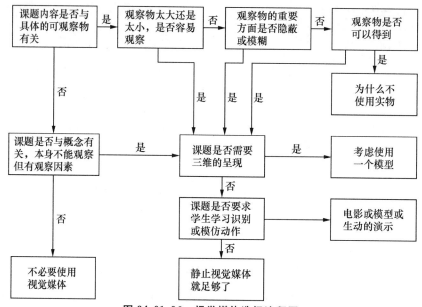

图 04-01-06　视觉媒体选择流程图

（1）集体授课的媒体选择流程图（图 04-01-07）

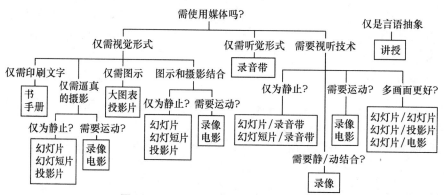

图 04-01-07　集体授课媒体选择流程图

（2）个别化学习的媒体选择流程图（图 04-01-08）

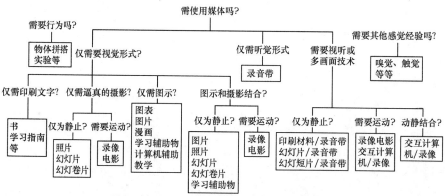

图 04-01-08　个别化学习的媒体选择流程图

（3）小组相互作用的媒体选择流程图（图 04-01-09）

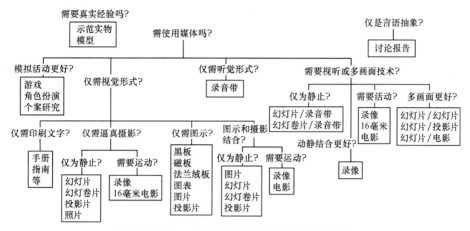

图 04-01-09　小组相互作用的媒体选择流程图

3. 最佳选择的做出

完成了流程图，我们的选择常会集中于一种或一组合适的媒体。若是后者，例如选择被导向一组"静止图像"，则仍可有照片、挂图、幻灯、投影等再供选择。从理论上讲，这些媒体都是适用的，但实际上它们中间还存在着最佳选择。因为在教学设计实践中，纯粹按照教学目标、教学内容、教学对象、教学策略诸因素的要求来选择媒体的现象是很少的，人们不得不还要考虑一些其他的实际因素，进一步挑选出总体上最适宜的教学媒体。

表 04-01-02　选择教学媒体需要考虑的实际因素

实际因素 备选媒体	照片	挂图	投影	幻灯
能够得到				
制作成本				
复制费用				
准备实践				
技能要求				
设施要求				
维护要求				

拿表 04-01-02 中的四种媒体分别与任一实际因素进行衡量，可望知道某种媒体应"优先选择"，或"其次选择"、"再次选择"，或"最后选择"；拿它们与所有实际因素逐一衡量，我们就可以产生综合性的评判。如用 4、3、2、1 的数字符号分别作为"优先"、"其次"、"再次"和"最后"的等级分值，再考虑加权因素，我们就能以累积总分的多少作为抉择的准绳。

4. 媒体运用设想的阐明

选择教学媒体的目的完全是为了在教学中加以运用。从追求教学效果的角度看,媒体的运用比媒体的选择更重要。因此,教学设计者有义务将自己在选择媒体时的种种考虑融合或升华至如何合理运用拟选媒体的设想上来。具体地说,应该把知识点、学习水平与媒体的关系,及其应用方式表达出来作为教学过程实施的参考。

在设想如何运用教学媒体的时候,要考虑各种媒体的优化组合。因为正像人体各部分器官虽然分工明确,各司其职,但它们的功能是通过优化组合才得以充分发挥一样,教学媒体系统功能的充分发挥也是通过多种媒体的组合后形成的优化结构来实现的。一个好的多种教学媒体组合的整体结构应具备以下几个特点:传递的信息量较大;调动多种感官共同参与、相辅相成;各种教学媒体的主要优势都得到充分发挥;各种媒体都信手可得,且使用方便。

四、远程教育中媒体选择的 ACTIONS 模型

远程教育作为一种特殊的教育形态,与面对面的传统教育相比,更加依赖于媒体。因此,远程教育中的教学设计尤其重视各种媒体的选择问题。众多学者对远程教育中的媒体选择展开了研究,其中代表性的成果当属托尼·贝茨(Tony Bates)在 1995 年发表的《技术、开放学习和远程教育》中提出的 ACTIONS 模型。

ACTIONS 模型将技术与媒体选择的问题归纳为 7 个要素:技术的可行性与方便性(Access)、技术应用的成本(Costs)、教与学(Teaching and Learning)、交互性与用户友好性(Interactivity and User-Friendliness)、组织实施(Organizational Issues)、新颖性(Novelty)与课程开发与传输的速度(Speed)等。[①]

ACTIONS 模型一经提出,就被广泛采用,并成为远程教育教学设计中媒体选择的经典模型,产生了广泛影响。这一模型不仅是远程教育课程开发中技术应用的指导原则,而且也是传统课堂教学中教师选择技术与媒体的重要原则。2003 年贝茨在与盖瑞·坡尔(Gary Poole)合著的《大学中利用技术实现有效教学》一书中又将该模式演变为 SECTIONS 模型,以使其更适合基于校园的传统教育中对媒体的应用。现将这一模型的基本内容介绍如下:

1. 可获得性(Access)

这是媒体选择要考虑的首要因素。不管选择的媒体有什么特性,如果学习者根本就得不到,这样是没有意义的。可获得性主要取决于学习者及其所在学习环境的情况,不同类型的学习者对媒体的使用情况不同。此外,"灵活性"也会影响到远程学习者对媒体的获得性。媒体的可获得性是判断远程学习者是否适当地获得媒体的最有力工具。

2. 成本(Costs)

正确地分析媒体成本是远程教学中选择和使用媒体的基础。媒体的成本包括制作成本、设备成本和发送成本。一般分析媒体成本时,从以下三个方面来考虑:(1)区分媒

[①] Bates, A. W. (Tony). (1995). Technology, Open Learning and Distance Education. New York: Routledge.

体是单向传播媒体,还是双向传播媒体;(2)知道一门课程的学习者人数不同的时候,媒体成本的差别;(3)每一门课程都有自己的成本结构,需要根据不同的结构进行分析。

实际上,对媒体的成本分析是一件很复杂的工作,需要进行专业的分析。远程教育中的媒体支出主要是用在制作和以后的循环更新上,而不是最初的设备投资。用于支持每年运作的资金经常要超过一开始的启动资金。但是,一般情况下,用于更新教育材料的费用一般都得不到重视。对于大多数的媒体,发送成本相比制作成本显得无关紧要,但是,考虑全部成本时,发送成本还是很重要的。

3. 教与学(Teaching and learning)

每种媒体对信息都有一定表现力,但是它们的特点和能力是不同的。媒体除了自身特性的不同之外,相互之间的差异还与具体课程内容、怎样最好地表现特定科目的知识以及对应的是哪一种学习有关。这就是说,要真正理解某一学科的教学要求,需要结合对不同媒体的教学优势和劣势的分析比较。因此,媒体选择不仅仅是技术问题,还是教学问题。

不同媒体对开发学习者的技能有着不同的作用。表现力强且学习者可控制性强的媒体更有利于发展学习者的技能。因此,从技能培养来说,录音、录像带和多媒体要比广播和实时的电视讲授更好。媒体在表现力以及发展技能方面有很多的不同,在选择的时候应该扬长避短,不要一味地用最新最贵的媒体。每一种媒体都有自己的优势和劣势。

4. 交互性和用户友好(Interactivity and user-friendliness)

具有交互功能的媒体既包括单向传播媒体,又包括双向传播媒体。由学习者控制的双向交互使学习者不仅可以轻易地与教师交流,还能够与其他的学习者进行沟通。以前,电话是实现这种作用的唯一方式,但是它的使用成本很高。现在的计算机会议使学习者之间,学习者与教师之间,甚至与学科专家之间都可以进行远距离同步、异步交流,而成本相对低廉。但是,任何一种媒体,它是否能加强交互和促进学习者积极主动的学习,在某种意义上取决于对使用媒体的设计,当然也要依赖媒体自身的特点。总之,要想设计出促进主动学习的多媒体远程学习材料需要教学专家、学科专家和制作专家的大力支持。

5. 组织问题(Organizational issues)

成功地应用媒体,除了要购买和安装设备之外,还要组建一支技术队伍以及进行教师培训。而且,在结构上和组织上的变化,还有外在因素会影响媒体的使用。只要在远程教育中使用媒体,组织结构必然要发生变化。由于更新、更方便的双向交互媒体越来越便宜,有许多的传统院校也开始运用这类媒体进行远程教学。但是很少有传统院校尝试着重构它们的教师组织,把校内和校外学习者的利益统一起来。因此,随着技术引进教室,为了提高教与学的质量,需要重新审查或重建组织机构,这是一个非常重要的问题。

6. 创新(Novelty)

资金总是与使用新媒体紧密联系,这会有一定的危害。首先,是支付能力的问题,如果媒体的利用率并不高,一旦外来资金和补助都终止了,院校将很难继续维持新媒体的开销。其次,对新媒体的外来投资一般局限于资金总额,或者是对传播成本的补助,这些都少于课程制作成本和在教学中的维持费用。所以说,创新是一把双刃剑。

7. 速度(Speed)

当今社会的发展日新月异,对教学内容变化和修正的速度也提出了更高的要求。双向媒体和广播的优势就在于能够为学习者提供最新的研究和发展信息。相比较而言,由于广播电视、计算机辅助学习和多媒体课件制作周期长和更新材料的成本高,在速度上有很大的劣势。

以上就是 ACTIONS 方法。其实,不论是在传统教育还是远程教育中,任何人都不可能找到一种选择媒体和使用媒体的简便方法。而事实上,即便在同一领域,由于新技术新媒体的不断出现,以及使用新的教学策略都会使得对媒体的选择不相同,而且越来越困难。

实践活动

实践活动一:教学媒体选择的案例分析

请认真阅读下面提供的这个教学设计案例,仔细分析它究竟用到了哪些类型的教学媒体,你认为它选择运用这些媒体的依据是什么?这些媒体在教学中能起到什么作用?还有哪些地方可以加以改进?完成下面的教学媒体选择表。

一、教学内容分析

本课堂使用的是武汉版科学(8年级下册)教材,教学对象是八年级的学生。本次课是通过学生的自主探究来学习透镜的原理,透镜在生活中的运用较为常见,有学生比较熟悉实例,通过本次课的学习能加深学生对有关光学知识的理解和运用,同时培养学生的发散思维和逆向思维。本次课的教学重点是透镜对光的作用和凸透镜成像的规律,探究性活动——探究凸透镜成像规律,也是本章教学重点,重点应解决如何探究、如何发现问题、探究问题、归纳结论、评价等。"平行光源"的解决是做好透镜对光的作用的关键,所以是教学中的难点。另外,帮助学生自己进行知识建构也是教学中的难点。

二、学习者分析

1. 八年级的学生年龄在14—15岁,好奇心强,具有较强的求知欲望,勇于探究自然现象及日常生活中的物理学原理。
2. 已经有一定的归纳能力,能对较简单的实验现象进行归纳并得出初步结论。
3. 具备初步的抽象思维能力,知道如何用光路图呈现简单的光学现象。
4. 在日常生活中接触过透镜和一些光学现象,为本次课的学习内容打下了经验基础。

三、教学目标分析

科学知识与技能	1. 知道什么是透镜,什么是凸透镜、凹透镜,能判断生活中接触到的透镜是凸透镜还是凹透镜。 2. 知道什么是透镜的主光轴、光心、焦点、焦距,能用自己的语言表述这些概念的含义,并能画出光路图。 3. 认识凸透镜的会聚作用和凹透镜的发散作用。 4. 了解凸透镜成像的应用。
科学探究(过程、方法与能力)	1. 能通过观察实验演示,体验凸透镜对光的会聚作用与凹透镜对光的发散作用。 2. 能够利用光路的可逆规律,提出使用凸透镜产生平行光的猜想。体验简单科学探究的过程,初步掌握逆向思维的思考方法。 3. 能够动手实验,测出凸透镜的焦距。 4. 能够简单归纳透镜对光作用的规律,并以此规律猜想其他形状透镜的光路图,初步掌握由特殊到一般,再由一般到特殊的思维方式。
科学态度、情感、价值观	1. 通过对问题的探究,调动学生学习科学的积极性。 2. 在用实验得出结论的过程中,逐步树立严谨求实的科学实验态度和正确的认识观。
科学、技术与社会的关系	1. 熟悉透镜在生活中以及现代技术中的应用。

四、教学策略的选择与设计

本节教法应以实验法为主,辅以启发式教学法和讨论法,应指导学生观察透镜对光的作用的实验现象,在头脑中形成清晰的表象,并指导学生讨论分析实验结果,培养学生逆向思维能力与归纳、推理的逻辑思维能力。

五、选择与设计教学媒体/工具

教师演示器材:平行光源、透镜、光具盒。
学生实验器材:光具座及附件、圆底烧瓶、烧杯和水。

六、教学媒体的应用分析

	媒体类型	媒体内容要点	教学作用	使用方式	使用时间	备注
媒体的选择	平行光源、凸透镜、光具盒	凸透镜对光的会聚作用	A. 提供事实,建立经验	F. 演示—讲解—总结	3分钟	
	凸透镜、光具盒	利用凸透镜产生平行光	C. 举例验证,建立概念	A. 设疑—演示—讲解	2分钟	
	凹透镜、光具盒	凹透镜对光起发散作用	A. 提供事实,建立经验	A. 设疑—演示—讲解	2分钟	
	① 媒体在教学中的作用分为:A. 提供事实,建立经验;B. 创设情境,引发动机;C. 举例验证,建立概念;D. 提供示范,正确操作;E. 呈现过程,形成表象;F. 演绎原理,启发思维;G. 设难置疑,引起思辨;H. 展示事例,开阔视野;I. 欣赏审美,陶冶情操;J. 归纳总结,复习巩固;K. 其他 ② 媒体的使用方式包括:A. 设疑—播放—讲解;B. 设疑—播放—讨论;C. 讲解—播放—讨论;D. 讲解—播放—举例;E. 播放—提问—讲解;F. 播放—讨论—总结;G. 边播放、边讲解;H. 边播放、边议论;I. 学习者自己操作媒体进行学习;J. 其他					

七、教学过程设计

教学阶段	教学内容	教师活动	学生活动	设计意图	时间
一、新课导入		提问：晴朗的夏天人们是早晚给花草、树木浇水，而不是正中午浇水，为什么？结合学生回答指出水珠对光有会聚作用并引入新课。	认真思考，并且提出猜想。	结合实例引出会聚作用，激发学生的求知欲望。	2—3分钟
二、新课教学	透镜的分类 主光轴和光心的概念 凸透镜对光的会聚作用 光路图的画法 焦距、焦点的概念。	1. ① 介绍什么叫做透镜、凸透镜、凹透镜、薄透镜。 ② 介绍透镜的主光轴和光心。 ③ 演示：让平行光束沿主光轴方向射向凸透镜。 实验表明：凸透镜能使跟主光轴平行的光线会聚在主光轴上的一点，这个点叫做焦点。凸透镜两侧各有一个焦点，焦点用符号 F 表示。 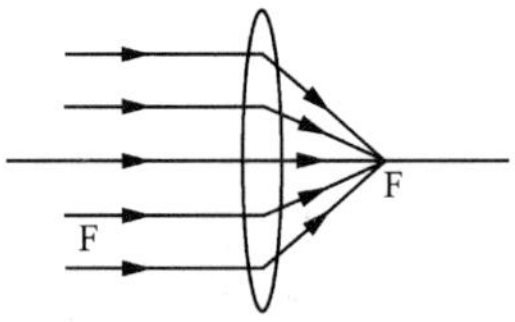 （教师根据实验观察到的现象画图，如图所示。教师指出焦点到凸透镜光心的距离叫做焦距，如凸透镜两侧的两个焦距相等。焦距用符号 f 表示。接着教师告诉学生，凸透镜对光线有会聚作用，所以也叫会聚透镜。）		锻炼学生的观察能力的同时帮助学生更好地理解相关概念。	6—8分钟

(续表)

教学阶段	教学内容	教师活动	学生活动	设计意图	时间
	光路可逆性（凸透镜产生平行光的实验）	2. 提问： 在折射中光路是可逆的，那么从焦点发出的光射向凸透镜后将怎样传播？ 演示： 我们所看到的平行光源实际上是用如图所示的装置，让焦点发出的光射向凸透镜后变为平行光。	仔细观察演示实验，总结实验结论。 实验结论： 从凸透镜焦点射向凸透镜的光，通过凸透镜后变为平行光。	锻炼学生的逆向思维能力。	4—6分钟
	焦距测量的方法。	3. 提问： 如何判断一个透镜是凸透镜还是凹透镜？如何测出凸透镜的焦距？	动手实验，找出盒中的凸透镜并测出焦距。	培养学生实验动手能力。	4—6分钟
	凹透镜对光的发散作用	4. 提问： 让平行光束沿主光轴方向射向凹透镜后将怎样传播？ 演示：让平行光束沿主光轴射向凹透镜。 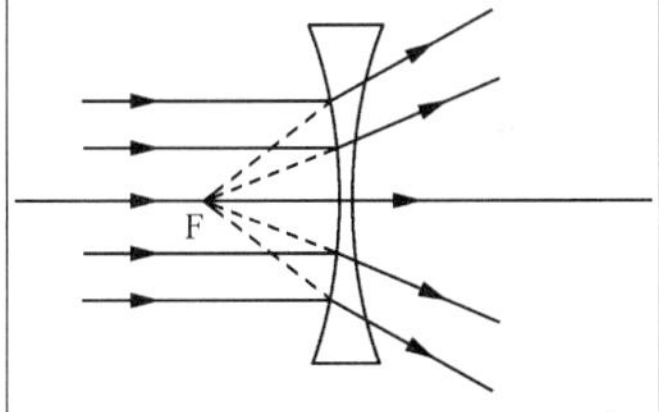 教师根据实验观察到的现象，画出光线通过凹透镜光路图，同时画出折射光线的反向延长线。从图可以看出折射光线虽然不相交，但它的反向延长线相交在主光轴上的一点，这点叫做凹透镜的焦点，由于它不是实际光线的会聚点，所以叫虚焦点。	观察演示实验，并总结实验结论。 实验表明：平行光束沿主光轴方向射向凹透镜，经凹透镜后的光变得发散。	锻炼学生观察总结的能力。	10—12分钟

(续表)

教学阶段	教学内容	教师活动	学生活动	设计意图	时间
	凸透镜和凹透镜对光的折射作用（三棱镜的折射实验）	5. ① 让一束光射向三棱镜，观察最后射出的折射光线向什么方向偏折？ ② 让学生根据光的折射的规律画出光束通过棱镜的光路图。 ③ 启发学生可以将凸透镜和凹透镜看成由棱镜组合成的。	1. 画出光束通过棱镜的光路图。 2. 猜想实验：一束光射到圆柱形透镜上，折射光怎么偏折。	帮助学生进行知识迁移，更好地理解应用所学知识。	8—10分钟
三、课堂小结	两种透镜的区别。	1. 凸透镜对光线有会聚作用，凹透镜对光线有发散作用。 2. 透镜的光心、光轴、焦点、焦距。	对比总结两种透镜对光的不同作用。	帮助学生对知识形成完整的体系。	2—3分钟
四、巩固练习		1. 如何判断一个透镜是凸透镜还是凹透镜？如何测出凸透镜的焦距？ 2. 思考：如何测量凹透镜的焦距？	回答并小组讨论。	巩固加深学生对课堂知识的理解。	5—7分钟
五、课外活动		利用保鲜袋和水制作水透镜。	利用所学知识拟定设计方案。	培养学生运用新知识的能力。	

教学媒体选择分析表			
媒体类型	选择依据	媒体作用	媒体使用评价或改进建议

实践活动二:教学媒体选择实践

在对上面的教学设计案例中的媒体选择进行了分析之后,请你亲自动手实践一下在教学设计的过程中,如何选择与运用各种教学媒体吧。你同样可以以上面提供的这份教学设计案例为蓝本,根据你自己学到的知识,设计一下其中的教学媒体部分。

1. 教学媒体要求的描述

2. 教学媒体选择的流程

你选用的教学媒体选择决策模型是	☐ 问卷表　☐ 矩阵式　☐ 算法型　☐ 流程图
教学媒体选择的具体流程示意图	

3. 教学媒体选择的影响因素分析

备选媒体 实际因素	教科书	模型	照片	挂图	投影	幻灯	录音	电影	电视	录像	计算机	互联网
能够得到												
制作成本												
复制费用												
准备实践												
技能要求												
设施要求												
维护要求												

4. 教学媒体运用设想的阐明

知识点	学习目标	媒体类型	媒体内容要点	教学作用	使用方式	占用时间	媒体来源

模块二　学习环境设计

理论学习

伴随着现代信息技术的发展，人们对媒体的本质、媒体的使用方式、媒体角色与作用、媒体对教学与学习方式的支持、媒体对教学的影响等各种问题上的看法都产生了改变。传统教学设计中的媒体选择也开始逐渐过渡到了对学习环境的设计。

一、信息化学习环境

学习环境指的是一种面对面的发生在学生与学习资源交流的学习过程。学习环境设计是创立一种教学设计，使其能产生有效的、积极的学习环境。学习环境作为学习活动的承担者和教学设计的结果，主要隶属教育与培训范畴，是以学生学习为主而不以教师教授为主的教学过程。因此，它强调学生的自我认识与自我提高。

随着信息技术的普及，信息化学习环境越来越引起人们的关注。所谓信息化学习环境,即学习者在追求学习目标和问题解决的活动中可以使用多样的信息工具和信息资源并相互合作和支持的场所。它以丰富的学习资源和认知工具支持学习者在交互中建构个人意义,去探索、发现和建构知识。

信息化的学习环境,也就是数字化的学习环境。这种学习环境,经过数字化信息处理具有信息显示多媒体化、信息网络化、信息处理智能化和教学环境虚拟化的特征。信息化学习环境的基础是多媒体计算机和网络化环境,其最核心的功能是数字化的信息处理。李克东认为信息化学习环境包括设施、资源、平台、通信、工具几部分,如图04-02-01所示。①

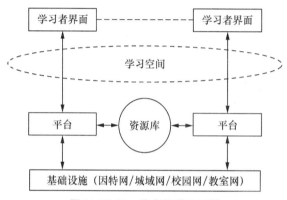

图 04-02-01 信息化学习环境

1. 基础设施

信息化学习环境中的基础设施主要包括多媒体计算机、多媒体教室网络、校园网络、因特网、微格教室、语音室、电子阅览室等。这是进行信息化教学与学习的基础,是信息化进一步建设和发展的必要物质条件,其核心是计算机及计算机网络。

2. 学习资源

信息化学习环境中的学习资源都是经过数字化处理、可以在多媒体计算机上或网络环境下运行的、可被学习者利用的多媒体材料。它能够激发学生通过自主、合作、创造的方式来寻找和处理信息,从而使信息化学习成为可能。信息化学习资源是信息化学习的关键,它使学习从依赖传统的教科书扩展到各种形式的多媒体电子读物、各种类型的网上资源、网上教程等,从而扩展了学习空间。

信息化学习资源包括数字视频、数字音频、多媒体软件、CD-ROM、网站、电子邮件、在线学习管理系统、计算机模拟、在线讨论、数据文件、数据库,等等。信息化学习资源可以通过教师开发、学生创作、市场购买、网络下载等方式获取,它除了具备一般信息资源的属性如依附性、转换性、传递性、共享性、时效性、增值性、有用性、可选择性等以外,信息化学习资源还具有信息形式的多样性、信息获取的便捷性、信息的交互性、内容的丰富性与扩展性等特征。

---

① 李克东:《数字化学习——信息技术与课程整合的核心》,电化教育研究,2001.(8,9)。

3. 平台工具

信息化学习平台与工具主要有认知工具、交流工具、问题解决与决策工具、效能工具、支持评测工具等。认知工具是指可以帮助学习者发展各种思维能力的工具，比如概念地图工具、几何画板、微型世界、虚拟实验工具、专家系统，等等。交流工具则可以支持师生之间和学生之间实时和非实时的沟通，除了传递教学信息外，还有支持情感学习目标的意义。在网络系统上，特别是互联网上有许多支持人际交流的软件工具，如异步通信工具 E-mail，同步通信工具 Chatroom(聊天室)、留言板、视频会议系统等。

问题解决与决策工具对于培养学生的创新能力具有重要意义，问题解决和决策一般包括问题的确定和权衡、资料搜集加工、寻求帮助和合作、得出研究结果。一般来讲，问题解决与决策工具是一套灵活性很强的方案和程序，以模板的形式出现，它需要综合许多工具，如问题表征工具、信息搜索工具、数据库工具、交流工具、标准参照工具、评估工具、在线答疑系统平台等。

效能工具是指帮助人们提高工作效率的工具。典型的效能工具有字处理软件、制图工具、搜索引擎，等等。显然，让学生使用这些软件工具来写作业、做课题设计、进行数据处理等，可以大大提高他们的工作效率，节省大量时间；教师也可以随时观察他们的学习过程，及时指导。当然，很多支持学习的工具性软件并不只具备一方面的功能。例如数据库软件既可以作为效能工具，又可以作为认知工具使用。支持评测工具主要是用来给学习者提供测试以及评价依据的工具，比如自主测验型、挑战型、游戏型等工具等。

4. 信息通信

通信是实现远程协商讨论的保障，用来保证信息的传输流畅，它主要包括各种网络传输介质、通信设备以及邮政、通信部门提供的各种服务等。网络传输介质主要有同轴电缆、双绞线、光纤等；通信设备主要有手机、电话、传真机等信号发射与接收设备；邮政、通信部门提供的服务主要有邮件的投递，通信设备的维修与更新，通信网络的建设、维护、更新与修复等。

以计算机及计算机网络为核心的信息化学习环境与传统学习环境相比，具有不可比拟的优势，主要体现在以下几个方面。(1) 环境的开放性：主要表现在时间上，任何时候我们都可以借助网络来进行学习；在空间上，任何人都可以在任何地点通过网络发布信息、查找信息，与他人进行交流，从而为学校和教室提供与外部世界相联系的通道。(2) 资源的共享性：信息化学习环境为学习者提供各种软件与硬件资源的条件，尤其是上传到 Internet 上的学习资源，可使全球的学习者一起使用，可实现最大范围的共享。(3) 学习界面的人本性：信息化学习环境为学习者提供了丰富的学习资源，为学习者展现可以个性化选择的学习界面，学习者可以根据自己的喜好进行选择。(4) 学习过程的合作性：信息化学习环境为学习者提供进行远程协商讨论通信手段，方便学习者、教师、专家等人员之间的交流与合作，使远程合作成为可能。(5) 知识学习的重构性：信息化学习环境为学习者提供进行知识构建、创造实践，解决问题的学习工具。

信息化学习环境使学习内容和资源的获取具有随意性。在信息化学习环境下，学习者和教师就能够在网络和资源库上获得所需的课程内容和学习资源。学习者可以不受时空和传递呈现方式的限制,通过多种设备,使用各种学习平台获得高质量的课程相关信息,可以实现随意的信息传送、接收、共享、组织和储存。

信息化学习环境使学习内容更具实效性。在信息化学习环境中,教师和学习者能够充分利用当前国内、国际现实世界中的信息作为教学资源,并融入课程之中,让学习者进行讨论和利用。这种以现实为基础的信息利用,将有助于学习者会发现知识,加深对现实世界的理解。

信息化学习环境使学习内容探究具有多层次性。数字化资源具有高度的多样性和共享性,把数字化资源作为课程内容,对相同的学科主题内容,教师和学习者可以根据自己的需要、能力和兴趣选择不同的难度水平进行探索。

信息化学习环境使学习内容更具可操作性。在将共享的信息化资源融合在课程教学过程中,这些学习内容能够被评价、被修改和再生产,它允许学习者和教师用多种先进的数字信息处理方式对它进行运用和再创造。

信息化学习环境使学习内容具有可再生性。经数字化处理的学习内容能够激发学生主动地参与到学习过程中,学习者不再是被动地接受信息,而是采用新颖熟练的数字化加工方法,进行知识的整合、再创造并作为学习者的学习成果。信息化学习的可再生性,不仅能很好地激发学生的创造力,而且为学生创造力的发挥提供了极大的可能。

二、多媒体学习环境

多媒体学习环境是两种最典型的信息化学习环境之一。多媒体技术与单一计算机或任何其他一种教学媒体相比,具有优异的性能——集成性、控制性和交互性。利用多媒体技术可以建构多种新型学习环境,无论建构何种学习环境,首先当然要建设一定的硬件基础。目前多媒体学习环境的硬件构成一般以多媒体计算机系统为核心,由投影仪、电视机、视频展示台、银幕、影碟机(VCD 或 DVD)、录像机、音响设备等多种教学设备共同组成。其系统结构框图如图 04-02-02 所示。

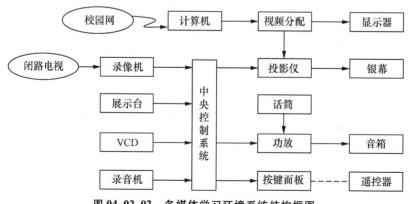

图 04-02-02 多媒体学习环境系统结构框图

该系统与校园计算机网、闭路电视网连接,系统中的多媒体计算机不仅发布各种教学信息,还可以作为中控系统的操作平台。各种不同类型的教学资源通过相应媒体送入中央控制系统,然后通过计算机软件界面或桌面按键面板或遥控器进行操作控制,完成各种信号之间的切换,实现对视音频设备的全面控制。在这个多媒体系统中,教师能通过直观、简便的操作,以人机对话的方式调用各种教学资源。

1. 多媒体学习环境的基本类型

多媒体技术应用的不同模式、不同范围产生不同的学习环境,它们具有一定的共性,都较传统学习环境更符合人类学习的规律,而它们又适用于不同的学习模式。下面我们从多媒体教学应用的三种基本方式来说明建构两种不同的新型学习环境。

(1) 课堂讲授式学习环境

在多媒体课堂教学环境下,要注意设计教师的课堂活动角色,改变教师传统的"主讲"地位,使其真正发挥"主导"作用;要设计学生的参与活动,使其成为课堂学习环境中的真正主体,避免仅将课堂教学软件当做一种教师讲课的辅助工具。这就需要在教学软件的制作及应用中,充分发挥多媒体技术优势,让学生更大限度地、主动地参与其中,而教师给以适当及时的引导、纠正及进行合理的教学组织活动,如组织小组讨论、竞赛游戏等,使学生告别传统课堂教学中的灌输式、填鸭式的被动学习环境。

(2) 个别化自主学习环境

这种环境对教学软件相对于上述课堂教学中主要供教师控制使用的"课件"来说要求要高,应该是一种既符合学科特点又符合学习者的认知过程、认知特点和认知规律的"学件"。这就要求在软件设计中尤其要注意交互性与可控性的体现并包含一定的教学策略。比如学生要能按其能力和兴趣选择学习内容,计算机根据学生执行情况提供适当内容进度,并使学生得到关于学习效果的及时准确的反馈和所需帮助。此外,指导者的组织引导也不可少,否则过于"自主"的环境反而会产生消极影响。

2. 多媒体学习环境使用的注意事项

教师在多媒体学习环境中进行教学,除了熟练掌握各种设备的操作以外,还应注意改变使用单一媒体进行教学的方式,根据教学内容和媒体的教学特性选择和控制教学媒体。

(1) 根据教学内容选择教学媒体

对于课堂教学而言,并不是多媒体计算机辅助教学就可以代替其他一切教学媒体的教学效果,也不是只要采用多媒体计算机辅助教学就可以提高课堂教学质量,而应该根据教学目标、教学内容、教学对象和媒体的教学特性选择教学媒体。例如对有的图片,既要考虑整体效果,又要考虑突出局部,何不用视频展示台而一定要制作成 CAI 课件呢!用某一种媒体就能充分表现教学内容就不一定要用多种媒体来画蛇添足,费时又费力,教学效果并非能达到预期的目的。

(2) 恰当熟练地操作各种教学媒体

多媒体教学系统具有多种教学媒体,教师必须熟悉和了解各种教学媒体的教学特性和教学功能,熟练掌握教学媒体的操作程序和多种媒体之间的切换方式。教师在上课前,必须认真检查所用教学媒体是否能正常工作,是否准备或安装好了教学软件和相应的应用工具。在呈现教学信息时,每屏信息呈现的时间,必须考虑对学生的刺激作用,呈现时间的长短直接影响到刺激作用的效果。呈现时间太长,学生会产生视觉疲劳,降低学生的注意力,降低刺激作用的效果,学生会失去兴趣。呈现时间太短,学生缺乏思维过程,缺乏信息处理加工时间,难以作出反应。

利用多媒体技术建构新型学习环境,既是现代社会发展的产物,也是现代社会发展的需要。当然,新型学习环境的建构并不仅仅依靠多媒体技术。如前所述,要综合地全面地考虑构成环境的各个因素。要全面彻底地转变教育观念,从教育学、心理学等多方面加强学习理论的研究,加强对一切学习资源的丰富与管理,提高各种媒体技术水平,研究发展人工智能技术……这些都是建构现代化新型学习环境不可缺少的组成部分,需要教育技术工作者和全社会的共同努力。

三、网络化学习环境

信息化学习环境的另外一种表现形式就是网络化学习环境。网络化学习环境,就是在学习环境下引入网络因素。网络化学习环境首先必定使用多媒体计算机,它被包含于计算机学习环境中;其次,网络可以是互联网(Internet)或局域网(LAN),可以以远程形式进行,也可以在教室中进行。与多媒体学习环境相比,网络化学习环境引入了网络的特点,使其成为一场学习的革命。一个网络化学习环境通常由一定的硬件基础设施和相应的软件系统共同构成。

目前网络化学习环境的硬件还多以地网(Internet 和学校校园网)为主,采用地网与天网相结合的方式来实现网络学习的功能。天网主要由地面卫星接收系统和卫星接收机组成,确保及时接收某波段的视频课程信号,以及保证视频信号质量稳定。地网是网络学习硬环境的构成重点,主要由接入模块、交换模块、服务器模块等构成。其中,接入模块采用适宜的宽带网络技术接入,提供传输线路,使学习者能够以多种方式访问网络资源,从而达到学习的目的,其主要设备是集线器、路由器和访问服务器等;交换模块是整个网络连接与传输的核心,形成整个网络的骨干;服务器模块主要负责信息的收集、储存、发布,它们是对外提供学习信息服务的主要实体,目前常见的有 Web 服务器、Ftp 服务器、e-Mail 服务器、DNS 服务器、数据库服务器等。

网络化学习环境的软件系统则可分为保证网络学习环境正常运行的基础软件和网络学习系统两部分。网络化学习环境的基础软件包括系统平台、Web 程序开发工具等。系统平台为用户提供了一个良好的交互界面并有效地控制和组织着计算机内各种硬、软件资源,起着连接计算机与用户的接口作用。网络学习系统则由网络教学系统、基于网络的资源库系统、网络学习评价系统、交流与合作系统、辅助工具和网络学习管理系统等几个部分共同构成。

一个优秀的网络化学习环境中的网络教学系统不仅支持良构领域的知识学习,而且还提供了不规则的实例变化的情境,多种的知识表征方式以便于学习者理解和应用非良构领域的知识,解决实际情境中的问题。它的资源库系统则提供了为支持学习活动专门设计的网络课程、优秀的教案、媒体素材、网络图书馆等,网络学习评价系统则包括各类题库及非测验性的评价体系等,按某些标准对学习者某一学习阶段的绩效作价值判断。

一个优秀的网络化学习环境中的网络教学系统还应该具备优良的交流与合作功能,以实现网上的实时或非实时的沟通。此外,它还应该带有各种辅助工具,如文字处理工具、网页编辑工具、信息搜索引擎等,通过多种常用工具的组合运用,实现特定的功能,促进学习者对知识的有效建构。当然,网络学习管理系统也是网络教学系统的一个重要组成部分,它可以实现实时和非实时交互学习模式下的管理功能,为学习者提供了通过网络进行报名、注册、选课、预约考试、答疑、辅导、成绩查询等自动管理功能。

网络化学习环境将传统课堂教学的师生单一平面式交互发展到网上的师生之间、学习者与网络之间、学习者与学习者之间的三维立体式的交互模式。网络化学习环境使学习者、教学者充分利用了互联网。利用互联网内容丰富、信息量大的特点,在教学上实现横向与纵向的延伸,使教与学不再受时空的限制,既能帮助学习者提高自己的综合素质与技能,又有利于开放式教育模式的实现。

在网络化学习环境下,学习者通过自行使用网络,浏览教师精心设置的各种文字、图像、声音和视频教学资料,初步形成知识架构,并通过和其他同学的讨论以及接受教师的个别辅导,来巩固所学知识,这充分体现了学习者自主学习的主体地位,教师角色转换为辅导、启发和控制,起着主持人的作用。

在网络化学习环境中,学生之间的相互讨论,相互学习,相互争论,有利于他们的合作能力的培养,找到适于自己的学习伙伴进行合作化学习,这克服了大班教学中的种种局限。同时,在虚拟的网络化环境中教学者与学习者处在更加平等、和谐的地位,为学习者提供了更轻松的心境去面对问题,给发挥自我想象提供了更广阔的空间。

网络化学习环境中信息丰富,容量大且不囿于教材,广阔的知识领域更有利于学生开放思维,打破课本的局限,又可以在书本知识的基础上有所创造。在网络化学习环境中,学习者可以通过丰富的学习资料以及各种工具,在学习上更容易实现自助,更有利于提高自己的自学能力。

网络学习环境下的学习活动分为三个种类。第一种是知识学习,它包括对概念、规则、定律等内容的学习。网络学习环境下的知识学习活动具体可分为:浏览、搜索、交流、生成、评价等五种。第二种是问题解决的学习,问题解决的学习一般来讲有四个阶段,即问题表征、方案设计、尝试解答、评价结果。第三种是策略的学习,策略学习的过程就是学会学习的过程,学会学习的过程也就是在学习过程中恰当运用学习策略的过程。

在达菲(Thomas Duff)和乔纳森(David Jonassen)合编的《建构主义与教学技术》一书中,他们提出了从"过程取向"着眼设计建构主义学习环境的一组启发式,称之为3C,即情境(Context)、合作(Collaboration)和建构(Construction)。[①] 首先,建构主义学习环境设计应关注知识的建构;其次,应创设有意义、真实的学习情境并运用他们已建构的知识;第三,学习者之间、师生之间应协同努力,教师应担负其指导与督促的作用而不是一个知识的供应商。这同样可以用于指导网络化学习环境设计的实践。

在实际教学中,教师要学会针对不同的教学内容和目标选择创设不同的网络化学习环境。常见的网络化学习环境有适合于个别化学习的以 CAI 网络为基础的电子阅览室、适合于合作学习的多媒体计算机网络教室、适合于资源共享的开放式的学校闭路电视系

[①] T. M. Duffy and D. H. Jonassen (eds.). Constructivism and the Technology of Instruction: A Conversation. Hillsdale, N. J.: Lawrence Erlbaum Associates, Inc. 1991.

统、校园计算机网络系统以及基于Internet的远程教学系统等。

目前随着信息技术的发展,虚拟现实技术已经取得了长足发展,并对网络化学习环境的创建产生了重要影响。虚拟现实技术源于计算机仿真,实现了一种人可以进入其中的并产生互动的仿真场景和充盈着多维信息的可操纵空间。虚拟现实技术教育应用的显著功能之一就是使网络化学习环境具有虚拟现实特性,创设了基于客观世界的仿真学习环境,又超越时空限制。学习者沉浸于仿真的学习场景中,不仅是场景的观察者,而且也是事件的参与者,并与不同类型的信息发生交互,与各种仿真物接触,进行全新的认知体现和行为实践。

建构主义理论强调学习过程以学习者为中心,学习者是知识意义的主动建构者,知识是学习者在真实任务情境中借助于他人(助学者或学习伙伴)的帮助,如人与人之间的合作、交流等,利用必要的学习资源,实现意义建构的过程。建构主义理论使虚拟现实技术应用于教育有了强有力的理论支撑。仿真的任务情境是实现有效学习的保证,学习者通过亲身经历,将所学的知识、技能加以实践运用能加速知识的内化和外化的进程并巩固所学的知识。

网络化学习环境结合了网络技术与虚拟技术、BBS、Newsgroup、Chat、Blog等一些精典的虚拟学习工具,支持实时或非实时的交流、沟通。而网上虚拟学社、虚拟教室、虚拟实验室等都是随着信息技术的进步而更进一步发展的常见的网络虚拟学习环境,学习者置于其中如同身处三维空间的现实世界并以感官与之发生交互作用,得以身临其境的体会各种社会生活场景和模拟场景,实现真正意义上的从"做中学"。

人工智能也是网络化学习环境创设中一个很大的研究领域,运用在教学中形成智能辅助教学系统,因而具有与人类优秀教师相媲美的功能:可以了解学生的学习能力、认知特点和当前知识水平;能根据学习者特征采用不同的教学内容和方法,并可进行针对性的个别指导;学生可以运用自然语言与"计算机导师"对话,这样就完全克服了远程教学中师生之间的物理距离,有利于更大程度的发挥远程教育的优势,促进教育信息化,满足人类终身学习的要求。

计算机信息系统、通信系统和大众传播系统一体化的发展,使未来学习中的教材、教室等许多概念突破时空的局限,在内容与形式上发生质的飞跃,比如电子出版物、虚拟教室的普遍使用,网上终身教育的实现,等等。这些为传统意义上的学习赋予了全新的概念。未来学习环境自然就是适应这种学习所需的全面高效的环境。它将是以信息高速公路为基础而形成的一个开放式多媒体综合的环境,在这样一个信息量极为丰富,学习者有很大自主权的学习环境可以使学习效率成倍增长,有利于培养未来社会所需的新型人才。

实 践 活 动

实践活动一:认识信息化学习环境

□ 认识"几何画板"工具

"几何画板"软件是由美国 Key Curriculum Press 公司制作并出版的几何软件,它的全名是"几何画板——21 世纪的动态几何"。它是一个适用于几何(平面几何、解析几何)教学的软件平台。它为老师和学生提供了一个探索几何图形内在关系的环境。它以点、线、圆为基本元素,通过对这些基本元素的变换、构造、测算、计算、动画、跟踪轨迹等,它能显示或构造出其他较为复杂的图形。

"几何画板"是一个"个性化"的面向学科的工具平台。这样的平台能帮助所有愿意使用技术的老师在教学中使用技术,也能帮助学生在实际操作中把握学科的内在实质,培养他们的观察能力、问题解决能力,并发展思维能力。可以认为,类似"几何画板"这样的平台代表着教育类工具软件的一个发展方向。

目前,很多网站都提供"几何画板"软件及使用教程下载功能。比如,从网站 http://218.4.56.235/wyyd/gjj/SXSH/ruanjian/jhhb/jhhb_jc.htm(提取时间:2007-7-12)就可以下载"几何画板"软件及使用教程。

从因特网上下载一个可免费使用的"几何画板",根据它所提供的教程练习使用,并思考以下问题:

☐ 这个软件的主要功能有 _____
_____
_____

☐ 它的主要特色有 _____
_____
_____

☐ 我能用它来做 _____
_____
_____

☐ **认识一个网络教学平台——以 Blackboard 为例**

Blackboard 在线教学管理平台是目前市场上唯一支持百万级用户的教学平台,拥有美国近 50% 的市场份额。全球有超过 2 800 所大学及其他教育机构在使用 Blackboard 的产品,其中包括著名的普林斯顿大学、哈佛大学、斯坦福大学、西北大学、杜克大学等。Blackboard 学习系统的研发工作投入了数千万美元,此系统已经发展到第三代,目前仍然在持续投资完善产品,以提升产品功能满足用户不断增长的需求。

Blackboard 在线教学管理系统以课程为中心集成网络"教"、"学"的环境。教师可以在平台上开设网络课程,学习者可以自主选择要学习的课程并自主进行课程内容学习。不同学习者之间以及教师和学习者之间可以根据教、学的需要进行讨论、交流。Blackboard 为教师、学生提供了强大的施教和学习的网上虚拟环境,成为师生沟通的桥梁。

Blackboard 学习系统平台是一款功能广泛、使用方便的电子教学软件平台,它不仅提供了一个课程管理系统,还通过 Blackboard 学习系统平台提供了一个在线社区,为教师与学员之间的交流提供了方便,让学生的在线学习和生活紧密地联系在一起。Blackboard 学习系统平台是集声音、图像及文字为一体的多媒体教学平台,还可以帮助教师实现在线授课、测验、与学生的交流、检查作业的功能,更有效地提高教学质量。

Blackboard 学习系统平台设置了一个试用平台,地址为:http://www.learn.edu.cn/(提取时间:2007-7-21)。请登录这一试用平台,并逐一试用其提供的各项功能,亲身体验一下网络技术支撑的教育与学习环境与传统环境的区别,并把你的感想写在下面。有关 Blackboard 学习系统平台的功能介绍与使用帮助你可以参考平台网站上提供的用户手册。

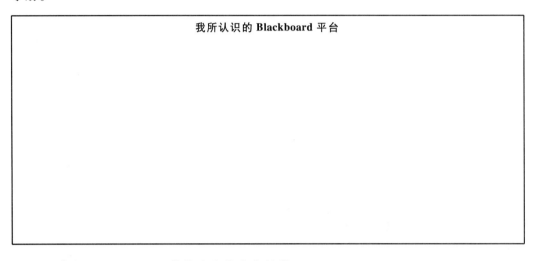

□ 魔灯(Moodle)——带你走向信息化教学

Moodle 最早是由澳大利亚教师 Martin Dougiamas 博士开发的一款开源网络教学管理平台。为了帮助中国教师们更容易理解和称呼 Moodle,国内学者将其翻译为:魔灯。正如 Google 的中文译名"谷歌",蕴含"丰收之歌"的含义一样,"魔灯"则隐喻着"教师是课堂上的真正魔法师,而 Moodle 则是他手中的那盏阿拉丁神灯"。

正如英特尔公司首席执行官贝瑞特博士在"英特尔未来教育"项目中指出的那样,计算机并不是什么魔法,教师才是真正的魔术师。"魔灯"将会为广大的师生带来许多许多惊喜,帮助我们更迅速、更便捷地进入信息化学习的新时代。为了对"魔灯"有深入细致的了解和准确全面的认识,看看它究竟能够帮助你做什么,请访问 www.moodle.org 网站了解更多信息。

从 Moodle.org 网站的"Moodle Community"栏目中,你可以发现:Moodle 现在已经在世界范围内产生了广泛影响,魔灯爱好者们已经形成了一个超越国界的魔灯社群。那么就请你首先从 Moodle.org 网站上查阅一下截至目前有关 Moodle 的一些具体统计数据吧!

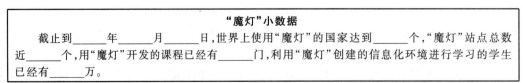

第四单元　教学媒体与学习环境设计

　　较之其他系统,"魔灯"具有以下优势:其一,免费取得、不断更新、快速安装;其二,操作简单、推广容易;其三,支持 SCORM2004 标准汇出汇入,可促进交流与分享;其四,记录学生完整的学习历程;其五,教师可以离线设计好课程,再将课程以"积件"的形式上传到网上;其六,可以有效地进行活动设计,重视培养学生协作学习和研究性学习的能力。

　　"魔灯"之所以具有上述这些优势,是由其强大的功能决定的。Moodle 使用手册详细介绍了 Moodle 具有的各种功能。请从 www.moodle.org 下载 Moodle 使用手册,了解 Moodle 的各种基本功能,并对其进行一个简单的描述。当然,了解魔灯的最好方式还是下载安装一个 Moodle 程序,亲身体验一下!

功　能	描　述

实践活动二:信息化学习环境全接触

□ **掌握多媒体教室**

　　在教师的带领下观摩你所在学校的多媒体教室,仔细观察各种设备与中央控制系统是如何连接的,并对照产品说明书了解各种设备的外部结构、基本功能,以及各接口、键钮的名称、作用以及使用方法,做好详细记录,并填写下表。

设备名称	设备型号	基本功能	使用注意事项
投影仪	索尼 VPL-CX20	现在计算机、视频展示台、VCD、录像机中的内容	切忌关机后立即断电;切忌用镜头盖遮挡画面;切忌带电插拔电缆;

➪ 操作多媒体教学系统

1. 开启多媒体教学系统

   □ 先接通中央控制系统的电源,然后按下控制面板上系统电源开/关键,接通待用媒体设备的电源,比如计算机、投影仪、视频展示台、DVD 机等;

   □ 按下投影仪顶部控制面板、投影仪遥控器面板或系统控制面板上的投影仪电源开/关键,开启投影仪灯泡电源;

   □ 按下系统控制面板上的银幕收/放键,打开投影仪银幕。

2. 播放多媒体信息

   □ 开启待播放的媒体设备,使其工作;

□ 由控制面板上的按键切换待播放的媒体设备的信号。
◇ 启动计算机,使用计算机来播放视频、音频、文字、图形、图像等信息,并将其通过投影仪显示在银幕上;
◇ 对照产品说明书,启动功放、音箱,并通过调音台来进行音频调节;
◇ 对照产品说明书,启动视频展示台,并通过控制面板将信号切换至视频展示台,练习将你准备的一些实物(如课本、手机等)、图片等投影到银幕上,注意各种参数的设置。

按照以上步骤来练习其他设备的使用,比如录像机、影碟机等。

★注意:在使用各种设备前,一定要听老师讲解的使用方法,并对照说明书去操作;要注意爱护各种设备。

3. 关闭多媒体教学系统

□ 按投影仪顶部控制面板、投影仪遥控器面板或系统控制面板上的投影仪电源开/关键,关闭投影仪灯泡电源;

□ 关闭已开启的媒体设备;

□ 按下系统控制面板上系统电源开/关键,让中央控制主机自动延时几分钟后关闭多媒体教学系统的电源。

➩ 撰写实验总结

请在使用多媒体教学系统的基础上,撰写实验总结,并保存到自己的个人文件夹中。实验总结要包括以下几个部分的内容:

□ 在实验过程中你遇到哪些问题,你是如何解决的?
□ 总结多媒体教学系统的特点,包括优点与缺点;
□ 使用多媒体教学系统进行教学时应注意哪些问题;
□ 这种多媒体教学系统适合于开展什么样的教学等;
……

□ **掌握多媒体网络教室**

在教师的带领下观摩你所在学校的多媒体网络教室,仔细观察各种设备及其之间的连接方式,比如,教师机、学生机、交换设备(集线器、路由器、交换机)、打印机、投影仪等之间的连接方式,并做好记录。

➩ **熟悉功能与设备**

教师机 _____ 台;

学生机 _____ 台;

打印机 _____ 台;

交换设备为:□ 集线器 _____ 台;
　　　　　　□ 交换器 _____ 台;
　　　　　　□ 路由器 _____ 台;
　　　　　　□ 其　他 _____

网络连接介质为:□ 双绞线　□ 同轴电缆　□ 光纤　□ 其他 _____;

你参观的这个多媒体网络教室安装的系统软件:

☐ 深蓝易思多媒体网络教室
☐ 星澜多媒体网络教室
☐ 中科蓝光多媒体网络教室
☐ 凌波多媒体网络教室
☐ 红蜘蛛多媒体网络教室
☐ 其他_____；

你参观的这个多媒体网络教室可实现哪些功能：
☐ 教学功能　　☐ 示范功能　　☐ 交互控制功能　☐ 监视功能
☐ 学生控制功能　☐ 分组讨论功能　☐ 电子举手功能　☐ 快速抢答功能
☐ 联机考试功能　☐ 自动辅导功能　☐ 学生管理　　☐ 资源管理
☐ 电子备课　　☐ 课件开发　　☐ 网络练习　　☐ 考试
☐ 教务管理　　☐ 其他_____；

这个多媒体网络教师是否接入了 Internet：☐ 是　　☐ 否
若接入 Internet，其接入方式为：
☐ 通过校园网
☐ 通过 PSTN 公共电话网
☐ DDN 专线
☐ ISDN
☐ ADSL
☐ 无线接入
☐ 其他_____。

⇨ **掌握系统构成**

请使用思维导图软件（比如 Inspiration、Mindmanager、Personalbrain、Brainstorm 等）画出你参观的多媒体网络教室的系统构成图，并将它保存在你的个人学习档案中。

⇨ **学习使用多媒体网络教室**

1. 接通电源，开启多媒体网络教室中的相关硬件设备，比如教师机、服务器、学生机、投影仪、银幕等。

2. 安装多媒体网络教室系统软件，比如，深蓝易思多媒体网络教室、凌波多媒体网络教室等。这些软件可以从 Internet 网上下载或购买相应安装光盘获得。具体安装过程可按软件安装步骤提示来完成。

3. 运行管理者软件，启动多媒体网络教室系统。了解多媒体网络教室系统的主要功能、界面及基本操作。

4. 选择对象进行多媒体教学。在该实验中尽量将该多媒体网络教室系统的各项功能都尝试一下，并能达到熟练操作的要求。

☐ 教学功能
　◇ 屏幕广播　◇ 屏幕监视　◇ 声音广播　◇ 双人对讲　◇ 多人会话
　◇ 声音监听　◇ 影音广播　◇ 网上讨论　◇ 电子画板　◇ 发布消息
　◇ 发布文件　◇ 收取文件　◇ 提交文件　◇ 其他

□ 教学管理功能
◇ 班级模型　◇ 分组管理　◇ 点名签到　◇ 锁定电脑　◇ 黑屏肃静
◇ 电子举手　◇ 拨网线保护　◇ 屏幕日志　◇ 禁止运行　◇ 其他
□ 维护方面
◇ 远程设置　◇ 远程开机　◇ 远程关机　◇ 远程重启　◇ 远程遥控
◇ 电脑信息　◇ 音量设置　◇ 显示分辨率及色彩设置

若你所使用的多媒体网络教室还有其他功能,比如 ＿＿＿＿＿＿＿＿＿＿ 等,请尝试使用。

5. 完成以上操作后,请按正确的操作步骤关闭多媒体网络教学系统,关闭计算机、投影仪、银幕等的电源。

⇨ 撰写实验总结

使用结束后,请撰写实验总结,总结一下你的心得体会,并保存到自己的个人文件夹中。实验总结至少要包括以下几个部分的内容:
□ 在实验过程中你遇到哪些问题,你是如何解决的?
□ 总结多媒体网络教室系统的特点,包括优点与缺点;
□ 使用多媒体网络教室进行教学时应注意哪些问题;
□ 这种多媒体网络教室系统适合于开展什么样的教学等;
……

学习评价

通过本单元的学习,相信你肯定已经对"教学媒体与学习环境设计"有了基本的认识。现在到了检验收获的时候了。那么,就请通过完成下面的这个学习评价表格来看一看你到底学到了什么吧!在评价的时候,不要忘记对照在一开始学习本单元时设定的学习目标哦!

学习内容习得评价			
评价项目与标准	学生自评	小组评价	教师评价
能够使用自己的语言阐释媒体概念的基本内涵,以及各种不同种类的教学媒体的特性与功能。			
能够掌握教学媒体选择的基本程序与方法,并且能够在教学设计的具体实践中运用这些程序方法。			
能够使用自己的语言阐述学习环境的基本内涵,并能够结合具体教学的需要设计各种不同的学习环境。			
充分意识到教学媒体与学习环境在教学中的重要地位,并能在教学中有意识地利用各种媒体与环境。			

（续表）

学习能力发展评价				
	评价项目与标准	学生自评	小组评价	教师评价
自学活动	能针对课程内容进行自学，获得相关资料，形成个人意见或结论。			
小组活动	积极参与小组内的讨论，补充相关资料，形成小组意见。			
班级活动	认真听取其他小组或同学的意见，掌握相应方法，形成最后结论或提出新的问题和见解。			
情感态度	学习动机、兴趣、态度、意志等情感因素都得到发展，在学习活动中能各尽其智并产生成功的喜悦。			
签　名				
综合评定（请在相应等级处打√）：□ 优秀；　□ 合格；　□ 待改进				
个人学习小结				
备注：				

扩展阅读

Cartier, Francis. (1992). Words about Media Selection. Performance and Instruction, v31 n1 pp. 9—12. Jan 1992.

Christina Keller. (2005). Virtual Learning Environments: Three Implementation Perspectives. Learning, Media & Technology, vol. v30, pp. 299—311.

Clark, Francis E.; Angert, Jay F. (1984). Teacher commitment to instructional design: The problem of media selection and use. Educational Technology, 1981, 21(5), 9—15.

David H. Jonassen. (1997). A Model for Designing Constructivist Learning Environment, Proceedings of ICCE97, 1997.

Hakkinen, Paivi. (2002). Challenges for Design of Computer-Based Learning Environments. British Journal of Educational Technology, v33 n4 pp. 461—69 Sep 2002.

Heinich, Robert; Molenda, Michael; Russell, James; and Smaldino, Sharon (1999). Instructional Media and Technologies for Learning (6th ed.). Columbus, OH: Prentice-Hall.

Herrington, Jan; Oliver, Ron. (2000). An Instructional Design Framework for Authentic Learning Environments. Educational Technology Research and Development, v48 n3 pp. 23—48 2000.

Higgins, N. C., & Reiser, R. A. (1985). Selecting media for instruction: an exploratory study. Journal of Instructional Development, 8(2), 6—10.

Mishra, Sanjaya. (2002). A Deign Framework for Online Learning Environments. British Journal of Educational Technology, v33 n4 pp. 493—96 Sep 2002.

Reiser, R. A. (1982). Selecting instructional delivery systems. Viewpoints in Teaching and Learning, 58(3), 40—46.

Reiser, R. A., & Gagne, R. M. (1982). Characteristics of media selection models. Review of Educational Research, 52, 499—512.

Salter, Diane; Richards, Leslie; Carey, Tom. (2004). The "T5" Design Model: An Instructional Model and Learning Environment to Support the Integration of Online and Campus-Based Courses. Educational Media International, v41 n3 pp. 207—218 Jan 2004.

Smeltzer, Dennis K. (1984). INSTAN: A Computerized Media Selection Model. Educational Technology, v24 n12. pp. 26—29 Dec 1984.

Tosti, D. T., & Ball, J. R. A behavioral approach to instructional design and media selection. A V Communication Review, 1969, 17, 5—25.

戴维·H.乔纳森:《学习环境的理论基础》,郑太年等译,上海:华东师范大学出版社2002年版。

贺平:《论学习环境设计的理论基础》,《现代教育技术》,2006.06。

李妍:《乔纳森建构主义学习环境设计理论的系统研究与当代启示》,《开放教育研究》,2006.06。

毛新勇:《建构主义学习环境的设计》,《全球教育展望》,1999.01。

杨开城:《建构主义学习环境的设计原则》,《中国电化教育》,2000.04。

钟志贤:《论学习环境设计》,《电化教育研究》,2005.07。

钟志贤:《论学习环境设计中的任务、情境与问题概念》,《电化教育研究》,2006.03。

钟志贤:《论学习环境中资源、工具与评价的设计》,《开放教育研究》,2005.03。

知识花絮

建构主义学习环境设计大师——戴维·乔纳森

戴维·乔纳森(David H. Jonassen),美国教育技术专家,建构主义学习环境研究的领导者。他早在本科攻读工商管理期间就已对教育技术与教育心理学产生兴趣,1969 年从德拉维尔大学(University of Delaware)获理学学士学位后旋即转攻教育,从事初等教育方面的研究。1972 年,乔纳森从德拉维尔大学获教育学硕士学位后赴坦普尔大学攻读教育技术/教育心理学博士学位,1976 年获教育媒体/教育心理学博士学位。

1976 至 1986 年间,乔纳森在北卡罗来纳大学格林斯博罗分校教育学院执教。其后转赴科罗拉多丹佛大学,担任教育技术学教授与系主任。1993 年至 2000 年间,乔纳森任宾夕法尼亚州立大学教学系统专业教授。2000 年乔纳森转至密苏里大学哥伦比亚分校,担任信息科学与学习技术学院教育心理学专业的杰出教育学教授(Distinguished Professor of Education)。

在数十年的学术生涯中,乔纳森笔耕不辍,著述等身,成果斐然。迄今为止,乔纳森已经发表了 27 本著作和数以百计的文章、论文,他的研究课题涉及视觉文化、认知风格、教学设计、基于计算机的学习、超媒体、建构主义、建构主义学习环境以及认知工具等多个领域。

乔纳森一生获奖无数,三次获得 AECT 颁发的詹姆斯·布朗出版奖(James W. Brown Publication Award),五次获得 AECT 教学开发部颁发的教学开发杰出图书奖(Outstanding Book in Instructional Development)。1992 年,与托马斯·达菲共同获得 AECT 颁发的领域杰出贡献特别奖。2004 年,乔纳森因其在教育技术领域的杰出贡献获得 AECT 颁发的研究与理论卓越表现终身成就奖(Lifetime Achievement Award for Excellence in Research and Theory)。

作为当代美国教学设计领域的领军人物,乔纳森提出了建构主义学习环境设计的理论与模型,有力地推动了教学设计的发展,更是对我国学术界产生了重要影响。建构主义学习环境设计模型以问题解决为主线,提出了一种设计建构性学习环境的框架和方法。在 20 世纪 90 年代之后的研究中,问题解决始终是乔纳森不断追逐和遵循的一条路线,该模型正是他支撑问题解决学习的一种尝试。

CLE 设计模型包含六个基本要素:问题、相关案例、信息资源、认知工具、会话或合作工具和社会或境脉支持。① 其中,问题是整个学习环境设计的焦点和核心,问题的选取和设计是建构主义学习环境设计的第一步,其他五个要素的设计都要围绕着问题进行,如

---

① 李妍:《乔纳森建构主义学习环境设计理论的系统研究与当代启示》,《开放教育研究》,2006.06。

相关案例需要选取与该问题有着相似境脉,问题要素或解决方案的问题及示范性的解决途径,信息资源的选择也取决于具体的问题内容和领域知识。

CLE 模型最主要的目的是能够促进学习者对问题的解决和概念的发展,并让他们以领域内实践共同体成员的学习方式学习某一领域的知识。CLE 模型将目标知识和技能都融会于问题解决之中。因此,学习者在这里需要做的是解释、解决问题或完成一个项目,而不是学习去境脉化的抽象知识。

乔纳森对建构主义学习环境的设计研究自成体系,对教学设计的发展产生了重大影响,被认为是继加涅和梅瑞尔之后教学设计的领袖人物。值得一提的是,80 年代末 90 年代初发生在美国教学设计领域的研究转型引起了各种纷争,在各种批评面前,乔纳森始终坚持教学设计的多元化发展路线并一直走到今天,成为当今教学设计领域的领军人物,反映了其敏锐的学术洞察力和无畏的学术勇气。

第五单元　学习过程与结果评价设计

学习目标

1. 能够使用自己的语言阐述学习过程与结果评价的基本含义,并能够简要复述学习评价发展的几个历史阶段。

2. 了解学习评价的几种基本类型及其功能,并能够结合网络学习的特点阐述网络学习评价的特点。

3. 掌握学习过程与结果评价的几种新方法,并能在实践中根据所面临的不同情况应用这些新方法。

4. 能够意识到学习过程与结果评价在教学设计中的作用,并能在实践中有意识地进行学习过程与结果的评价。

模块一　学习过程与结果评价概述

理论学习

评价理论的发展与人们对评价及其意义的认识逻辑地相关。出于促进学习活动的需要,有关学习的评价理论受到人们的广泛关注,并渐渐成为研究的热点。学习过程与结果评价是指根据教学目标对学生在学习成就上的变化进行价值判断。它是教学设计和教学过程中不可缺少的一个重要环节。

一、学习评价的内涵与发展

评价在《辞海》中的释意为衡量人或事物的价值。这种解释强调了评价的判断性,认为评价是对成绩和价值的判断。当把评价用于课程教学中的学习时,就是所谓的学习评价。国内外的教育研究者对"学习评价"的解释也不尽相同。拉尔夫·泰勒(R. W. Tyler)在"八年研究"报告书中首次提出"教育评价"的概念,并在其中强调了课程的评价,他认为"评价在本质上是确定课程和教学大纲在实际教育目标程度的过程"。① 这个定义强调了评价的目标性,所以我们也常称此评价为"目标中心评价"。

格兰朗德(N. E. Gronlund)认为,评价是为了确定学生达到教学目标的程度,收集、分析和解释信息的系统过程,它包括对学生的定量描述和定性描述两个方面。按照格兰朗德的观点,评价应是包括对测量结果需求程度的价值判断。一个完整的评价计划包括测

---

① 转引自叶澜、吴亚萍:《改革课堂教学与课堂教学评价改革——"新基础教育"课堂教学改革的理论与实践探索之三》,《教育研究》,2003 年第 8 期。

量和非测量两种方法,用公式加以形象表达即:评价＝测量(定量描述)＋非测量(定性描述)＋价值判断。格兰朗德在定义教学评价中突出强调了评价的方法,即定性描述评价和定量描述评价。

斯塔费尔比姆(L. D. Stufflebeam)等人认为:"评价是一种划定、获取和提供叙述和判断信息的过程。这些信息涉及研究对象的目标、设计、实施和影响的价值及优缺点,以便指导如何决策、满足教学效能核定的需要,并增加对研究对象的了解。"[①]此外斯塔费尔比姆还说,"评价最重要的意图不是为了证明,而是为了改进"。这个定义除了强调评价是一种判断的过程外,还强调了评价的最终目标,即评价不仅是证明,更是改进。

通过分析上述教育研究者对学习评价的定义,我们发现人们对学习评价的认识是一个不断加深和完善的过程,拉尔夫·泰勒强调了评价的目标,格兰朗德强调了评价的方法,斯塔费尔比姆更深一步强调了评价的目的。通过对上述定义的分析,我们不难发现学习评价应包括以下几个基本特征:学习评价应有一定的目标为基准;学习评价应用多种评价方法系统地收集被评价者的资料和信息;学习评价的内容应与学习目标相符合;学习评价的最终目的应是使被评价者更好地发展。

由此,我们可以认为:学习评价是一种依据学习目标,对学习内容、学习进展情况、学习结果进行观察、记录、测量,对学习效率做出鉴定和价值判断,并对学习目标进行反思和修订的活动。学习评价是学习活动的重要组成部分,其本质是对学习者通过学习所产生的身心发展变化进行价值判断,与人们平时所理解的考试、测验、测量相比,学习评价是一个更全面、含义更广的术语,它不单纯是收集信息或考试、测量,而是对所收集到的信息(教育测量)和考试的结果进行分析,用以衡量效果和学习者的水平和能力。

学习评价作为学习系统的反馈调节机制,在学习与教育过程中起着重要作用,历来是教育学家和心理学家的重点研究对象。随着教育理论和实践的发展,学习评价也经历了四个不同的发展阶段,即测量时期、目标时期、判断时期和建构时期,前两个阶段注重于量化目标的测量,突出了评价者的作用,在一定程度上忽视了被评价者的主体性,使评价成为一种筛选的工具;后两个阶段强调评价的协商性,被评价者的主体地位得到了体现,使评价成为评价者和被评价者的协商建构,最终通过评价促进学生的发展。

心理测量时期的评价方式发展于19世纪末到20世纪初。在这一时期"测验"是评价的基本方法,记忆性的知识是评价的内容,测验分数是评价的结果。这种评价方式体现了工业化时期的特点,学校如同工厂,学生如同被加工的产品。评价就是对产品的检验。随着统计学、测量技术学、心理学运用于测量领域,这种量化的评价方式也逐步趋于完善。

这种评价方式有其积极的一面,如试卷测试方法具有较强的可操作性和评价的高效性,能迅速为工业化社会输送大批人才,促进社会工业的发展。同时,这种评价方式也存在着严重不足,这种评价方式把被评价者等同于一个简单的产品,把一个思维复杂、内心丰富的人等同于无生命的产品,无疑是错误的。随着社会的发展,社会对人才需求质量的提高,这种评价方式逐渐被其他评价方式所吸收和替代。

---

① 转引自陈玉琨:《中国高等教育评价论》,广州:广东高等教育出版社,第17页。

随着第二次工业革命的兴起,工业化社会逐步走向工业化后期社会,此时社会所要求的人才不再是进行简单重复性的工作,而是要求他们具有一定的创造能力。教育评价专家开始意识到传统的测验只是一种知识重复的检验,并没有反映出学生的高级心理变化,早期的测量评价方式并没有能够反映出学生的创造能力。泰勒认为"评价不应仅是给出一个冰冷的分数,而更应是一个过程,评价的过程不仅要报告学生的学习成绩,更要描述教育结果与教育目标的一致程度"。在这一时期,学习评价开始从过去的测验形式逐渐走向"在一定的教育目标对比下对教学结果描述的过程。"

这种以目标为中心的评价关键是制定一个清晰的、可操作性的行为目标,检验学生达到这个目标的方法不仅可以使用测验,还可以使有观察、问卷、访谈等质性评价方法。这种评价目标的确定性、评价方法的多样性使得评价形式更加科学规范,评价结果也更加客观。但从另一个方面看,它也存在着缺陷,如只是用唯一的目标对学生进行评价,就很容易导致学生为评价而学习,很容易抹杀学生学习的多样性和创新性。所以,目标评价方式虽然强调了多种评价方式的运用,但并没有真正达到全面促进学生发展的目的。

人造卫星上天和人类登上月球标志着另一个新时代的到来。此时的社会已逐渐趋于向多元化方向发展,所需要的人才不再是单一型的,更多的是复合型的。鉴于这种社会要求,教育评价界开始对以目标中心的"目标"提出了质疑。认为如果评价以目标为中心和依据,那么目标的合理性应如何判断?教育除了特定的目标外,学习者在学习中产生的非预期的效果是否也应该进行判断?用唯一的标准去评价学生的学习是否能对学生做出全面的判断?

对于这些疑问,此时期的教育评价者认为评价的目标也需要判断,评价应走出预定的目标限制,过程本身的价值也应当是评价的重要组成部分,如斯塔弗比姆就于1966年提出了CIPP(背景评价,输入评价,过程评价,成果评价)评价模式。这个时期的学习评价强调了学生学习过程的评价,提出了形成性评价的评价观点,这种不仅重视结果性评价,同时更注重于过程性评价的评价观点是学习评价的很大进步。

信息技术的发展有力地推动了社会的进步,促使社会由现代化社会走向信息化社会。信息化社会是一个纷繁复杂、日新月异的社会,这种高速度发展的社会所需要的人才不再是知识积累型的人才,而是要有较强创新性、发展性和适应性的人才。鉴于这样的社会要求,在一元评价标准下产生的人才已很难适应纷繁复杂、日新月异的信息化社会,所以多元性评价方式开始受到更多的关注。

这种评价方式表现为被评价者不再总是接受一种管理,不再限制于一种评价模式,可以通过多元评价标准可以感受到社会的多样性。在学习评价内容上则表现为多种知识都能受到评价;在评价方法上表现为多种评价方法综合使用,质性评价和量化评价相结合,更注重于质性评价;在评价过程中表现为评价者与被评价者协商评价,突出被评价者的自主评价;在评价的目的上逐渐弱化评价的筛选作用,强调评价的发展作用,使评价成为全面促进学生发展的工具。

二、学习评价的类型与功能

按照不同的目的,从不同的需求出发,学习评价可以划分为不同的类型。各种不同类型的学习评价在课程教学中都承担着重要的功能。

1. 学习评价的类型

美国心理学家布卢姆等人根据评价在教学中实施的时间和发挥的作用不同,把学习评价划分为诊断性评价、形成性评价、总结性评价三类,并结合实际对它们进行了系统研究,在教学评价领域产生了很大的影响,我国目前采用并在实践中实施的也主要是这三种评价。下面对这三种评价进行一个简单的介绍。

(1) 诊断性评价

诊断性评价是指在教学活动进行前,为使教学计划能够指导和调整教学进程,使教学状态及时反馈给师生所进行的评价。在教学过程中,教师要想形成一套适合每个学生特点和需要的教学方案,就必须深入了解学生已有的知识、技能的掌握程度,了解他们的学习动机状态,发现他们学习中存在的问题及原因,等等。教师获取这些情况的方法和途径是多样的,其中最常用、最有效的手段之一就是诊断性评价。

诊断性评价的主要用途有三个方面:① 检查学生的学习准备程度。常在教学前如某课程或某单元开始前进行测验,可以帮助教师了解学生在教学开始时已具备的知识、技能程度和发展水平。② 确定对学生的适当安置。通过安置性诊断测验,教师可以对学生学习上的个别差异有较深入的了解,在此基础上经过合理调整使教学更好地适应学生的多样化学习需要。③ 辨别造成学生学习困难的原因。在教学过程中进行的诊断性评价,主要是用来确定学生学习中的困难及其成因的。

(2) 形成性评价

形成性评价是指在教学过程中,为使教学活动效果更好而修正教学运行的进程所进行的对学生学习进展的评价。在教学过程中,通过对学生的表现、态度观察,利用提问或测验获得反馈,考察教学目标的完成情况,以修正、改进后来的教学活动。因此形成性评价又叫学习中评定。

形成性评价主要是在一个单元、课题或新概念、新技能的初步教学完成后进行的。每次测验的内容范围较小,主要是单元内容掌握和学习进步测试。这类评价的主要目的不是给学生评定等级成绩或作证明,而是在确定每一个学生在单元学习中已经掌握和为顺利进行下一步的学习应当掌握的内容,并帮助每一位学生学会那些本应掌握而尚未掌握的要点。

形成性评价侧重于教学的改进和不断完善,是"前瞻式"的。在设计和实施形成性评价时要注意教学的反馈一定要伴随相应的改正程序。例如:为学生提供内容相同但编写形式不同的教材和教学参考书,由几个学生互相讨论和复习有关的教材内容;教师对学生进行个别辅导以及由家长对子女进行辅导,等等,以便使学生为以后的学习做好充分的准备。

(3) 总结性评价

总结性评价一般指在课程或一个教学阶段结束后对学生学习结果的评定。这类评价的主要目的是评定学生的学业成绩,确定学生达到教育目标的程度,证明学生掌握知识、技能的程度和能力水平,以此确定学生在后继教程中的学习起点,预言学生在后继教程中成功的可能性,以及制订新的教育目标提供依据。

总结性评价着眼于学生对某门课程整个内容的掌握,注重于测量学生达到课程教学目标的程度。它是以学生在某个教程或单元所取得的学习成绩进行全面的确定。它的评价项目的概括性水平一般比较高,考试或测验的内容范围较广,而且试题一般包括许多构成该课题的基本知识、技能和能力,评价的次数或频率不多,一般一学期或一学年两到三次。

2. 学习评价的功能

学习评价的功能是多方面的,在不同的条件下或有不同的需求时,它可以发挥其中的某些功能而忽略另一些功能。一般来说,学习评价的功能可以概括为以下几个方面:

(1)诊断功能

通过学期、学年和教程开始之前的诊断性测验,教师可以了解学生的学科知识、技能、能力达到的水平和学习中存在的问题。这是教师设定教学目标、组织教学活动、操纵教学情境、帮助学生达到既定学习目标的基础,也可帮助教师或学校对学生分班、分组。

(2)反馈功能

通过对学生学习的测评,会给学生以肯定的或否定的评价,这就是教学评价的反馈功能。肯定的评价会对学生的学习产生激励的作用,强化其学习的积极性。否定的评价则会使学生产生焦虑,而适度的焦虑可以成为学生努力学习的动因。紧张和焦虑的程度处于中等水平时,学习的进展最好,适度的教学信息反馈有助于保持适当的紧张。

(3)定向功能

研究表明,学生在学习时间和学习力量上的分配,常常受评价标准和测验内容的引导。反映教学大纲和教学目标的测验内容和评价标准,会对学生的学习起定向和引导作用,从而有利于学生的学习,有利于教学目标的实现。

(4)鉴定功能

所谓鉴定,就是指在评价过程中,通过比较、区分和评定等级,对学生学习的结果进行价值判断。对学生学习结果的评价,也正是对学生掌握程度、能力水平或学习水平的一种鉴定。这种鉴定可以作为学生升级、高一级学校选拔新生,用人机构录取工作人员的基本依据,也可以作为教育行政部门评价教师工作质量的依据,还可以作为教育科研人员判定一个教学改革计划是否有效的依据。

(5)教育功能

教学过程中所进行的各种评价,本身也是一种教育活动,它既可以促使学生对所学内容的复习、巩固、归纳和综合,训练学生的基本技能,提高他们运用所学的知识分析问题、解决问题的能力,也有利于学生养成严谨、认真、负责的学习品质和个性特征,同时还可使学生学会评价,通过教师的评价学会对事、对人进行评价的方式并最终学会自我评价。

三、网络环境下的学习评价

随着信息技术的进步,网络化学习环境逐渐成为主流的学习环境之一,网络环境下的学习评价也引起了教育研究工作者和实践工作者们的广泛关注。与传统环境下的学习评价相比,网络环境下的学习评价呈现出以下几个不同特征。

1. 重视对学生学习过程的评价

网络环境下的学习是以学生自主学习为主,强调学生认知主体的作用,学生处于整个教学过程的主体地位,是信息的加工体和意义的主动建构者,而不是外部刺激的被动接受者和被灌输的对象。要想在网络环境下取得学习的成功,学习者必须具备比其他学生更强的独立自主性、统筹规划的能力、锲而不舍的精神,以及探索问题、独立解决问题的能力。

而据相关的研究和调查,我国的学生在整体上呈现出"缺乏独立性、缺乏自主意识、自我控制能力较低"的特征,普遍对网络环境下的学习方式不适应。长此以往,必然会导致学习者自信程度降低,对新环境下的学习产生畏惧。这就需要我们根据学生在学习活动中的各种行为和表现,对其学习过程、学习效果等方面做出相应的评价,以此给学生提供包括计划、调节、约束、暗示、指引、激励和促进方面的学习支持。

2. 重视对所学知识应用的评价

在传统教学的学习中,由于学习环境的限制,学生对所学知识、技能的应用更多地停留在理解的层面上。而在网络环境下,学生就能够对某一问题进行深入全面的探讨,将学到的基本知识、基本技能应用到实际问题的提出和解决中去。因此,网络环境下的学习评价必须要重视对学生知识应用的评价,关注学生在问题解决中的知识理解程度、知识应用水平以及对知识价值的反思,以提高学生的自主探索、主动创新能力。

在网络环境下的学习评价中,教师可以通过面向过程的研究成果、论文、作品、制作等各种方式的评审,综合对学生在诸如学习方式、思维方式、知识整理与综合、信息资料的收集、处理和判断能力的评估,鼓励学习者找出所学东西的实际意义,并提倡学习者创造性地应用信息和知识,以评价切实促进学习者的学习与发展。

3. 重视学生的自我评价和学生互评

在传统教学中,学习评价主要是由教师做出的。这种自上而下的单向评价不能全面、综合地反映学生的发展程度,不利于学生自我评价能力的发展,也不利于学生主题意识的培养和发展。网络环境下的学习评价中除了教师对学生学习过程及其结果进行评价外,还必须要重视学生的自我评价和学生互评。自我评价使学生充分认识自己的长处和不足,发展学生的自我意识,促进学生个性健康发展。而学生之间的相互评价则使学生可以进行横向比较,确定自己学习的优势和不足。

4. 注重对学生的定性评价

传统学习侧重于学生掌握知识的数量和程度,经常运用诸如练习、测验、考试等定性方法收集学生的数据,然后利用数理统计、多元分析数学方法进行处理,提出结论。网络环境下的学习不仅重视学生科学知识的积累,更加强调学生学习能力的培养,包括学习动机、兴趣、认知策略方式等非智力因素的激发、维持与培养,因而体现学生情况的信息就难以用精确的数字信息加以表示,而需要利用描述性的语言对其做定性的评价。这种定性评价可以利用丰富的语言对学生的学习过程和学习结果进行评述,有利于充分体现对学生的人文关怀,也有利于积极发挥学生的非智力因素,从而指导学生全面发展。

5. 注重评价方式的多元性

每一个学生的认知结构、认知方式、个性特征等不同,因此在学习过程中,其认知世界的智力方式就不同,表现在语言、数理逻辑、视觉空间、身体动作、音乐、人际和自我等几个方面的不同发展状况。传统的学习评价用统一的方式对学生进行评价,强调学生学习和思维方式的统一性,这显然掩盖了学生认知方式的独特性,不足以客观公正地对学生做出评价。

网络环境下的学习尊重学生的个体差异,承认学习个体的独立性。因此,其评价也致力于学生的整体性评价,运用除测试之外的多元化评价方式,如:观察聊天室里学生的发言;记录学生在论坛中提出问题和解决问题的次数和质量;对电子作品、网络笔记记录、自我报告等进行评价,给学生以弹性化、人性化的发展空间。这将有利于学生个体性特长的发挥,并在学习过程中产生积极的情感,进而带动学生其他各方面的全面发展。

总之,网络环境下的学习评价是基于建构主义来进行的,在评价过程中被评价者不再被看做简单的产品,而是被看做是一个内心丰富,变化复杂的人。同时,网络环境下的学习评价突出了被评价者的自我评价,强调了评价是以"协商"的形式进行共同建构,体现了评价的民主性。此外,网络环境下的学习评价不再是用单一的目标对被评价者进行评价,而是从多个维度、多种视野对学习者进行综合的评价,即多元评价。在网络环境下的学习评价过程中,单一的量化评价很难实现评价的民主性、多元性和自主性,所以在评价过程中就需要在量化评价的基础上进行质性的评价,只有这样才能真正实现对学生学习的更深层次的综合评价。

实践活动

实践活动一:利用思维导图认识学习评价

思维导图是英国人托尼·巴赞(Tony Buzan)创造的一种记录笔记的方法。托尼·巴赞是世界级的作家。他是一个演讲者,是为政府、商业机构、各行各业、学校提供有关大脑、学习和思维技巧方面信息的顾问,是"思维导图"创始人(图 05-01-01)。正是由于他的努力,思维导图才得以风行全世界,造福了无数的学习者。

图 05-01-01 托尼·巴赞与思维导图

"思维导图"被称为"瑞士军刀"般的思维工具,和传统的直线记录方法完全不同,思维导图以直观形象的图示建立起各个概念之间的联系(如图 05-01-02 所示)。思维导图和传统的记笔记方法相比有较大的优势:(1)它顺应了大脑的自然思维模式,可以让我们的各种观点自然地在图上表达出来;(2)能够加强记忆,因为在图示中通过使用关键词,既可以积极地听讲,又能强迫我们在做笔记的时候就要思考句子的要点到底是什么;(3)激发右脑,因为在创作导图的时候还使用颜色、形状和想象力,这就需要我们充分调动负责抽象思维、直觉、创造力和想象力的右脑。

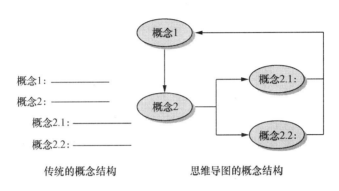

图 05-01-02　思维导图与传统笔记方式的比较

思维导图的具体做法包括三个基本步骤。首先,准备几张白纸和不同颜色的笔,把主题画在纸的中央,主题可以用关键字和图像来表示。所谓关键字,是表达核心意思的字或词,关键字应该是具体的、有意义的,这样有助于我们进行回忆。

然后开始考虑"次主题",也就是在上一层主题下的延伸。在"次主题"后,罗列更为细节的要点。这个时候要注意的是,不要强迫自己用一定的顺序或结构来罗列要点。任何一个要点出现的时候,尽可以自然地将它用"关键字"的方式表达出来,并把它和最相关的"次主题"连接起来。

最后整理思维过程。在完成思维导图后,再用阿拉伯数字把它们标记出来。任何一个"次主题"都要用一种不同的颜色来表示。而且,如果可能的话,要尽可能用图像来表达一个关键字,这可以大大加深记忆。

现在,计算机已经在许多方面取代了"纸+笔",在制作思维导图上,计算机也以它的操作快捷、图像形式多样和容量大的特点显示了其相对于"纸+笔"工具的优势。现在,制作思维导图的软件很多,如 Inspiration、Mindmanager、Personalbrain、Brainstorm 等数十种,这些软件简单易用,各有优缺点,在实际应用中可以根据需要进行选择。请以"思维导图"为关键词检索各种思维导图软件,从中选出最具有代表性的五种,逐一试用,比较它们各自的优缺点,并完成下表。

软件名称	简　介	优　点	缺　点

思维导图在教学和学习中具有多重作用。首先,它可以辅助学生进行头脑风暴的活动。在讨论中,可以由一人担任秘书工作,把整个讨论用思维导图的形式画出来,以引导和激发讨论。学生以小组为单位进行讨论是非常普遍的一种学习方式,然而也同样会出现在讨论中效率不高的现象。要改变这种情况,只有将学生的注意力全部集中到讨论的中心话题上来,而这正是思维导图要解决的问题。同时,利用合适的思维导图软件,还可以及时记录下讨论结果,体现集体思维的成果(图05-01-03)。

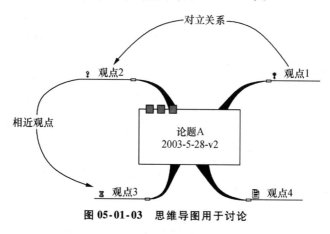

图 05-01-03　思维导图用于讨论

下面,就请以"学习过程与结果的评价"为主题,以学习小组为单位,使用头脑风暴的方法畅谈各自对学习评价的各种理解与认识,在小组讨论中加深对学习评价的认识,并使用某一种思维导图软件,全面呈现在小组头脑风暴中涌现出来的有关"学习评价"的各种观点吧!请把创作的思维导图打印出来,并粘贴在下面的空白处,作为小组活动和集体智慧的见证。

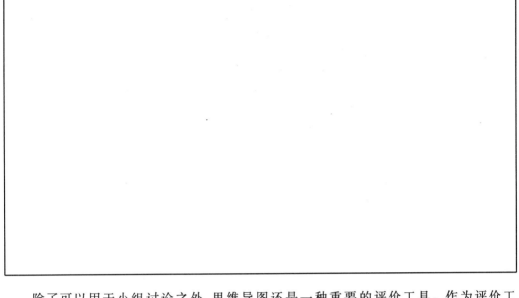

除了可以用于小组讨论之外,思维导图还是一种重要的评价工具。作为评价工具,可以被用于教学活动的不同阶段的教学与学习评价。例如,教师通过观察学生设计思维导图的构图过程,了解其学习进展和内心思维活动的情况,以便给出及时诊断,改进教学与学习。这样,思维导图就是形成性评价的有效工具。

同样,思维导图也可以作为对学习进行总结性评价的工具。与传统的试题测试相比,利用思维导图进行的总结性评价的优点在于思维导图为教师和学生提供的考试结果,已经不仅仅是一个抽象的分数,而是学生头脑中关于知识结构的一种形象化的图示再现,这种形象化的图示再现与传统的试题测验相比,无疑具有更大的魅力。

最后,思维导图还可以作为辅助师生在教学活动中进行反思的工具,促进师生双方对教学与学习的深入反思,尤其是对学生来说更是如此。学生在学习中,通过思维导图的制作、修改、反思和再设计的往复循环,可以不断完善思维导图,逐渐学会反思自己的学习过程,从而学会自我导向学习,提升自己的学习效率与质量,使学习不断步入良性循环的轨道。

目前已经有很多研究文献指出,思维导图是一种很好的评价反思工具。但是,究竟如何去评价思维导图却也是众说纷纭,没有一种统一的方法,也没有一种比较有说服力的方法。诺瓦克(Joseph D. Novak)提出从思维导图的命题、层次等级、交叉连接、实例等四个方面对学生创建的思维导图进行打分,以对其学习结果进行评价。[①] 请利用这种方法,参考相应的评价标准,为上面创作的思维导图打分,并把得分填入得分栏中。

---

① Joseph D. Novak & D. B. Gowin (1984). Learning How to Learn. New York and Cambridge, UK: Cambridge University Press.

评价项目	评价标准	得 分
命 题	联线和连接词有没有表示出两个概念之间的意义关系？这种关系正确吗？对每一个已表明是有意义的正确命题，打1分。	
层次等级	该图有层次等级吗？每一个从属的概念是比它上面的概念更具体和更狭义吗（在用于制作思维导图的材料范围内）？对每个正确的层次水平打5分。	
交叉连接	该图显示了两个概念层次等级之间的意义联系吗？所表明的关系是有意义的、正确的吗？对每一个既正确又有意义的交叉连接打10分，对每一个不能图示一组有关的概念或命题之间的融会贯通关系但又是正确的横向联系打2分。交叉连接能标志创造能力，应该特别注意辨别这种能力，并奖励这种能力的表现。独特的或创造性的联系可以得到特殊的认可，或得到额外的分数。	
实 例	具体的事或物是概念名称的具体体现，对每一个正确实例打1分。（它们不能重复打分，因为不是概念。）	

这种评价方法操作比较繁琐，特别是概念之间的关系比较复杂时，评价比较耗时费力。按照这种方法计分，容易忽略一些重要的概念。另外，这种方法也仅仅适用于等级形式的思维导图。而事实上，思维导图的形式多种多样，如辐射形式、流线形式、网络形式等，等级形式只是其中的一种。因此，有的教育研究人员开始尝试使用其他方法来利用思维导图进行学习评价。

普瑞莫（Ruiz-Primo, M. A.）和萨维尔森（Shavelson, R. J.）对于思维导图在科学教育评价中的运用做了深入研究，提出了他们自己的一套方法。[①] 他们认为，作为评价工具的思维导图必须具有三个特征：思维导图测评任务，它要引出学生在某一特定领域知识的概念；学生的反应形式；计分体系，它可以用来相对准确和一致地对学生的思维导图做出评价。其中，思维导图测评任务又包括任务要求、任务限定和任务的内容结构；反应形式包括学生的反应方式和思维导图的形式特征、制图者；计分体系包括按照思维导图的成分评分、和标准思维导图比较以及这两者的结合来评分。此处不做详细介绍，有兴趣的读者可以进一步研究，并利用这种新方法对上面创作的思维导图进行评价。

实践活动二：约·哈利之窗——认清你的"思维盲点"

古希腊哲学家泰勒斯在回答"什么事情最难办"时说："了解自己。"由于人处在特定的环境中，对自我的认识在很大程度上受环境的制约，因而人们对自我的认识也就存在局限性。1995年，美国加州大学西部研究中心的约瑟夫·勒夫特（Joseph Luft）和哈里·英哈姆（Harry Ingham）发明了"约·哈利之窗"理论，这对我们认识自我很有用。

在"约·哈利之窗"中，每个人都像一栋拥有1、2、3、4等4个房间的屋子（图05-01-04）。

---

① Ruiz-Primo, M. and Shavelson, R. (1996). Problems and Issues in the Use of Concept Maps in Science Assessment. Journal of Research in Science Teaching, 33 (6) 569—600.

通常,外人可以看到 1 与 2,而我们自己则可看到 1 与 4。第一个似三角窗的房间是外人与自己都看得到的,第二个房间别人看得到而我们却毫无知晓,第四个房间可能因为本性害羞或隐私之故不肯公之于世。而最后的第三间则是神秘莫测,属于我们的无意识或潜意识。

图 05-01-04　约·哈利之窗

"约·哈利之窗"告诉我们,对个人而言,其认识世界的知识基本上是由四部分组成的(图 05-01-05):第一部分,自己知道别人也知道的事实,称为公开信息。第二部分,自己不知道但别人知道的事实,称为盲点。第三部分,自己知道但别人不知道的事实,称为隐私。第四部分,自己不知道,别人也不知道的事实,称为未来之事或隐藏潜能。

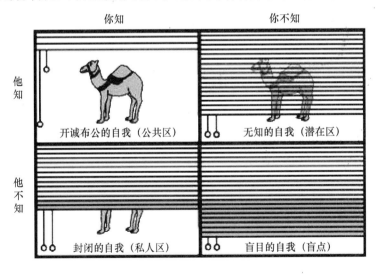

图 05-01-05　约·哈利之窗反应的四个部分

"约·哈利之窗",为我们了解自我提供了一个行之有效的方法。你可以利用"约·哈利之窗"(见表 05-01-01),通过逐项完成"约·哈利之窗"来认识自己。如何完成"约

·哈利之窗"？你可以在老师和同学的帮助下，尝试使用以下四种方法：① 自我省察：不时回想自己在日常学习中的言行，不时弄清楚自己的感受、想法；② 以他人为镜：请我信任的人，或者重视的人告诉我，我在学习中到底怎么样？③ 尝试探索：尝试让自己去参与未体验过的学习活动，从中观察自己；④ 借助测验：也可以请老师给我做一个评价。

表 05-01-01　约·哈利之窗

		自　己	
		已　知	未　知
他人	已　知	自己和他人都了解的部分	自己不清楚但他人了解的部分
	未　知	自己了解但他人没注意的部分	自己和他人都不了解的部分

在认识了自我之后，如何缩小"未知"的我呢？那就需要制订可行的计划，采取切实的行动来改进与提升自己了！请根据"约·哈利之窗"的测定结果，反思自己在学习中需要进一步改进的地方，制定切实可行的行动计划，并完成下表。

需要改进的地方	具体改进的行动	时　间

模块二 学习过程与结果评价新方法

理论学习

近年来,伴随着对学习过程和结果测量与评价研究的不断增加,相继出现了多种学习测量与评价的新技术与新方法。其中,量规评价、学档评价、契约评价应用最广、影响最大,堪称其中的代表。

一、学习量规评价

量规的英文单词是"Rubric",最初来源于基督教徒在圣经上做的红色标记,现词典中定义为"法规的标题",后来被教育测量与评价专家借鉴到对学生写作的评价中来。从此量规逐渐形成了教育领域中特有的含义。

1. 量规的基本内涵

海蒂·古德瑞齐·安德瑞德(Heidi Goodrich Andrade)在很早的时候将量规定义"为一项工作列出的评分工具"。1997 年她对量规的含义进行了重新解释,认为"量规是一个评分工具,它为一个作品或其他成果表现(比如一篇文章的观点、组织、细节、表达、布局等)列出标准,并且从优到差明确描述每个标准的水平"。[①]

玛丽·艾伦(Mary Allen)认为量规是一个评分指南,它依据每个标准描述学生在不同水平上的表现。美国 k12 网站上在对量规的定义中认为量规是一种评价方法和工具,可以评价学生的表现包括学生作品、档案袋等成果,具有促进、指导、支持学习等作用。Webquest 的创始人伯尼·道奇(Bernie Dodge)指出:量规是一个有效的真实性评价工具,是 Webquest 教学中的主要评价工具,适用于学习过程中的形成性评价。他认为量规具有使评价比较客观和一致,使教师用明确的术语划分标准的优点,可以清楚地让学生知道他们的工作如何被评价和教师对工作期望,可以促进学生有意识地应用标准进行自评。

综合多种研究我们可以看出:量规是一种对学生的作品、成长记录、学习成果或者学习过程中的其他表现进行评价的工具。它往往从与学习目标相关的多个维度规定评价准则和划分等级,适于学生自评和互评,是一个融定性评价与定量评价于一体、面向学习过程的形成性评价工具。

作为一种结构化的定量评价标准,量规往往是从与评价目标相关的多个方面详细规定评级指标,因而具有操作性好、准确性高的特点。虽然从字面上看量规是一个全新的名词,但从内涵上讲并不是全新的。在传统的教学评价中,特别是在评价非客观性的试题或任务时,人们已经自觉不自觉地应用了这种工具。

例如,教师对学生作文的评价,往往会分别就内容、结构、卷面等方面所占的分数给

---

① Heidi Goodrich Andrade (1997). Understanding Rubrics. http://www.middleweb.com/rubricsHG.html 1997.

予规定，以便更有效地进行评价；又如教师在期末评价学生一学期的表现时，也往往会从学生的学业成绩、劳动与纪律、同学关系等多个方面进行综合考虑，给出优、良、中、差的等级评定。只是教师在使用量规的自觉性和规范性还远远不够。

在评价学生的学习时，应用量规可以有效降低评价的主观随意性，不但可以教师评，而且可以让学生自评或同伴互评。如果事先公布量规，还可以对学生学习起到导向作用。此外，让学生学习自己制定量规也是很重要的一个评价方法。随着教育信息化的发展，越来越多的学习任务是以非客观性的方式呈现的。传统的客观性评价方法已被证明具有较大的局限性，因而，量规的应用逐渐受到重视。

2. 量规的设计步骤

一个量规是一套等级标准，往往以二维表格的形式呈现出来，一般由三个要素组成：(1) 评价指标，每个被认为重要的评价方面都可能成为一个评价指标，也就是决定着任务、行为或作品等质量的各个指标；(2) 评价标准，对于每一条评价指标，学生绩效的质量到底有何表现，量规中都要有具体的描述，这些具体的描述即评价标准，这些描述往往组成从好到差或从差到好的一个序列；(3) 水平等级，对学生获得不同绩效水平的描述，可以用数字等级如4、3、2、1来表示，也可用简短的语言进行描述。

几乎所有的量规都有两个共同的特点：一是有一系列标准，二是质量优弱的序列，可描述程度好、一般和差的学生作业。下面就是一个常用的量规模板（如表05-02-01），左边竖栏是不同维度的评价标准，并且对每个标准划分不同的等级，具体说明部分是对各个评价标准在不同等级上的定性说明，水平等级一栏用于定量评价个人或者小组，下面的用于教师、管理者、学生或同伴进行定性评述。量规可以有机地把定量评价和定性评价融合在一起。

表 05-02-01　量规模板

评价指标	评价标准				水平等级
	4	3	2	1	
评价指标 a	具体说明 a4	具体说明 a3	具体说明 a2	具体说明 a1	
评价指标 b	具体说明 b4	具体说明 b3	具体说明 b2	具体说明 b1	
评价指标 c	具体说明 c4	具体说明 c3	具体说明 c2	具体说明 c1	
评价指标 d	具体说明 d4	具体说明 d3	具体说明 d2	具体说明 d1	
教师/学生/伙伴的定性评价：					

海蒂·古德瑞齐·安德瑞德认为量规的设计主要包括5个主要的步骤。第一步：观看若干例子。向学生展示一些好的和差的作品。说出好的之所以好的特征，差的之所以差的特征。第二步：列出评价标准。从讨论例子开始，列出一系列优秀作品的必要特征。第三步：把所选择的评价标准分为不同的质量级别，并一一陈述之。先描述最好的和最

差的一级,然后描述中间的级别。第四步:通过让学生评价第一步中的例子,让他们实践最初的标准。并要学生问一些澄清性的问题,要他们对自己的评价发表评论。第五步:运用问题和评论来修改评价表。

芭芭拉·M. 默斯卡尔(Barbara M. Moskal)比较简洁地给出了设计量规的三个主要步骤,如图05-02-01所示:

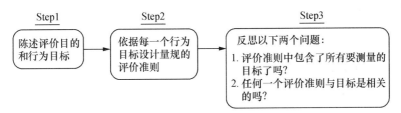

图 05-02-01 量规制作的基本步骤

此外,还有很多学者就量规的设计进行了大量的研究,提出了各式各样的量规设计的方法。综合这些研究成果,我们认为,一般来说一个有效的量规的设计大体上要经历以下五个基本环节:

(1) 明确学习目标

学习目标是评价的基础和学生学习活动的指南。有效的评价既依赖于对所评价内容的清晰的描述,又依赖于对评价方法的选择。因此在设计量规前首先需要明确学习目标,对学习目标的清楚的描述能够在量规的设计过程中提供指导作用。你要确定期望学生能够获得什么样的知识,具备什么能力,这就是你设计量规所要依据的标准。学习目标的设计是一项看似简单实则复杂的工作,有关学习目标的设计与表述方法请参考本书的有关单元。

(2) 列出评价指标

评价指标将根据评价的目的而定,而评价目的将由学习目的和学习目标决定。一个有效的量规,应包含所评价绩效的所有重要元素。如果某方面很重要,值得评价,则应视其为一个元素,并用评价指标来描述它。量规就是要确定某一绩效的各个重要方面/元素(为评价者和学生),应将量规看做是教育者和学生之间的某种合约/契约,在实际的评价中,不能评价量规中并不包含的元素。如果遗漏了某个重要元素,则要重新考虑量规的制定。

(3) 制定评价标准及水平等级

接下来的工作就是用语言描述学生应该有怎样的反应可以算是优秀的或是不理想的,也就是对评价指标划分等级并对每个等级制定相应的评价标准。评价标准将对每个评价指标进行详细的描述。但是如何能做到全面而详细地描述评价指标呢?这也需要学生的参与,教师同样可以利用头脑风暴法收集学生对每个评价指标具有的特征的看法。

在设计量规时,一定要注意对标准的描述必须是具体的、清晰的,尽量避免使用模糊的词语。因为模糊的词语在不同的人看来有不同的含义。例如,对一篇文章的评价,模糊的标准其表述为"文章使读者感兴趣"。较为具体的标准其表述为"文章内容所用的词语是贴切的、多样的和生动的"。具体的标准能够使学生清楚知道对学习结果的期望。这样,在学习的过程中,他们便可以自觉地运用这些标准对自己的学习或活动进行评价,以不断调整自己的行为,从而达到标准的要求。

到底这种对标准的描述要细致到什么程度,完全取决于教师的需要。需要注意的是,评价标准不能令人厌烦,要使用简短的语言说明各种不同成果的质量差异,不仅教师使用起来方便,学生也可方便使用。然后,决定是在考虑所有评价标准的基础上给学生一个整体的分数(整体量规),还是依据标准逐项评分(分项量规)。

在有效的量规中,每个水平等级对应的评价标准应当是明显的、全面和描述性的。等级的确定应当能准确地涵盖、反映所预期绩效的范围。某些绩效元素的衡量最好用一种简单的两级水平等级——"是"和"否"来评价,而另一些则可能需要用多种独立而且明显的等级来衡量。量规设计中的一个常见误区就是对元素评价等级确定的模棱两可,等级之间的差异不明显。

(4)给每个水平等级分配分值

从上面我们可以看出,量规是个复杂的评价工具。在一个分项量规中,每个等级对应的分值也因为不同的评价标准不同而不同。量规中分值的分配有很多方法。例如,一个教师制定的量规中某些评价指标对于评价学生作品比其他评价指标都要重要,那么在分配分值的时候这些评价指标占有的分值就应该比其他的评价指标多。必要时,可以为不同的指标制定不同的权重。对于比较重要的评价,要在正式评价之前挑选部分学生进行预试或预测验,考察评价指标是否合适,并进行调整和修改。量规的设计主要依赖于评价的目的,在分值的分配上同样也应该适合自己的需要,即评价目的。

(5)检查、测试、修改量规

经过上面的步骤,一个量规已经基本上设计好了,但是这并不能表示可以直接拿去用,还需要进行检查、评价和修改才能用来进行评价活动。对量规的检查和测试评价,可通过设计者本人的检查及在学生、其他教师、家长中间进行试用,从而对量规做进一步修改。

3. 基于量规的学习评价过程

基于量规的学习评价与传统的学习评价不同,它以"学生的学习"为主体,以"教师指导"为支持,以"评价"贯穿始终,并融教学、学习、评价于一体。基于量规的学习评价以确定目标开始,先后经历设置任务、呈现量规、展开学习、成果展示、自评互评、教师评价等几个阶段。

(1)确定学习目标

学习由确定学习目标开始,学习目标由教师和学生一起共同建构,而建构的具体方式就是通过教师提前设计的量规,这种学习目标不仅是知识性的东西,也可以是关于学生表现的、技能的、行为的、态度的。

(2)设置学习任务

设置什么样的学习任务是教师根据学习所要达到的目标以及学习者自身所具有的各种特点来决定的,而学生则是学习任务的执行者。在设置学习任务的过程中,教师借助于量规让学生更加明确学习任务的具体要求。

（3）呈现评价量规

量规作为评价的标准是客观、准确的,对所有人是公开的,并提前呈现给学生。它贯穿于整个教学的始终,与学习目标、学习活动和评价三者之间是一个动态、流动、和谐一致的整体,在学习的每个阶段发挥不同的作用。

（4）展开学习活动

学习活动的展开就是为了实现学习目标,教师设置适当的教学情境,让学生在此情境中完成学习任务。在学习活动过程中,学生可以利用量规来给自己的学习提供指导和反馈,并进行及时的调整学习,量规在此过程中就是一个学生学习的"脚手架"。

（5）学习成果展示

学生的学习成果不再局限于知识性的内容,表现形式可以多种多样,可以是学习作品,也可以是学习表现(如学生的实践能力、创新精神、问题解决能力、合作交流能力以及情感态度和习惯等)。学习成果展示时,量规为一个参考标准。

（6）开展自评互评

评价作为教学过程的一部分,同时也是一个学习的过程。在共享学习成果的时候,学生使用量规进行自评和互评,以此来促进学生反思并不断完善自己的学习成果。在自评和互评的过程中,量规是主要的评价工具。

（7）教师评估反馈

教师使用量规对学生的学习进行评估,可以使对学生的学习评价更为客观、准确。教师应用量规对学生的学习所做出的评价可以为教师自身的教学和学生的学习提供有用的改进信息,从而确定下一阶段的学习目标。

4. 量规评价的特点

当今评价理论认为,在学习开始时向学生提供清晰的作业标准和规则,可以对学生的学习发挥很好的导向作用,量规就是一种评价标准的体现。尤其在新型教学模式中,学习过程和学习成果通常是以研究报告、学习反思、调查报告、研究论文等形式呈现。这就要求开发出相应的评价工具,不但要关注学习过程,更要具有可操作性、准确度高、全面公正的特点。而量规正好可以满足这些要求。

量规往往被用于评价学生在给定作业或任务中产生的成果,它适用于研究性学习、合作学习、课堂参与、演示汇报、家庭作业、科学实验等多种学习活动。其评价内容不再仅局限于书本知识,而更多注重对学生的实践能力、创新精神、问题解决能力、合作交流能力以及情感态度和习惯等综合素质的考查。

量规是一种评价标准的体现。这种可视化的"学习目标"可以帮助学生和教师了解"什么是高质量的学习"。并且,量规从与评价目标相关的多个方面详细规定评定指标,可以有效降低在评价学生学习时的主观随意性,不但可以由教师评价学生的学习,而且可以让学生自评或同学互评。

量规可以帮助学生认清自己的学习目标和需要达到的学习标准。当学生有规则地通过量规来评判他们的学习活动和作业时,他们会不断增强对学习的责任心,而且有效地减少了学习的盲目性,"我还要做什么"的问题很少再出现了。

使用量规评分的最大好处之一是使标准公开化,这意味着量规将在学生、父母和社区中开放和共享,这显然有助于对学生作出客观、公正的评价。而且运用量规评价可以减少为学生作业评分的时间,并且使教师更容易向学生解释,为什么他们得到这个成绩和他们做什么可以获得提高。

使用量规的目的主要不是给学生分类,而是为了让学生清楚学习的目标以及在学习过程中引起学生的反思。量规与教学过程、研究目标紧密结合在一起,量规的使用可以使评价主体多元化,评价内容灵活丰富,评价手段、方法多样化。

二、学习档案评价

在上世纪80年代,美国政府加大了教育改革的进度,其中学习评价的改革得到了很大的发展,新的评价理论新的评价方法不断涌出,美国许多学校不再沿用单一的标准化考试对学生进行评价,相反大量的观察、记录、完成的作品、实验、表演等多元的评价方法在教学开始使用,学档评价逐步成为学习评价的一种主流方式。

1. 学档与学档评价

学档是学习档案的简称。虽然学档的英文名称只有一个"portfolio",但其含义却多种多样。"portfolio"的原意有"代表性辑作"之意,最初使用这种形式的是画家以及后来的摄影家,他们为了特定的目的把自己有代表性的作品汇集起来,向预期的委托人展示。专家学者们对学档的概念及内涵有种种不同的描述。有的学者认为,学档是学生作品的有目的的汇集,以反映学生在特定领域的努力、进步或成就。学档的内容主要包括学档内容选择过程中的学生参与情况,选择学档作品的标准,判断作品质量的标准以及学生反思的证据。而另外一部分学者则认为,学档是学习者学习成果的汇集,主要包括学生作品及作品反思。作品反思不仅能够帮助学习者理解、扩展所学知识,并且可以使读者对学习者及其学习情况有一个深入的了解。还有的学者认为,学档是指由学生自己、教师及/或同学选择并作出评论的相关材料的不断汇集,以此评价学生在能力发展过程中的进步情况。

尽管不同的学者对学档的见解不完全相同,但有以下几点是共同的。首先,学档里的主要内容是学生的成果,主要包括测验卷、作业、学习心得、反思材料、小组评价、教师建议等,其表现形式可以是文字,也可以是图像,甚至是实物材料。其次,学档里的内容是经过选择的,不是学生的任何东西都可以放进学档之中,学档要重视收集体现学生发展的作品样本、成绩的证据,即发生过的事实、体现学生进步的标志性的事实,展示学生进步的状况。第三,学档具有反思的功能,收集材料的过程必然伴随学生的反思,也是反思的过程,在这一过程中收集资料的活动转化为有意义的学习经历,为学生的成长提供了重要契机。最后,学档的内容要有真实性和个性化,即提交的内容必须是真实的,不能弄虚作假、伪造事实证据,学档的内容也不能千篇一律,是提交者经过反思之后选择的最能代表其水平与进步过程的内容,是提交者的个性特长的展示。

学档评价是指教师和学生有意地将各种有关学生表现的材料收集起来,并进行合理的分析与解释,以反映学生在学习与发展过程中的努力、进步状况或成就的一种评价方式。美国西北评价协会认为学档评价是"通过有目的收集能够证明学生的努力、进步、成就的作业,来判断学生学习状况的过程,在这个过程中鼓励学生参与到作品的选择和作品的评价活动中,此外,还要求学生在完成作品后,能进行自我评价,并说明选择该作品的理由"。[1] 我们可以认为,所谓学档评价,就是按照一定的教学目标,由教师和学生系统收集学生的学习作品、学习反思,记录学生的学习过程,由教师、学生、家长等评价者对学生学习过程进行判断的一种评价方法。这种评价方法强调了学生学习过程的评价、学生的自主评价和多元评价。

从不同的角度可将学档分成不同的类型,美国学者玛格丽特·格莱德勒(Marygaret Gredller)以学档不同的功能为标准,将其分为理想型、展示型、文件型、评价型以及课堂型四类。[2] 由于理想型学档的设计的意图在于帮助学习者成为对自己的学习历史具有思考能力和正确评价能力的人,因此这种学档在评价中具有典型意义。理想型学档主要由三个部分构成,分别是作品产生过程的说明、系列作品以及学生的反思。作品产生过程的说明,是主要学习计划产生和编制的文件记录,这部分内容展现出学生选择计划时的理想。系列作品是学生完成某一学习计划的过程中创作的各种类型的作品集,表明了学生取得成就的广度和范围。学生的反思记录的是学生在成长过程中所发生的进步、已经实现的目标等。

作为一种新型的学习评价方式,学档评价有利于把教学和评价结合起来,使教学和评价成为一个有机的整体。学档评价鼓励学生对学习的反思,要求学生对学档中的每个条目都要作出评论,引导学生的反思性学习,提高学生的自我评价能力。学档评价有利于记录学生的学习过程,清楚地展示随着时间推移学生的学习发展状况,实现评价的真实性和过程性。学档评价可以展现学生的学习作品,有助于学生、家长和其他人员清楚地了解学生的学习进展情况,为教师、同学、家长及社会进行评价提供条件,实现评价的多元性。学档评价可以为学生提供展示自我的机会,适应学生的个体差异,学生可以在自己当前的基础上进行自我发展,促进学生的多元智能发展。

2. 学档评价的基本环节

学档一般是依照学科建立起来的。虽然教师运用学档对学生的学习过程与结果进行评价所经历的步骤有个别不同,但是一般都包括确定学档评价的目标、确立学档评价的标准与内容、学档的保持、分析与解释等几个基本环节。

(1) 确立学档评价的目标

任何学习评价活动都应有明确的目标,学档评价也不例外。评价的目标不同,学档的类型、收集的内容和参与人员都有所不同。在应用学档评价时,一般首先明确评价的目标。在建立学生学档的开始阶段,学生应能完全理解学档的目的,以及学档作为监测和评价他们进步的一种评价方式所处的地位。学生和教师在这一阶段需要了解的主要问题包括:我如何选择材料来反映我所学到的东西?我怎样组织和呈现我已经选择的材料?我怎样存放学档?

一般来说,学档评价要做到:① 学档的内容要让学生看到自己不断成长和进步,培养

---

[1] Northwest Evaluation Association. (1991). Portfolios. Portfolio News, 1991,2 (3).
[2] Gredler, M. E. (1995). Implications of Portfolio Assessment for Program Evaluation. Studies in Educational Evaluation, Vol. 21, pp. 431—437.

自信心。② 学档评价把学生学习上的成功和失败直接反馈给学生本人,使他们及时进行自我反省,达到评价者和被评价者双方的互动,促进共同成长与发展。③ 引导学生正确地评价自己,反思和自我完善。④ 通过互评,学会客观、公正地评价他人,用赏识的眼光去发现同伴的优点,找出自己的不足,主动发展。

(2) 确立学档评价的标准与内容

评价标准的制定是运用学档评价的重要环节。在制定评价标准时,首先要明确使用学档的目的——学生的发展目标。一般情况下,评价标准主要由教师制定,学生在一定程度上也参与对标准的商讨。

这一阶段要选择能反映教育经历和反映目标实现程度的有意义的学生成果。依据建立学档的意图和目的,决定学档的内容。学档内容的选择要依据下列多种因素:特定的科目;学习过程;特定的主题、单元;作品将清晰反映评价的标准。

由于学生学档是记录学生成长的足迹,学档主要用来评价学生的学业和非学业内容,展现学生的情感表现,引导学生积极参加各种活动,并评价学生的合作、实践、创新情况,等等。它的内容因科目和教师的不同而有所不同。

(3) 学生学档的保存、分析和解释

谁来保存学生学档呢?这是很多老师一直在思索的问题。有的科目的学档是放在任课教师办公室里的橱柜中,一段时间后发放给学生翻阅。有的是放在学生手中,主要由学生来保存和管理。

教师对于学生学档里收集的学生作品和其他有关资料,一般能进行一定程度的分析和处理。教师对于学生的作业的评价一般采取的是以"等级+评语"的方式进行的,如研究性学习中学生所写的课题调查计划,教师可以给予"计划非常全面、详细,很好"这样的评语,并为这一计划打上"优"的等级。

学生的互评一般采取的形式是:在日常教学中,当学生回答问题或小组合作时,让其他同学或小组给予评价。有的教师让学生评选出几个骨干学生组成"学生评价小组"对学生的作品进行评价。此外,家长的评价一般采取的方法是:在学生把学档带回家之后,有的家长写下评语,有的家长只是签名而已。

3. 基于电子学档的学习评价

传统的学习档案对学生日常信息的收集、展示、判断的难度,限制了学习档案评价的在实际教学中的应用。但是随着信息技术的发展,通过电子档案记录学生的学习作品及各种学习信息,评价者通过信息技术查阅收集到的学习信息,并对学生的学习过程进行评价,能全面地对学生的学习做出判断。电子学档通过其对学生学习活动的跟踪、评价、反馈和指导,既能精确把握学生的学习状态,又能通过客观和积极的反馈信息,对学生学习进行引导和促进。

当前,电子学档还没有统一的内容和格式。依据我国网络教育技术标准中的学习者模型标准(CELTS-11)所描述的基本学习者信息和网络学习评价的特点,可将电子学档包含的内容分为学习者基本档案信息、学习相关信息(主要是学习计划、学习任务、学习进度等)、学习活动信息、评价反思信息、学习成果信息等五大类。而根据网络学习评价的特点,则可以将电子学档评价的主要功能概括为五大功能模块,即信息收集模块、分类处理模块、分析模块、量规标准与案例模块和反馈指导模块等。

这几个功能模块之间相互联系、相互促进，构成了一个循环过程，为更好地评估和促进学生的网络学习提供了保障。其中，信息收集模块是实施网络学习评价的基础和有效保证；分析模块是深入挖掘所收集评价资料中包含的各方面信息，是得到综合评价结论的关键所在；反馈、指导模块则是学习评价是否有效发挥作用的必要保证，它能将各模块的初步结果和最终的评价结果及时反馈给学习者，并提供恰当的指导。

电子学档的设计首先要确定电子学档的内容包括以什么标准来选择材料、材料的数量、材料的形式等。电子学档中的材料可分为两部分，一部分为系统自动记录的材料，另一部分为人工收集、放入的材料。此外，还需要对电子学档的系统结构进行设计，包括系统的脚本设计、整体结构设计、界面网络设计等。接下来，就需要为电子学档的运行选择最合适的开发软件工具，确定最合适的存储和展示媒体，如计算机硬盘、局域网、万维网、光盘等。最后，确定电子学档系统开发所需要的程序设计方法。

在设计基于电子学档的学习评价时，需要慎重考虑以下因素，以提高电子学档作为学习工具和评价工具的价值：学习档案应该以学习者为中心；学习档案应便于教师、同学和家长浏览；管理、添加和删除学习档案应该花费尽量少的时间和人力；电子学档应该便于收集、储存、呈现和删除信息；电子学档应该是交互平台，通过窗口或其他网络环境就可以进入；学档内容应该能自动更新记录，是动态的。

在设计结束之后，就需要实际开发一个电子学档的系统，此阶段的主要任务是开发出电子学档系统的结构框架，实现各系统模块的具体功能，并实现各模块之间的各种链接。继而对开发出来的电子学档进行试用，主要是将电子学档系统应用于学生的学习过程，试收集各种类型的档案内容并及时向学习者提供指导和反馈。试用结束后就可以正式投入使用。与一般的学档评价类似，基于电子学档的网络学习评价主要包括如下几个阶段：

（1）明确评价目标

包括陈述课程目标和个人学习目标、明确任务和行为。学生通过分析教学目标和个人的教育经历和学习背景，在教师的帮助和指导下确定学习目标；在学习目标的指引下，要试图解释哪些学习行为和作品能够表明达到标准的学习经历，这些可以通过制定学习契约来实现。

（2）作品和数据采集

学习者根据学习契约中的学习目标、规定的任务和行为来采集学习过程中产生的"学习成果"，包括提交的作业、讨论和答疑过程中产生的信息、讨论的次数，等等。选择的作品范例和素材要能证明自己的努力、发展和达到学习目标和标准的学习表现。在收集过程中，添加有关作品的学习反思和自我评价，教师和同伴也可以随时对学习者的学习进行评价。

（3）作品和数据分析

在学习开展一定时期后，如一个大的单元或一个学期，对这一段学习档案中包含的内容信息作阶段性的评价，并对收集的内容和信息进行数据分析，看最终学习成果是否达到、是否偏离学习目标和标准等。在对众多看似杂乱无序的信息作分析时，可以结合评价量规进行评判,使评价更为科学和具有针对性。

(4) 形成学档评价结论

教师依据收集的内容和信息、分析的数据对学习者进行评价,学习者也要自评和互评,形成一定的评价结论,说明学习者掌握知识的程度、发展过程、存在的不足和进步情况以及学生在创造性思维等方面的能力。学习者据此调整学习进度、学习方法和学习策略,同时别人的学习成果也可以作为自己学习的参考;教师调节教学进度和教学方法;管理者进一步优化网络学习环境。

三、学习契约评价

所谓学习契约是一种由学生与指导教师共同规划、设计的学习活动书面协议。它确定学生的学习目标、规划学习资源和策略、达到目标的方法、学习活动的日程安排,完成活动的证据及确认这些证据的标准等。学习契约最早主要运用于成人教育领域和公司职员培训上,由于它具备了众多优点,如可加强教与学之间的良性互动、明确的计划能够有效地控制学习程序等,正逐渐被学校教学所采用。基于学习契约的学习可以说是学习者与教学者双方持续不断、一再协商的协议进程,它特别强调学生与指导教师的平等协商及学生自己完成对学习的自我评价和自我管理过程。

学习契约作为一种书面协议,首先具有的是合约属性,它规定了契约签订各方的权利义务,所应承担的责任,并且以明文的方式表示出来。学习契约是维系教师和学生,以及学生之间的一种明确的规则。它要求大家共同遵守,具有较高的效用。学习契约中所规定的内容都是学习评价的重要内容,也是学习评价的重要依据。在学习评价中引入"学习契约"有着重要的意义。如果师生之间没有契约,没有明确的分工,学习的一方会以为另一方会完成某项工作,但结果恰好相反,从而导致不良的学习后果。因此,学习契约能够保证学习高效度、高效率地开展下去。

契约评价这种评价方法来源于真正意义上的契约或合同。例如,当建筑设计师承担一项设计时,委托人通常要就这项设计的具体要求及交付日期进行详细的说明,并与设计师签订合约。待设计完成后,评价设计是否合格(设计师是否能拿到酬金)的主要依据将是这纸合约。学习契约的意义和实施方法与上例中所说的合约相差无几。由于学习契约允许学习者控制自己的学习进程,从而最大限度地满足了学习者的个别化需要,又由于学生自己参与了保证书的签订,了解预期的工作任务,因而有助于学生在较长的时间内根据契约的内容来评价自己的学习,保持积极的自律,反过来也能激发学生的学习动机与学习热情。当然,学习契约也不一定总是给学生很大的自由度,教师完全可以根据需要制定相对客观的学习指标。

在信息化教学中,其基本原则就包括以"学"为主,以"任务驱动"和"问题解决"作为学习和研究活动的主线。为了能够让学生在完成任务和解决问题时有一个具体的目标或依据,也为了客观合理的评价,学习契约这种评价方式是应该得到足够重视的。学习契约在学习活动开始时由教师与学生协商签订。学习契约的样式有表格式和提纲式两种。无论是哪种样式,学习契约一般都包括学习者和教师双方的基本信息、学习目标、教师与学生的任务职责、保障学习契约实现的方法与手段、评价方法、未能达标的惩罚条款、学习的活动起止日期、学习者和教师签名等几项基本内容。下面就是学习契约的一个实例。

用 Big6 做研究之主题式学习：校园植物小记者学习契约书

研究主题	校园植物小记者	
小组名称		
成员	姓名	任务分配
小组长		分配工作、主持讨论、协助组员完成工作
纪录员		纪录讨论及观察结果
纪录员		纪录讨论及观察结果
纪录员		纪录讨论及观察结果
报告主持人		主持人上台报告讨论结果
纠察、计时员		讨论时的秩序维持和时间控制

为了展现我们这组对【校园植物小记者】主题的理解，我们想应用 Big6 做研究的方式，于主题探索活动结束前____月____日完成，以 Powerpoint 呈现搜集整合资料的历程与研究日志、制作一份校园植物解说的报道墙报、为一年级小朋友导览解说校园植物。
这项工作由我们这一组成员：
(_____)一起完成。
立约人签名：
教师签名：
二〇〇七年____月____日

制订学习契约的目的主要是为了培养学习者规划学习的能力和加强学习者自我学习的责任心。学习契约的优点有：(1)可加强教与学之间的良性互动；(2)可使教学更具弹性，更能顾及学习者之间的差别；(3)能够有效地控制学习程序；(4)能够同时培养教与学双方的教学设计能力；(5)学习者具有一定的主动权，能激发其学习的积极性。当然，学习契约也有其自身的局限性，主要包括：(1)学习者可能对未知产生恐惧、退缩或反感；(2)当学习者规划能力不足时，可能会影响学习的质量；(3)课程时间可能造成重大压力。

通常情况下，利用学习契约对学习进行评价要经历以下几个基本环节：首先，要在学习活动开始之前由教师详细讲解契约学习的基本原理及使用方法。然后，学生和教师根据学生的学习兴趣和需求共同商讨，达成协议，签订"学习契约"。接下来，学生就要根据学习契约的要求开展学习与合作，交流学习契约目标完成的进度和涉及的相关资料，教师和学生共同对学习过程进行检查和评价。在此过程中，教师要对遇到问题的学生给予即时的指导和点拨。在学习活动结束后，教师要按照学习契约来验收学生提供的学习成就，看学生是否完成了学习契约中所承诺的学习目标，并对学习效果进行评价。

事实上，契约评价的过程也是一个契约学习的过程。在这个过程中，教师作为契约实施的监督者要监控学生学习的整个过程。在学习契约评价的实施过程中，教师要做到以下几点才能确保契约评价的成功:(1) 先向学习者说明拟定学习契约的目的;(2) 给学习者学习契约的范例,并说明要点;(3) 要求学习者根据学习目标、学习方法、学习时间、学习成果等项目,列出切实可行的个人学习契约;(4) 单独与学习者沟通,修正并确认契约内容;(5) 按照契约进行学习,教、学双方共同对学习过程及学习效果进行检查。

通过上述学习契约的实施步骤,我们可以看出:学习契约能够让学习者在一定的培养目标基础上,依据学习背景、任务、问题的不同,来拟定学习目标、学习内容和学习步调;而教师则可以根据学习契约的不同评价标准进行个性化和差异性评价,评价指标和标准是多元的、开放的和个性化的,有利于评价对象个性化的发展。

实 践 活 动

在本模块所列举的三种学习评价新方式中,学档评价在本课程的一开始实际上就已经开始了。下面就请体验一下量规评价吧!请尝试开发一个用于评价教学设计的量规。

实践活动一:教学设计评价量规的开发与应用

1. 明确评价目标

学习评价量规开发的第一个步骤就是明确评价的目标。既然你要开发的是评价教学设计方案的量规,那么就不妨借鉴你在本课程一开始就确立的教学设计的学习目标。请一一把它们列举出来。

学习目标	主要的	次要的
长　期		
中　期		
短　期		

2. 列出评价指标

你认为,对一份教学设计方案的评价应该从哪几个方面来进行才比较全面?在所有这些方面中,对于你事先确立的学习目标来说,其中的哪几个方面是相对重要的?请简要阐述理由,并把它们作为评价指标列举出来。

评价指标	理　　由

3. 制定评价标准和水平等级

在确立了评价指标之后，你就需要针对每一项评价指标制定相应的评价标准和水平等级了。完成了这一部分的工作之后，一个初步完整的评价量规就跃然纸上了！

评价指标	评价标准				水平等级
	4	3	2	1	

教师/学生/伙伴的定性评价：

4. 运用量规对教学设计方案进行评价

本书在多处提供了完整的教学设计案例,请你从提供的这些教学设计案例中任意选择出来一份,假定为你自己的教学设计作品,利用你自己开发的评价量规对其进行评价。当然,你也可以自己设计一份教学方案,然后利用量规对其进行评价。请把评价的结果与分析简要写在下面。

量规评价的水平等级结果分析	
量规评价的定性意见分析	

实践活动二:反思你自己的学习——完成单元学习反思表

对学习的反思是学习评价的深化与升华。因此,学习反思表也是学习评价的一种重要工具。请对本单元的学习进行反思,完成下面的单元学习反思表。

从这一单元中,我学到了 _____

我对学习评价的认识是 _____

我看完"约·哈利之窗"之后的感受是 _____

我对自身学习评价能力的评价是 _____

为了进一步提高自己的学习评价能力,我准备 _____

学习评价

通过本单元的学习,相信你肯定已经对"学习评价"有了基本的认识。现在到了检验收获的时候了。那么,就请通过完成下面的这个学习评价表格来看一看你到底学到了什么吧!在评价的时候,不要忘记对照在一开始学习本单元时设定的学习目标哦!

学习内容习得评价			
评价项目与标准	学生自评	小组评价	教师评价
能够使用自己的语言阐述学习过程与结果评价的基本含义,并能够简要复述学习评价发展的几个历史阶段。			
了解学习评价的几种基本类型及其功能,并能够结合网络学习的特点阐述网络学习评价的特点。			
掌握学习过程与结果评价的几种新方法,并能在实践中根据所面临的不同情况应用这些新方法。			
能够意识到学习过程与结果评价在教学设计中的作用,并能在实践中有意识地进行学习过程与结果的评价。			
学习能力发展评价			
评价项目与标准	学生自评	小组评价	教师评价
自学活动	能针对课程内容进行自学,获得相关资料,形成个人意见或结论。			
小组活动	积极参与小组内的讨论,补充相关资料,形成小组意见。			
班级活动	认真听取其他小组或同学的意见,掌握相应方法,形成最后结论或提出新的问题和见解。			
情感态度	学习动机、兴趣、态度、意志等情感因素都得到发展,在学习活动中能各尽其智并产生成功的喜悦。			
签 名			

综合评定(请在相应等级处打√):□ 优秀;□ 合格;□ 待改进

（续表）

个人学习小结	
备注：	

扩展阅读

Benjamin S. Bloom, J. Thomas Hastings, and George F. Madaus. (1971). Handbook of Formative and Summative Evaluation of Student Learning. New York：McGraw-Hill.

Bloom, B. S., Madaus, G. F., and Hastings, J. T. (1981). Evaluation to improve learning. New York, NY：McGraw-Hill.

Guba, E. G., & Lincoln, Y. S. (1981). Effective Evaluation：Improving the Usefulness of Evaluation Results Through Responsive and Naturalistic Approaches. San Francisco：Jossey-Bass Inc.

Guba, E. G., & Lincoln, Y. S. (1989). Fourth generation evaluation. Newbury Park, CA：Sage.

Klenowski, Valentina and Askew, Sue and Carnell, Eileen (2006) Portfolios for learning, assessment and professional development in higher education. Assessment & Evaluation in Higher Education 31(3), pp. 267—286.

Sanders, James R. and Donald J. Cunningham. (1973). A structure for formative evaluation in product development. Review of Educational Research 43(2)：217—236.

Walter Dick. (1968). A Methodology for the Formative Evaluation of Instructional Materials. Journal of Educational Measurement 5：99—102.

Weston, T. (2004). Formative Evaluation for Implementation：Evaluating Educational. Technology Applications and Lessons. American Journal of Evaluation 25：51—64.

曹梅：《网络学习评价的意义及若干原则》，《教育科学》，2002.05。

陈亮：《多元智力理论与新课程教学评价》，《外国教育研究》，2003.05。

陈旭:《从建构主义理论看教学评价策略的建构》,课程·教材·教法,2003.06。
陈玉琨著:《教育评价学》,北京:人民教育出版社1999年版。
高文:《建构主义学习的评价》,《全球教育展望》,1998.02。
瞿葆奎:《教育学文集》,《教育评价》,北京:人民教育出版社1989年版。
刘洋:《学习契约:一种支持主动学习的有效工具》,《中小学管理》,2006.01。
刘志军:《走向理解的教学评价初探》,《教育理论与实践》,2002.05。
田会水:《课堂教学评价:问题与构建》,《当代教育科学》,2006.07。
王本陆:《教学评价:课程与教学改革的促进者》,课程·教材·教法,2006.01。
王汉澜主编:《教育评价学》,开封:河南大学出版社1995年版。
王佑镁:《基于ePortfolio的信息化教学评价策略研究》,《电化教育研究》,2003.12。
杨学良:《关于发展性教学评价的理论研究》,《教育探索》,2006.07。
尹祖琴:《试论"等级+评语"课程学习评价的科学性》,《天津教育》,1998.06。
永刚:《概念图作为教学评价工具的发展》,《学科教育》,2004.07。
张春莉:《从建构主义观点论课堂教学评价》,《教育研究》,2002.07。
张虹:《为发展而评价——综合学习的评价观》,《外国中小学教育》,2000.06。
张倩苇:《网络环境下学习评价新模式的探索》,《中国远程教育》,2002.02。
张寅:《简论"文件夹"评估法在成人学习评定中的应用》,《中国成人教育》,2000.10。
郑静:《改革课程学习评价 促进素质教育的全面实施》,《中国教育学刊》,1997.05。
钟志贤:《网络合作学习评价量规的开发》,《中国电化教育》,2004.12。
周仕德:《学生参与课堂教学评价设计初探》,《教育探索》,2005.09。

知识花絮

教学评价之父:拉尔夫·泰勒及其"八年研究"

拉尔夫·泰勒(Ralph W. Tyler),美国著名的教育家、课程理论专家、教育评价理论专家。他是现代课程理论的重要奠基者,是科学化课程开发理论的集大成者,也是教育评价研究的大师。由于对教育评价理论和课程理论的卓越贡献,泰勒被誉为"当代教育评价之父"、"现代课程理论之父"。

泰勒1902年4月22日出生于芝加哥,在内布拉斯加州长大,父亲是一个医生。1927年,泰勒从芝加哥大学获博士学位,1927年至1929年间在北卡罗来纳大学任教。1929应查特斯的邀请,赴俄亥俄州立大学任教,并担任查特斯的研究助手。1938年,转至芝加哥大学,先是担任教育系主任,其后担任社会科学部主任,直到1948年。

1953年,泰勒受斯坦福大学的邀请,帮助创建行为科学高级研究中心(Center for Advanced Study In the Behavioral Sciences),并担任主任直至1967年。现在,斯坦福大学的

行为科学高级研究中心已经成为一个行为科学研究的重镇,数以百计的世界顶级学者汇聚于此,从事高深学术之研究,对教育与心理学术也贡献良多。

1929年美国发生了经济危机,大批工人失业。经济上的不景气导致了美国的许多学校关门,学生失学,这使美国一些学者决心改革教育弊端,促进教育发展,以扭转这种颓势。于是在进步教育协会会长艾钦(W. M. Aikin)的领导下,自1933年起至1940年止,在7个大学和30多所中学里进行一项旨在革新课程的研究,被称之为"八年研究"。

在这项研究中,由泰勒等人组成了一个评价委员会,他们开始提出并使用了"教育评价"这个术语。1942年,斯密斯和泰勒发表了八年研究报告《学生进步的评估与记录》,这一报告被称为"划时代的教育评价宣言",因为这份报告书正式提出了"教育评价"的概念,并系统发展了教育评价的原理和方法,成为现代教育评价理论和方法的开端。1949年,泰勒出版了《课程与教学的基本原理》。这本书先后印刷36次,成为课程与评价领域里程碑式的著作,也为泰勒赢得了历史声誉。

拉尔夫·泰勒因其对教育学多方面的贡献而被很多学者尊称为"最伟大的教育研究者之一"、"本世纪最重要的教育家之一"。泰勒一生为六位美国总统做过教育顾问,对美国教育具有重要影响,先后获得过22个荣誉博士学位,并曾任美国教育科学研究院(National Academy of Education)的第一任主席,在学术界享有崇高威望。1994年2月18日,泰勒在加州圣地亚哥一所医院去世,享年91岁。2004年,莫里斯·法恩德(Morris Finder)出版了《教育美国:拉尔夫·泰勒是如何教美国教学的》(*Educating America: How Ralph W. Tyler Taught America to Teach*)一书,全面呈现了拉尔夫·泰勒的学术成就及其对美国教育研究与实践的历史性影响。

第六单元　信息化环境下的教学设计

学习目标

1. 能够使用自己的语言描述信息化教学设计的基本内涵,并能够简要阐述信息化教学设计与传统教学设计的异同点;
2. 能够掌握信息化教学设计的基本内容,并且能够在实践中以信息化教学设计的理论为指导设计具体的教学方案;
3. 掌握信息化教学设计的几种有代表性的模式,并能够在教学的具体实践中根据不同需要设计开发出各种不同的教学方案。

模块一　信息化教学设计概述

理论学习

目前,随着多媒体技术和网络技术及其应用的发展以及信息化教学的日益普及,信息化环境下的教学设计引起了越来越多的关注,信息化教学设计逐渐发展起来。信息化教学设计理论和实践融合了现代的教学理念、信息素养培养的目标和信息化的评价手段,体现了信息化教学的基本原则,代表了信息化教学与教学设计的发展方向。

一、信息化教学设计的基本内涵

信息化教学是与传统教学相对而言的现代教学的一种表现形态,它以信息技术的支持为显著特征,因而,我们习惯于将之称为信息化教学。特别需要指出的是,以信息技术为支持还只是信息化教学的一个表面特征,在更深层面上,它还涉及现代教学理念的指导和现代教学方法的应用。

而信息化教学设计,则是在先进教育理念(尤其是建构主义)指导下,根据时代的新特点,以多媒体和网络为基本媒介,以设计"问题"情景以及促进学生问题解决能力发展的教学策略为核心的教学规划与准备的系统化过程。

信息化教学设计的目的是激励学生利用信息化环境合作进行探究、实践、思考、综合运用、问题解决等高级思维活动,以培养学生的创新精神和实践能力。这种教学设计基于建构主义理念,强调学生是认知过程的主体,是知识意义的主动建构者,有利于学生的主动探索和主动发现以及有利于创造型人才的培养是其突出的优点。

与传统的教学设计相比,信息化环境下的教学设计更加重视学习者的主体作用,通过各种新颖的学习方式,充分利用信息技术和信息资源,科学地安排教学过程中的各个要素,为学习者提供良好的信息化学习环境。

信息化教学设计不局限于课堂教学形式和学科知识系统,而是将教学目标组合成新的教学活动单元,以任务驱动"问题解决"作为学习与研究活动的主线,以学为中心,注重培养学生的信息能力、批判性思考能力和问题解决与创新能力。

信息化教学设计要求教师转变自己的角色。教师的教学设计和教学任务是要基于学生学习的水准,对教学目标、课程标准、教学资源、活动过程、评价量规、个别指导等进行设计和组织实施,而不是教师才华的表演和知识的广播。

信息化教学设计是在多媒体组合教学设计基础上的拓展,信息化教学设计包含了多媒体组合教学设计,二者不是对立关系而是包容关系。因为信息化环境本身就包含了多种媒体及其优化组合,也不可避免地要包含有教学传递的成分,只不过在学习环境中这些教学传递活动的启动者和控制者不再是教师,而是学生自己。

二、信息化教学设计的基本内容

在建构主义思想的指导下,信息化教学设计的核心包括五个方面的基本内容,它们分别是"学习目标分析"、"学习情境创设"、"学习环境设计"、"学习活动设计"、"学习评价设计"。

1. 学习目标分析

信息化学习就是要通过解决具体情景中的真实问题来达到学习的目标,因此学习问题(包括疑问、项目、分歧等)的确定是整个信息化教学设计的关键,而对学习者的学习目标进行分析就是要阐明和解决学习者所面临的各种问题。

通过对学习目标的分析,可以确定学生学习的主题,即与基本概念、基本原理、基本方法或基本过程有关的知识内容,对教学活动展开后需要达到的目标作出一个整体描述,描述的内容可以包括学生通过这节课的学习将学会什么知识和能力、会完成哪些创造性产品以及潜在的学习结果等。

2. 学习情境创设

建构主义认为学习总是与一定的社会文化背景(即情境)相联系。情境就其广义来理解,是指作用于学习主体,产生一定的情感反应的客观环境;从狭义来认识,则是指在课堂教学环境中,作用于学生而引起积极学习情感反应的教学过程。建构主义理论指导下的信息化教学设计非常强调情境的重要作用。

建构主义认为个体、认知和意义都是在相关情境中交互、交流(即合作)完成的,不同的情境能够给各种特殊的学习者不同的活动效果。也就是说,学习者在不同的情境中会有不同的行为,而创设情境则是学习者实现意义建构的必要前提。因此,创设情境成为教学设计最重要的内容之一。

在信息化教学设计中创设情境,简单地说就是基于特定的教学目标,将学习的内容安排在信息技术和信息资源支持的比较真实或接近真实的活动,支持学校的学科教学活动。信息化教学设计实践中,情境创设的方法有很多,常用的有以下几种,即:创设故事情境,创设问题情境,创设模拟实验情境,创设合作情境等。

3. 学习环境设计

从教学设计的角度看,学习环境是学习资源和学习工具的组合,这种组合实际上是旨在实现某种目标的有机整合。学习环境的设计主要表现为学习资源和学习工具的整合活动。在设计时也应考虑人际支持的实施方案,但人际支持通常表现为一种观念而不是具有严格操作步骤的实施法则。由于学习环境对学习活动是一种支撑作用,学习环境的设计必须参照学习活动的设计来进行。不同的学习活动可能需要不同的学习资源和学习工具。学习环境的设计者必须清醒地认识到所设计的学习环境能支持哪些学习活动以及支持的程度如何。

学习资源是指支持教学活动,实现一定教学目标的各种客观存在形态,它是一个非常庞杂的概念,通常包括人、材料、工具、设施和活动五大要素,每个要素均具有"自在的"和"自为的"特性。"自在的"资源是指整个人类环境中具有的、可资利用的资源系统;"自为的"资源是指为达成一定的教育/教学目的而特地设计出来的资源系统。学习资源的选择与设计存在很大的自由区间。

在学习环境设计中,资源是支持任务学习或问题研究的必备条件之一,是需要认真设计的重要构件之一。在设计学习环境时,应当围绕学习活动的设计来注意以下几点:为了帮助学习者充分地理解问题,需要给学习者提供相关的信息;不论何种形式的信息资源,最好都以有意义的方式组织起来,即按学习者学习的思维类型组织起来;要适时地为学习者提供相关的信息,支持学习者展开有意义的学习活动。

学习工具是指有益于学习者查找、获取和处理信息,交流合作,建构知识,以具体的方法组织并表述理解和评价学习效果的中介。从传统学习工具到信息技术工具,学习工具的种类很多。在学习环境设计中,比较注重信息技术作为学习工具的设计与应用。信息技术可作为多样化的学习工具,如交流工具、情境工具、认知工具、评价工具、效能工具等。

从分布式认知的观点来看,人与技术的认知功能可以形成和谐的整体,在学习环境中各自发挥认知功能的优势。因此,在设计和运用学习环境中的工具时,应注重以下几点:充分发挥信息技术作为各种学习工具和促进学习者学习的作用;在学习/教学中融合系列的认知工具,以帮助学习者展开恰当的思维活动;为学习者提供多样化的信息沟通方式,以支持学习者之间的交流与合作,共享信息和共享知识建构。

4. 学习活动设计

按照建构主义思想,学习者学习和发展的动力来源于学习者与环境的相互作用,而这种相互作用就是学习活动。学习者认知机能的发展、情感态度的变化都应归因于学习活动。因此,学习活动的设计必须作为信息化教学设计的核心设计内容来看待。学习活动既可以是个体自主的,也可以是群体合作的。

学习目标的实现,必然要依据学习任务的完成来表现出来,因此学习活动设计的核心是对任务的设计。当前学习活动设计中出现的种种问题大部分都与学习任务的设置失误有关,比如用合作的方式去解决很简单、可以由学生独立完成的问题,学生不明白为什么要合作,应该讨论什么,致使讨论变成了聊天,合作流于形式。一般来说,设计的学习任务应该具有一定的难度与复杂性,具有一定的真实性和开放性。只有这样,才能够推动学习的顺利进行,切实促进学习者的发展。

自主学习可以分为支架式学习、抛锚式学习和随机进入式学习三类。支架式的自主学习设计要围绕事先确定的学习主题,建立一个概念框架,框架的建立应遵循维果斯基"最邻近发展区"理论,且要因人而异,通过概念框架把学生的智力发展从一个水平引到一个更高水平,就像沿着脚手架那样一步步向上攀升。

抛锚式的自主学习设计要根据事先学习主题在相关的实际情境中选定某个典型的真实事件或真实问题即抛锚,然后围绕该问题展开进一步学习,以人定问题进行假设,通过查询各种信息资料和逻辑推理对假设进行论证,根据论证的结果制定解决问题的计划,实施该计划并根据实施过程中的反馈,补充和完善原有认识。

随机进入式的自主学习设计首先要确定学习主题,创设从不同侧面、不同角度表现学习主题的多种情境,学习在自主探索过程中随意进入其中任意一种情境去学习。

在合作学习过程中,学习者要明确和分析所探究的问题,制定学习方案,然后从多种渠道收集多种信息,对信息进行分析、综合和评价,得出适当的结论,最后用多种形式呈现自己的作品,交流合作学习的结果。这种学习过程具有较大的自主性和开放性,但它并不因此而排斥外部引导和支持,教学组织者须对合作学习过程进行必要设计。

在设计合作学习活动时,要遵循以下几条基本的设计原则:要建立起协商群体;教师提出的问题要具有可争论性;合作学习的过程是可以控制的;讲究学习效率。在设计合作学习活动时,应该注意:教师对学生提出的问题要进行正确的引导;教师要善于发现学生中的积极因素,并及时给予肯定和鼓励;教师要善于发现学生对概念的模糊或不当之处,并及时用学生乐于接受的方式指出;避免偏离教学内容的讨论或由于纠缠枝节问题而影响学习进度。

5. 学习评价设计

评价标准的设计是信息化教学设计的一个重要环节,评价具有指导学习方向、在教学过程中给予激励的作用,正是由于有了评价的参与,学生才有可能达到预期的学习结果。因此,评价是整个学习不可分的一部分。评价包括小组对个人的评价和学生个人的自我评价。评价内容主要围绕三个方面:自主学习能力、合作学习能力、是否达到意义建构的要求。

在信息化教学中,学习评价以学生的学习全过程和效果为评价对象,利用信息技术手段记录、跟踪学生学习的全过程。学生可以从评价中获得的反馈信息中及时了解自己的学习状况、有目的地调整自己的学习策略,以有效地控制学习进程,形成高质量的学习活动。信息化教学设计中对学习评价的设计,直接指向学习过程和学习质量,在动态实施过程中不断给学习以支持和质量保证。

信息化教学中学习评价的基本过程是:确定学习评价的价值取向(即教育对象的教育价值),然后基于学习者学习过程与学习结果的实态把握,在此基础上做出价值判断,并力求促进学习。信息化学习中的评价也有诊断性评价、形成性评价以及总结性评价,主要评估学生在学习过程和学习结果中产生的变化,评价的目的是促进学习的进行与发展。

信息化教学设计中尤其重视利用各种先进的技术方法对学习过程与结果进行评价。信息化学习中,大部分学习活动都基于网络,数字化的信息在教与学的过程中流动。计算机网络优势就在于对于大量数据的采集和分析,这样有可能对于学生在网络上活动产生的各种数据进行收集和整理,如学生网上学习时间,网上自主收集资料的情况,学生网上参与活动等,几乎可涉及各个层面。

三、信息化教学设计的基本原则

信息化教学设计中,要充分利用信息技术手段进行基于资源、基于合作、基于研究、基于问题等方面的学习,使学习者在意义丰富的情境中主动建构知识,所以要遵循以下设计原则:

1. 以学为中心,注重学习者学习能力的培养

以学为中心是信息化环境下教学设计的首要原则。明确"以学生为中心",这一点对于教学设计有至关重要的指导意义,因为从"以学生为中心"出发还是从"以教师为中心"出发将得出两种不同的设计结果。

至于如何体现以学生为中心,信息化环境下的教学设计可以从三个方面努力:(1)要在学习过程中充分发挥学生的主动性,要能体现出学生的首创精神;(2)要让学生有多种机会在不同的情境下去应用他们所学的知识;(3)要让学生能根据自身行动的反馈信息来形成对客观事物的认识和解决实际问题的方案。

2. 充分利用现代信息技术,营造优化的学习情境

信息化教学设计对传统教学设计中有关"教学媒体的选择与设计"这一部分,有了全新的处理方式。例如在传统教学设计中,对媒体的呈现要根据学生的认知心理和年龄特征作精心的设计。现在由于把媒体的选择、使用与控制的权力交给了学生,这种设计就完全没有必要了。

与此同时,对于信息资源应如何获取、从哪里获取,以及如何有效地加以利用等问题,则成为主动探索过程中迫切需要教师提供帮助的内容。显然,这些问题在传统教学设计中是不会碰到或是很少碰到的,而在信息化学习环境下,则成为亟待解决的普遍性问题。

信息化教学设计强调学生的积极参与,而活动的参与需要一定情境的支持,通过信息技术的作用,可以为学生创设多种学习情境。教师要选择和组合各种信息技术创设"一个学习者可以互相合作和支持的地方,在那里他们使用许多工具和信息资源参与问题解决的活动,实现学习目标",[①]而不是创设一个学习只能孤立进行、不重视知识的实际运用的场所。

3. 强调"合作学习"与团队合作

信息化环境下的教学设计认为,学习者与周围环境的交互作用,对于学习内容的理

[①] Wilson, B. G. (1995). Situated Instructional Design: Blurring the Distinctions between Theory and Practice, Design and Implementation, Curriculum and Instruction. In M. Simonson (Ed.), Proceedings of Selected Research and Development Presentations. Washington D. C.: Association for Educational Communications and Technology.

解（即对知识意义的建构）起着关键性的作用。学生们在教师的组织和引导下一起讨论和交流，共同建立起学习群体并成为其中的一员。在这样的群体中，共同批判地考察各种理论、观点、信仰和假说；进行协商和辩论，先内部协商（即和自身争辩到底哪一种观点正确），然后再相互协商（即对当前问题摆出各自的看法、论据及有关材料并对别人的观点作出分析和评论）。

这种合作学习不仅指学生之间、师生之间的合作，也包括教师之间的合作，如实施跨年级和跨学科的基于资源的学习等。通过这样的合作学习环境，学习者群体（包括教师和每位学生）的思维与智慧就可以被整个群体所共享，即整个学习群体共同完成对所学知识的意义建构，而不是其中的某一位或某几位学生完成意义建构。

4. 强调针对学习过程的评价

信息化环境下的教学设计有着全新的评价观。教学评价的目的，一方面是要检验教学活动的结果；另一方面，它更主要的是应该具有激励功能。以往的教学评价更多的是体现前者。因为教学评价的标准掌握在教师和教育机构手里，学生只有被动地接受这种评判。在信息化的教学环境下，学生完全有权对自己的作品作出合理的评价，教师这时并不是作为一个标准的掌握者出现，而是作为一个引路人出现，他更多的是鼓励学生的创造，尊重学生的不同见解，以促进学生创新精神的养成，培养学生独立的人格。

实践活动

实践活动一：案例阅读——与信息化教学设计亲密接触

一、学习者特征分析

学习能力分析	八年级的学生，思维活跃，好奇心强，具备初步的信息技术素养，会利用网络获取资料，但信息加工和处理能力还比较薄弱，在学习中缺乏群体交流和协同讨论的技能。
学习风格分析	学生的主观能动性较好，能够自主学习和与他人合作学习；学生在学习中随意性非常明显，渴望得到教师或同学的赞许；学生有过多次实验课的经历，具备一定经验，动手能力较强。

二、设定活动内容与任务

活动内容描述
本节课的主要目的是让学生在一节课内了解地震这种自然现象的形成、地震带的分布规律、我国地震的分布情况、认识地震对人类生产和生活的危害以增强学生的减灾防灾意识，等等。 　　要做到既能获取海量学习资源，又能在课堂上倡导自主、合作探究的学习方式，让学生参与教学，让课堂充满创新活动，让教学过程成为师生交往共同发展的互动过程，必须充分利用网络能快速收集资料、资源共享、传递信息迅速。 　　本课通过八个科学活动小组完成八个探究问题来掌握知识，拓宽视野，学习探究方法与过程，提高学生综合解决问题的能力，培养学生分析、概括、逻辑思维能力，逐渐形成科学的态度、情感和价值观。

(续表)

活动任务说明
了解地震这种自然现象的形成、地震的分布规律、了解我国地震的分布情况、认识地震对人类生产和生活的危害以及增强学生的减灾防灾意识。总结起来，就是以下八个研究课题。八个科学活动小组协调、分配，对自己探究的问题进行预习、准备。
1. 地震是怎样发生的？　　　　　　　　2. 地震的危害有哪些？
3. 地震分布的特点是什么？　　　　　　4. 地震发生时应当采取哪些措施？
5. 地震可以预测吗？如何预测？　　　　6. 地震的种类有哪些？
7. 本地是否发生过地震？是否有发生的可能？　　8. 我国地震的分布？

三、选择学习环境与资源

1. 学习环境选择（打√）		
Web 教室（　）	局域网（　）	城域网（　）
校园网（√）	Internet（√）	其他＿＿＿＿
2. 学习资源类型（打√）		
课件（　）	工具（√）	专题学习网站（　）
多媒体资源库（　）	案例库（√）	题库（　）
网络课程（　）	其他＿＿＿＿	
3. 学习资源内容简要说明		
校园网 BBS、相关网站、报刊、书籍		

四、创设学习情境

1. 学习情境类型（打√）	
(1) 真实情境	(2) 问题性情境
(3) 虚拟情境 √	(4) 其他
2. 学习情境设计	
1. 在网络课件中创设交互式的学习环境，学生可以按照自己的学习基础、学习兴趣来选择自己所要学习的内容，学生在交互式的学习环境中有了主动参与的可能，为学生主动性、积极性的发挥创造了良好条件，真正实现了学生成为学习的主人的目标。 　　2. 利用网络技术中的超文本链接功能，按照人脑的联想思维方式非线性地组织管理文字、图像、声音等多媒体信息，从而优化教学过程，实现因材施教。 　　3. 校园网页上 BBS 科学区的设立，使学生无论在教室、家中，还是在网吧，都可以通过讨论区与同学和老师交流，这充分体现了合作学习的精神，使学生学习的参与性和主动性得到进一步加强，还使学生的学习突破了空间和时间的限制。 　　4. 设置思考题，利用网络游戏来检测学生的掌握情况，做到寓教于乐，激发学生进行科学探究的兴趣，让科学素养在学生自己的探究活动中形成和发展。	

五、设计学习活动

1. 自主学习设计

活动内容	使用资源	学生活动	教师活动
在线测试,检验效果	校园网	每位学生在线完成地震游戏,检测自己学习掌握情况,增强减灾防灾意识。	指导
交流体会,总结归纳	校园网 BBS	学生依据自己实际情况在 BBS 中查看、学习各栏中的具体知识,可在网上提出问题、展开讨论	指导

2. 合作学习设计

类型	相应内容	使用资源	分组情况	学生活动	教师活动
竞争	展示成果、学习知识	多媒体	全班分为 8 组	小组代表引导学生一同学习该组所探究的问题	聆听、评价
协同	问题的搜寻、查找、综合、整理、上传	校园网 BBS、相关网站、报刊、书籍	全班分为 8 组	以小组为单位在机房相互合作,在 15 分钟内分配任务,展开问题的搜寻、查找、综合、整理、上传至校园网 BBS 科学探究区对应问题栏中。	指导

3. 教学过程的设计

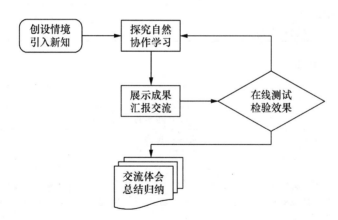

1. **创设情境,引入新知识:**

播放地震发生时的录像引入课题,提出以下 8 个问题:

1. 地震是怎样发生的?	2. 地震的危害有哪些?
3. 地震分布的特点是什么?	4. 地震发生时应当采取哪些措施?
5. 地震可以预测吗?如何预测?	6. 地震的种类有哪些?
7. 本地是否发生过地震?是否有发生的可能?	8. 我国地震的分布?

2. **探究自然,合作学习:**

以小组为单位在机房相互合作,在 15 分钟内分配任务,展开问题的搜寻、查找、综合、整理、上传至校园网 BBS 科学探究区对应问题栏中。

（续表）

3. 展示成果、学习知识： 每个小组选派一位代表上讲台，在主机上用清晰的思路、简洁的语言引导学生一同学习该组所探究的问题（以完成本节主要掌握内容：前4个问题为主），讲述中可借助直观道具：例如第一组同学利用身边的材料演示地震的形成原因，也可利用多媒体辅助讲解，例如第二组利用Powerpoint进行讲解，等等。 4. 在线测试，检验效果： 每位学生在线完成地震游戏，检测自己学习掌握情况，增强减灾防灾意识。 5. 交流体会，总结归纳： 学生依据自己实际情况在BBS中查看、学习各栏中的具体知识，可在网上提出问题、展开讨论（不局限于课堂中，学生可随时上校园网就问题进行学习和探讨）。

六、学习评价与反思

1. 评价形式与工具（打√）
课堂上提问（√）　　　书面练习（√）　　　达标测试（√）
学生自主网上测试（√）　合作完成作品（√）　其他_____
2. 评价内容
整个课程的评价分为三个部分：自我评价，小组评价，教师评价，分别占30%，30%，40%。

自我评价（30%）

	是	否
你是否对任务感兴趣		
你是否完成了自己的选题		
你是否收集到了你需要的信息		
你是否参与了报告的制作		
你是否与组员合作		
你觉得你们组做的报告是最好的吗		
我这样评价自己：		
伙伴眼里的我：		
老师的话：		

小组评价（30%）

对小组成员的评价	优秀	良好	一般
小组成员工作态度情况	积极	较积极	应付式
小组成员完成工作过程	迅速	按时完成	不能按时完成
小组成员交流讨论过程	交流讨论多	有交流	没有交流
小组成员的学习态度	主动性强	较主动	一般

(续表)

教师评价(40%)			
1. 对小组任务完成情况的评价(30%):			
	优秀	良好	一般
选题的完成情况	完成了自己的选题并清楚的加以呈现	基本完成了选题,但没有很好地呈现出来	没有完成选题
收集资料的情况	搜集了大量的资料,且与选题密切相关	搜集了部分资料,部分与选题相关	几乎没有搜集任何有用的资料
小组合作情况	组员密切合作	组员有时合作	组员从不合作
报告制作情况	主题明确,内容丰富,结构清晰	主题明确,内容较少,结构混乱	主题不明,内容极少,结构混乱
2. 对学生信息素养的评价(10%):			
	优秀	良好	一般
报告的质量	大量运用视频,音频,图片等多种媒体	加入了大量图片	纯文字报告
界面设计情况	界面美观,交互性强,操作简单	界面较为美观	界面复杂难懂

实践活动二:创建信息化教学设计方案

请结合本模块的学习内容,选择你所熟悉的一个或几个知识点设计一堂比较简单的网络课教学设计方案,并以微格教学的方式演练,同学间相互进行观摩与评价。

1. 教学方案设计

学 校		姓 名		日 期	
一、学习目标与任务					
1. 学习目标描述					
2. 学习内容与学习任务说明					

（续表）

二、学习者特征分析		
（说明学生的学习特点、学习习惯、学习交往特点等）		

三、学习环境选择与学习资源设计		
1. 学习环境选择（打√）		
□ Web 教室	□ 局域网	□ 城域网
□ 校园网	□ Internet	□ 其他
2. 学习资源类型（打√）		
□ 课件（网络课件）	□ 工具	□ 专题学习网站
□ 多媒体资源库	□ 案例库	□ 题库
□ 网络课程	□ 其他	
3. 学习资源内容简要说明		
编号	内容说明	网址

四、学习情境创设	
1. 学习情境类型（打√）	
□ 真实情境	□ 问题性情境
□ 虚拟情境	□ 其他
2. 学习情境设计	

（续表）

五、学习活动组织					
1. 自主学习设计（打√并填写相关内容）					
类型	相应内容	使用资源	学生活动	教师活动	
（1）抛锚式					
（2）支架式					
（3）随机进入式					
（4）其他					
2. 合作学习设计（打√并填写相关内容）					
类型	相应内容	使用资源	分组情况	学生活动	教师活动
竞争					
伙伴					
协同					
辩论					
角色扮演					
其他					
3. 教学结构流程的设计					

（续表）

| 图符说明 | □ 开始、结束 | ▭ 教师活动教学内容 | ▱ 学生活动 | ▭ 网络应用 | ▱ 学生利用网络学习 | ◇ 判断 |

六、学习评价设计

测试形式与工具（打✓）		
□ 课堂上提问	□ 书面练习	□ 达标测试
□ 学生自主网上测试	□ 合作完成作品	□ 其他

测试内容

2. 以微格教学的方式演练教学设计方案并评价

微格教学是帮助你训练教学行为的一种很好的实践系统。想必你已经学会如何使用微格教学系统了，下面就使用微格教学系统来演练你自己创建的教学设计方案吧。

⇨ 进入微格教学系统演练并评价

请小组成员一起进入微格教室，大家轮流利用微格教学系统演练自己已经设计好的教学设计方案。在演练时，大家要进行角色扮演，一位同学扮演教师，其他同学就扮演学生或评价员认真听，认真思考，并根据网络环境下的教学设计方案评价量规做出相应评价。（如无微格教学系统，大家也可以在一间无人教室中完成上述任务。）

评价项目	说明	分数范围			得分
		优	中	差	
主题	主题内容及学习目标符合相关课程标准及教学大纲。	18—20	12—17	0—11	
问题	问题的设计合理，能够激发学生探究性活动的兴趣。	18—20	12—17	0—11	
技术整合	技术在教学中应用得当，能够有效支持教学目标的实现。	13—15	9—12	0—8	
可行性	实施方案合理可行，具有可操作性和可推广性。	13—15	9—12	0—8	

（续表）

评价项目	说　明	分数范围			得分
		优	中	差	
创新性	教法新颖，有助于培养学生的高级思维能力和综合实践能力。	25—30	18—24	0—17	
加分项	作品设计及实施的其他独到之处。	18—20	12—17	0—11	
合计：					
反思：					

➡ 组内成员互评

小组成员聚集在一起，讨论各自教学设计方案中存在的问题，并探讨解决的方法。讨论中，请记录以下问题：

☐ 设计方案需要修改的地方：_____
_____
_____
_____

☐ 他人在这一问题上的新观点：_____
_____
_____
_____

☐ 我对该问题的重新认识：_____
_____
_____
_____

最后，请根据老师和同学们的意见修改你的教学设计方案，并总结归纳自己设计方案过程的心得体会，写一篇总结日记放入个人学习档案。同时，请不要忘记把你学习本节课程的作品与成果放入个人学习档案中保存哦！

模块二 信息化教学设计模式

理论学习

由于信息技术的强大功能及其与各种理论的相互促进,出现了大量新型的教学模式,相应也涌现了大批新的教学设计模式。目前探讨较多的信息化教学设计模式有:"英特尔®未来教育"模式、Webquest 模式、Miniquest 模式、网络微世界,等等。此处将对前三种模式进行一个比较详细的介绍。

一、"英特尔®未来教育"模式

"英特尔®未来教育"(Intel Teach to the Future)是一个大型的国际合作教师培训项目。这个由英特尔公司发起的全球性教师培训项目,涉及 20 多个国家和地区。其目标就是要帮助教师"扩展创造性思维,从而达到让学生们发挥创造力,摆脱课堂束缚的目的",就是"使教师们知道如何把计算机技术应用到他们所教的课程中去,从而增强学生的学习能力,提高他们的学业成就"。

"英特尔®未来教育"的核心内容是将现代信息技术更好地应用于学科教学,使计算机的教学与其他学科的教学充分有效地整合,其实质之一就是使教师知道如何把"计算机应用到课程"中去的教学设计,即信息化教学设计。正如教育部师范教育司前司长马立所说:"'英特尔®未来教育'以学生为中心,任务驱动、案例教学、资源共享、合作学习等一系列教学思路值得借鉴,我们的教育不再利用计算机制作课件,而是怎样把信息技术与教育内容、方法、手段有机地整合在一起,实现基于信息技术手段和资源的教学设计。"①

"英特尔®未来教育"的教学模式呈现模块化结构,主要分为十个模块,也可以称为"英特尔®未来教育"模式的设计流程:(1)准备单元计划;(2)查找资源;(3)创建多媒体演示文稿;(4)创建出版物;(5)准备教师支持材料;(6)创建网站;(7)建立单元计划支持材料;(8)整合单元计划;(9)评价单元计划;(10)建立单元计划实施方案。

这些模块贯穿着三条主线:一是信息技术的使用,主要是利用微软的 Office 套件(Word、IE、PowerPoint、Publisher 等),这些都是常用的软件工具,并不涉及复杂的技术。二是教学设计,包括教学目标、对应的课程标准、所需资源、学习过程、对特殊学生的教学调整、评价标准等。三是评价工具的使用,采用"量规"(Rubric)作为结构化定量评价工具,对教学计划、学习资源、电子作品进行经常性的评价。

为了帮助教师提升信息化教学设计的能力,"英特尔®未来教育"教材在第一模块就提出了"课程框架问题"的概念,并作为单元计划的重要组成部分。课程框架问题又由基本问题、单元问题和内容问题构成。基本问题的特点是:对学生有吸引力;不应该涉及特定的主题、事件或内容,是抽象的、范围宽泛的;基本问题孕育了其他重要的问题,能够启发卓有成效的研究。基本问题具有穿透性、综合性、挑战性等特点,如:地球上资源能维

---

① 马力:《开启创新教育之门(1):"英特尔®未来教育"巡礼》,《中国电脑教育报》,2002 年 6 月 26 日。

持多久？算术是一种发明还是发现？单元问题是对基本问题的细化，为基本问题提供了学科特定及主题特定通道；单元问题也没有明显的正确答案，是为了激发和维持学生的兴趣而精心构造的，这些问题通常把逆向直觉、思维激发和争论作为吸引学生投入持续探究的手段，这些问题应该是充分开放的，能够适应各种兴趣和各种学习风格。内容问题的目的则是为学生研究单元问题，并进而探究基本问题打造基本的知识基础。内容问题直接支持学习的内容；大多涉及的是事实而不是对事实的阐释；都有明确的答案。

"英特尔®未来教育"的单元模块化教学过程在实质上就是让学生按照"课程框架问题"提出的任务，利用各种学习资源尤其是网络资源，收集、处理信息，探索、分析、综合、评价知识体系，学会合作，学会高级思维技能的过程，以及学会利用现代信息技术演示、发表自主学习的过程、结果，在不同的范围内进行交流和共享的过程，这是组织终决进行信息技术与课程整合的学习过程设计的良好方式。

"英特尔®未来教育"重点围绕学生和教师如何利用信息技术，如何在课堂中有效地利用计算机技术，为学生们提供更多的掌握和使用技术的机会，通过研究和交流以及运用卓有成效的策略与工具来增强学习，从关注课件开发转到关注信息化教学设计，注意与教学实践相结合，让参加的教师学到先进的教育理念，掌握信息化教学设计的操作方法，学习信息技术与学科教学的整合，用于指导自己的教学实践，使教师真正成为基于现代化信息技术和信息资源的创造性活动，提高教师信息技术能力。

合理的教学模式需要相应的教学设计的支持。基于信息技术的教学设计则涉及学习过程与学习资源的设计、开发、利用、管理和评价，"英特尔®未来教育"要求教师在电子作品制作中重点体现现代教育理念，体现基本问题及单元问题的整体的信息化教学设计，使信息化技术与学科教学整合，激发学生的学习兴趣，培养探究精神，掌握研究性学习方法及信息技术的应用。

"英特尔®未来教育"这种信息化教学设计模式改变了过去单一、被动的学习方式，建立和形成发挥学生主体性的多样化的学习方式，促进学生在教师指导下主动的富有个性的学习。在"英特尔®未来教育"项目中，学生的学习方式由传统的接受式学习向主动、探究、合作性学习转变。

"英特尔®未来教育"项目重视过程，体现从做中学。整个完成学习任务的过程是体验、领悟的过程，也是学习、提高的过程，这也是以学生为中心的教学思想的体现。学生可以在自主探究中体会到学习的乐趣，通过调查、搜索、收集、处理信息后获得的成果而品味到成功的愉悦。学习不再是被动地接受，不再是负担，而是一件快乐的事情，为学生的终身学习奠定了良好的习惯和情感基础。

《师说》中有"师者，传道、授业、解惑"的说法，随着信息时代的到来和课程改革的不断深入，对教师的这一诠释也发生了相应的变化。在这六个字中，"传道、解惑"好理解，关键是"授业"。怎样"授业"呢？"英特尔®未来教育"项目的核心之点是：教师的作用不再是像在传统教学中那样把问题的"陈述"呈现给学生，而是围绕着学生所学知识设计出知识诞生的"原始情境"进行教学。学生在教学过程中，不是从教师那里得到现成的答案，而是通过一系列问题的回答而得到所学知识。

在信息技术越来越深刻地影响着每个人个体的认识和行为方式的大背景下，"英特尔®未来教育"的模块化教学对教师改进教学,尤其是改革以书本、粉笔和黑板等传统教学媒体为基础的课堂教学,在更高层面上进行教学目标、内容、方法和形式上的全面改革,无疑会有很好的启示。

二、WebQuest 模式

1995 年,圣地亚哥州立大学教育技术系的伯尼·道奇(Bernie Dodge)博士和汤姆·马奇(Tom March)创建了一种课程计划,由于该课程计划和万维网密切相关,所以他们将其命名为"WebQuest"。在这类课程计划中,呈现给学生的是一个特定的假想情境或者一项任务,通常是一个需要解决的问题或者一个需要完成的项目,课程计划中为学生提供了一些因特网资源,并要求他们通过对信息的分析和综合来得出创造性的解决方案。

1. WebQuest 的基本结构

伯尼·道奇对 WebQuest 的定义是这样的:这是一种面向探究的学习活动,活动中学生们所用到的所有或大部分信息都来自网络。这种学习活动有以下主要特点:① 有一个明确的主题或问题,为方便起见统称为问题;② 此类问题可通过寻求信息而得到解答;③ 问题的解答没有唯一性。一个标准形式的 WebQuest 教学设计包括介绍、任务、资源、过程、建议、评价和总结 7 个部分,各部分的设计要点如下:

(1) 介绍

对所"探究"问题的简要描述。在这一部分中,教师可以向学生们简要介绍此 WebQuest 的大致情况,以进行前期的组织和概述工作。例如,如果在此 WebQuest 中包括角色扮演或闯关游戏(如"你现在是一个鉴别神秘诗人的间谍"),还应在这一部分中设置相应的情境。WebQuest 的简介部分包括两方面目的:第一,让学习者明确将要学习的是什么;第二,通过各种方式提高学习者的学习兴趣。

(2) 任务

对于学习者要做的事情的描述。其形式可能是一个 HyperStudio 或者 PowerPoint 演示,也可能是一个能够对一特定的主题进行解释的口头陈述。在这一部分中,教师应该清晰明了地描述学习者行为的最终结果将是什么。在 WebQuest 中涉及的"任务"可以是:一系列必须解答或解决的问题;对所创建的事物进行总结;阐明并为自己的立场辩护;具有创意的工作;任何需要学习者对自己所收集的信息进行加工和转化的事情等。

(3) 资源

指向网上相关站点的链接。在这一部分中,教师指出一些可以被学习者用于完成任务的网址,并且应该在每一个链接中嵌入对此资源的描述,以便学习者可以在点击前知道自己将通过点击获得什么。WebQuest 的大部分资源是包括在 WebQuest 文件中作为超链接指向万维网上的信息。学生使用的所有链接都由设计者预先设定是 WebQuest 区别于其他网络活动的又一特征。所以,也可以这样说,相对于信息的搜索,WebQuest 更侧重于信息的使用。

(4) 过程

说明要做些什么才能完成指定的任务。学习者将遵循哪些步骤才能完成任务? 这一部分是探究学习的关键所在,一定要使这些步骤简明清晰。在 WebQuest 的过程设计中,教师将完成任务的过程分解成循序渐进的若干步骤,并就每个步骤向学习者提出短小而清晰的建议,其中包括将总任务分成若干子任务的策略,对每个学习者要扮演的角色或者所要采用的视角进行描绘,等等。教师还能够在这个模块中为学习和交互过程提供指导,如怎样开展一个头脑风暴会议。

(5) 建议

指导学习者如何组织信息。在此处,教师要为学生提供一些建议,以帮助他们组织所收集到的信息。"建议"可以包括使用流程图、总结表、概念地图或其他组织结构,也可以采用由复选框组成的问卷形式,其中的问题旨在分析信息或提请对要考虑事物的注意。如果将"学习建议"部分嵌入到"过程描述"部分中,可能效果会更好。不过当建议很多,或者数据的收集和分析过程不是几步就可以完成的事情,那么还是将这两个部分分开为好。

(6) 评估

创建量规来展示如何评价最终的成果。另外,教师还可以创建一个自我评价表,这样学生可以用此对自己学习进行评价和反思。WebQuest 采用评价测评表来考查学生作品的不同方面。评价人员既可以是教师,也可以是家长或同学。另外,根据学习者学习任务的不同,评价测评表的形式也表现为书面作业、多媒体创建、网页和其他类型。

(7) 结论

对于将可完成的学习成果或学习过程的简要总结。通过简短的一两句话,概述一下学生通过完成此 WebQuest 将会获得或学到什么。WebQuest 的结论部分为总结学习内容和经验、鼓励对整个学习过程进行反思,以及对学习成果进行拓展和推广提供了一个机会,它的另一个作用是为教师提供可以在整个课堂讨论中使用的问题。

2. WebQuest 设计的 FOCUS 原则

WebQuest 的创始人伯尼·道奇在长期实践的基础上,总结提出了 WebQuest 设计的五项原则,它们分别是:F——找出精彩的网站(Find great sites);O——有效地组织你的学习者和学习资源(Orchestrate your learners and resources);C——要求学生思考(Challenge your learners to think);U——选用媒体(Use the medium);S——为高水平的学习期望搭建脚手架(Scaffold high expectations)。这五项原则简称 FOCUS 原则。[①]

F——找出精彩的网站

辨别一个好的 WebQuest 的一项指标是它所采用的网站质量。依据什么来判别网站的质量?答案因学习者的年龄、WebQuest 的主题、我们期望的学习活动不同而不同。通常,我们可以根据可读性、是否能够引发学习者的兴趣、是否来自于学生平常的学校生活不同的来源等因素来寻找网站。

O——有效地组织你的学习者和学习资源

一个设计良好的 WebQuest 必须要能够做到将孩子们和学习资源很好地组织起来。一个精彩的 WebQuest 能够使每一台电脑被充分运用,使每一种资源都能够得到充分地

[①] Bernie Dodge. A Rubric for Evaluating Dodge, B. (2001a). FOCUS: Five Rules for Writing a Great WebQuest. Learning & Leading with Technology, 28(8), 6—9, 58.

共享,以保证每一个人在每一个时刻都在做一些有意义的事情。同时,设计一个精彩的 WebQuest 也是一个如何组织你的学习者的问题,在设计中要考虑如何推动小组活动。

C——要求学生思考

WebQuest 作为一种基于网络的研究性学习模式,在具体的设计中必须注重如何促进学习者思考的问题。伯尼·道奇等人认为 WebQuest 的关键属性是一个具有挑战性的任务,因此提出可以通过给学习者一个设计良好的学习任务,让学习者围绕主题和任务展开深度的讨论来促进学习者的思考。

U——选用媒体

在媒体的选择上,WebQuest 充分重视网络媒体。互联网并不仅仅是计算机的网络,它更是人的网络。除了选择有趣的、适合阅读的网页供学习者阅读以外,还可以寻找可共享的专家智慧资源。此外,网络已经成为了一个多媒体的环境,发挥网页中视频、音频有用的一面也是重要的。

S——为高水平的学习期望搭建脚手架

脚手架是一类临时性的结构,用来帮助学习者超越他们现有的水平,更有技巧地开展活动。一个精彩的 WebQuest 要求学习者去做一些平常没有想到要他们去做的事情。为了达到这个目的,就需要为他们搭建一些脚手架,从而使得学习者的学习活动过程能够清晰地表现出来。在 WebQuest 中存在三类脚手架:接收支架、转换支架、输出支架。

三、MiniQuest 模式

MiniQuest 是由教师设计的在线指导模块,它使学生参与到一个真实的主题或问题的研究中,目的是为了培养学生的批判性思维和构造知识的能力。具体来说,MiniQuest 本身为真实问题的研究提供了框架,该框架引导学生带着特定的目的,通过专门的网络资源,回答有意义的问题,从而培养学生成功地遨游高度来组织环境(例如因特网)的能力。

通常,熟悉互联网的教师能在 3—4 小时内设计出一个 MiniQuest,而学生一般能够在 1—2 个课时内完成一个 MiniQuest 单元的学习。因此,MiniQuest 能够很容易地被插入到常规课程中。教师不必用一个较长的网络学习单元来"代替"大量常规课程时间。在电脑硬件资源不是很充分的情况下,像 MiniQuest 这样仅需一个课时的网络学习活动具有极高的现实价值。

基于这些原因,MiniQuest 能够为不同能力水平的教师创设网络学习环境提供一个合理的起点:对于刚刚接触互联网的教师,他们将觉得 MiniQuest 模型直观且"可行",并因此迈出他们走向网络教学的第一步;对于那些对创建网络课程有着深刻认识的教师,他们能够运用 MiniQuest 模式,在相当短的时间内开发出更为丰富的学习活动,更快、更有效地在教学中注入探究学习经验。

我们根据 MiniQuest 在一个课程单元内所处的位置来划分它们的类型,可以划分为发现型、探索型和终极型三类。发现型这类 MiniQuest 被运用在一个课程单元的开始阶段,用来引导学习者进入一个特别的课程单元。探索型这类 MiniQuest 被运用在一个课程单元的中间阶段。一个探索型 MiniQuest 涉及理解概念或课程目标所必需的知识内容的获取,它可以与发现型 MiniQuest 结合起来运用,也可以单独运用。

终极型这类 MiniQuest 被运用在一个课程单元的结束阶段。它要求学习者运用那些其他类型的 MiniQuest 学习,或从另外一些传统教学方式中获得内容信息。由于拥有一个更大的"知识基础",学习者应该有能力在终极型 MiniQuest 学习期间回答一些更为深入的问题。我们把这些问题称为本质的问题。本质的问题,要求学习者建构决策中焦点问题的答案,或者发展一个活动计划。

教师要对 MiniQuest 进行精心设计,目的在于使学生明确学习目标和即将执行的任务。MiniQuest 的任务包括学习者将学习如何设计本质问题,如何有效地使用不同的搜索策略和工具进行网络搜索,如何评价信息质量和网络资源,如何创建表现本质问题的作品并且能够相互讨论交流和进行反思,从而推动学习者在真实的问题解决过程中的能力。一个典型的 MiniQuest 由三部分构成,它们分别是情境、任务和成果。

1. 情境

教学情境是指在教学中与学习者和教师发生作用的客观要素之总和,是教学得以发生和维持的环境条件。创设情境主要是让学习形成清晰的目的图式,奠定解决问题的方向,引起学生对探究活动的动机和兴趣。教学情境是以学生的问题探究活动为核心来设计的,教师还应考虑为学生留下"非设计的时空",使其有自由选择和探究机会。

在 MiniQuest 中,情境为问题解决过程提供了真实的背景。情境为学生设置一个真实的、成年人的角色。这部分提供了一个"钩"把学生拉进问题情境中去。情境也设置了学生必须回答的本质问题。每一个 MiniQuest 的核心是一个开放性问题。这个问题设定了 MiniQuest 的清晰目标,鼓励学生回顾原先掌握的知识,激发学习者进一步探索的动机。

2. 任务

问题是 MiniQuest 的网络探究性学习的核心。在问题解决活动中学生可以更主动、更广泛、更深入地激活自己的原有经验,理解分析当前的问题情境,通过积极的、高水平的思维活动,对原有知识经验给予丰富、充实和调整重构。所以,MiniQuest 的网络探究性学习中的问题设计关系到探究活动的成败。任务包括一系列设计好的问题,旨在提供回答本质问题所需的事实信息,使学生从总体上对即将完成的任务有大致的了解。

任务设计模块包括了设计本质问题、设计基础性问题、发展搜索策略、定位特定信息的网站、提取信息和信息的组织与综合等步骤。任务模块包括一套设计好的提问,通过回答这些问题,学习者可以获取用来回答本质问题所需的一些事实信息。本模块通过直接引导学生们到特定的网络站点(这些站点包含了回答任务模块中提出的问题所需要的信息)的方式,将"原始材料"及时而有效地组织起来。任务模块中提出的问题应该与唯一的网络资源相关联。

3. 成果

成果包括一些描述:学生将如何展现他们对情境中提出的本质问题的回答。在成果中需要学生对他们的理解,引导学生总结所学到的东西。通过成果评价,教师将评定学生的理解。成果需要整合信息以便知识能高度建构。换句话说,学生必须发展对问题的新的见解。如果没有期望的知识创新,那么这项活动仅仅是一张在线工作表,而不是一项探究活动。

成果也应该是真实的,是学生在情境中扮演真实角色的反映。学生的探究结果最常用的是用制作网页的形式展现,在网页中表达学生对某问题的探究过程和结论。当然,成果也可以用其他多种方式表达出来。例如,如果学生要求扮演成报纸记者,那么成果应该是报纸栏目。如果学生要求扮演成课本插图画家,那么他们的成果则是一些图表或者插图。

对 MiniQuest 探究活动的评估是至关重要的,评估方式也是多种多样,既可以放到互联网上,又可以在校园网上。不仅可供其他同学、老师评价,还可以开一个班级规模的学术交流会,或请专家评价,等等。MiniQuest 强调教育评价观念的发展性,它为不同的学生提供不同的评价标准,学生可以选择自己学习即将达到的目标。

同时,MiniQuest 评价还体现在对学习的过程进行监控与评价上,学生可以通过多种方式随时与教师、同伴交流讨论,教师需要不断根据学习者交流、提交的内容评价各个学习小组的进展情况,评价每个小组成员的贡献,将过程性评价与最终的学业成绩即总结性评价联系起来。而且,教师可以鼓励学生小组及个人不断进行自我评价和相互评价。

实践活动

实践活动一:WebQuest 初体验

1. 寻找 WebQuest

要查找某一概念或事物的资料,当今最简易的方法莫过于到 Google 上进行搜索。好了,检验你的信息素养的时候到了,请使用神奇的 Google 在互联网上查找一些 WebQuest 的资料吧!

2. 了解 WebQuest

阅读使用 Google 搜索得到的第一个结果,填写下表:
- □ 第一个检索结果的地址是:http://_____
- □ WebQuest 是由谁开发出来的?_____
- □ 在哪里开发出来的?_____
- □ WebQuest 是什么时候开始出现的?_____

☐ 开发 WebQuest 的目的是什么？＿＿＿＿＿＿＿＿＿＿＿＿＿＿＿＿＿＿＿＿

3. 认识 WebQuest

根据对检索结果的初步浏览，请写下你对 WebQuest 的任何印象：＿＿＿＿＿＿
＿＿＿＿＿＿＿＿＿＿＿＿＿＿＿＿＿＿＿＿＿＿＿＿＿＿＿＿＿＿＿＿＿＿＿＿
＿＿＿＿＿＿＿＿＿＿＿＿＿＿＿＿＿＿＿＿＿＿＿＿＿＿＿＿＿＿＿＿＿＿＿＿
＿＿＿＿＿＿＿＿＿＿＿＿＿＿＿＿＿＿＿＿＿＿＿＿＿＿＿＿＿＿＿＿＿＿＿＿
＿＿＿＿＿＿＿＿＿＿＿＿＿＿＿＿＿＿＿＿＿＿＿＿＿＿＿＿＿＿＿＿＿＿＿＿

如果实在写不出来，请浏览下面网站寻找一下灵感吧！

惟存教育网站（www.being.org.cn），是一个基于互联网应用的研究性学习专题网站，其中很多内容是关于 WebQuest 的。

4. 理解 WebQuest

根据你从网络上检索到的资源以及提供的阅读材料，你认为 WebQuest 的进程大体上分为几个环节：

编号	环节	说明	备注

实践活动二：创建一个 WebQuest

选择主题，设计 WebQuest

认识了 WebQuest 之后，现在开始动手自己创建一个 WbeQuest，亲身体验一下 WebQuest 的迷人魅力吧！请你以前面的活动为基础，根据后面阅读材料介绍的

WebQuest 的相关知识,并访问互联网上有关 WebQuest 的网站,结合自己的学习兴趣,选择本课程中的某一专题,设计一个 WebQuest。

主　题	
介　绍	
	请在这里写一段简短的文字向学生介绍活动或者课程。如果这里有诸如"你现在是一个鉴别神秘诗人的间谍"之类的角色或者情节,那么这里就是为学生设置情境。你将在这个环节中传达一些"大问题"(本质性问题、导向性问题),整个 WebQuest 将围绕着这样问题展开学习活动。如果这里没有上述那样的促使学生开展活动和课程的说明,那么也可以运用这个部分来预先提供一个简短的背景说明或概要。
任　务	
	请在这里清晰明了地描述学习者行为的最终结果将是什么。"任务"可以是: □ 一系列必须解答的问题 □ 对所创建事物进行总结 □ 一系列需要解决的问题 □ 阐明并为自己的立场辩护 □ 具有创意的工作 □ 任何需要学习者对自己所收集的信息进行加工和转化的事情

（续表）

主题			
资源	编号	描述	地址
	请利用这一部分点明可以被学习者用于完成任务的网址。在每一个链接中嵌入对此资源的描述，以便学习者可以在点击前知道自己将通过点击获得什么。此部分可以作为一个资源列表独立存在，但最好是以链接的形式插入活动过程的每一阶段的描述中。		
过程	请在这一部分描述学习者将遵循哪些步骤才能完成任务？这一部分是探究学习的关键所在。一定要使这些步骤简明清晰。 如： ☐ 首先,你被分配到一个三人小组…… ☐ 你选择一个角色去扮演…… ☐ ……		

（续表）

主 题	
建 议	
	在此处，你要为学生提供一些建议，以帮助他们组织所收集到的信息。"建议"可以包括使用流程图、总结表、概念地图或其他组织结构，"建议"也可以采用由复选框组成的问卷形式，问题旨在分析信息或提醒对要考虑的事物的注意。 如果将"学习建议"部分嵌入到"过程描述"中，可能效果会更好。不过如果你提供了大量的建议，或者数据的收集和分析过程不是几步就可以完成的事情，那么还是将这两个部分分开的好。
学 习	

(续表)

主题					
评价	评价项目	水平等级			得分
		好(3分)	中(2分)	差(1分)	
	请在这里创建一个简单的量规,向学生展示他们将如何被评价。有关如何设计创作一个评价量规,请参考本书"学习过程与结果评价设计"单元中的相关内容。				
总结	请在此处对学习者通过完成这项活动或课程将会获得的或是学到的东西进行总结。你可以在其中包括一些反问或链接,鼓励他们把这种探究的经验超越本单元的学习,扩展到其他领域。				
备注	有关 WebQuest 的详细设计流程请参阅由 Tom March 著、柳栋翻译的 WebQuest 设计流程:http://www.being.org.cn/WebQuest/designprocess1.htm(提取时间:2007-7-22),更多内容,请浏览惟存教育实验室:http://www.being.org.cn/WebQuest/(提取时间:2007-7-22),或香港中文大学 WebQuest 资源库:http://www3.fed.cuhk.edu.hk/community/WebQuest/(提取时间:2007-7-25),或从互联网上的其他地方获取。				

实践活动三:给你创建的 WebQuest 打分

好了,现在开始检查一下自己的劳动成果,请你的小组同伴使用量规给你自己创建的 WebQuest 打个分吧!下面是一个针对 WebQuest 的评价量规,请小组内的同学利用该量规进行组内互评,并提出修改建议。最后不要忘了将修改后的 WebQuest 放入个人学习档案中保存哦!

评价 WebQuest 的量规(Bernie Dodge 著,柳栋译,有删改)[①]

	开始	发展中	完成	得分
导言或情景				
动机激发效用	0 分 ○ 导言仅仅是纯粹的事实,在学习者的切身性和社会重大价值方面没有诉求。	1 分 ○ 导言在某种程度上和学习者的兴趣、利益关联起来了,或者描述了一个引人注目的问题。	3 分 ○ 导言通过和学习者的兴趣、目标相关联,或者通过生动地描述了一个引人注目的问题,从而能够使学习者被吸引到课程学习中来。	
认知发展效用	0 分 ○ 导言没有为学习者即将面临的学习任务做好准备,或者没有建筑在学习者已有的学习经验基础上。	1 分 ○ 导言涉及了一些学习者已经掌握的知识,并预先展示了将要展开的课程学习范围。	3 分 ○ 导言建立在学习者已有知识的基础之上,并预先展示了将要展开的课程学习范围。通过预示课程内容有效帮助学习者做好学习准备。	
任务(任务是学习者为了达到目标而努力的最终结果,而不是具体步骤)				
任务和课程标准的关联	0 分 ○ 任务和课程标准无关。	3 分 ○ 任务的提出参考了课程标准,但是没有清晰地将学习者可能知道的与可能做到的联系起来,以期实现标准所要求的达成度。	5 分 ○ 任务的提出参考了课程标准,清晰地将学习者可能知道的与可能做到的联系起来,以期实现标准所要求的达成度。	
任务涉及的认知活动水平	0 分 ○ 任务仅仅要求学习者简单的理解、或者复述有关网页中的信息,回答一些事实性的问题。	3 分 ○ 任务是可执行的,但在对学习者生活的重要性方面有局限。任务要求学习者分析信息,或者来自不同来源的信息组织在一起。	6 分 ○ 任务是可执行的、令人着迷的,由此产生的思维活动超越了死记硬背。任务要求学习者综合多种来源的信息,或者承担一个社会角色,或者超越呈示数据并作出归纳,或者创造性地设计制作一个产品。	

---

① 伯尼・道奇著:《评价 WebQuest 的量规》,柳栋译,WebQuests. http://www.being.org.cn/webquest/webquestrubric.htm。

(续表)

	开始	发展中	完成	得分
过程(一步一步地描绘了学习者怎样来完成他的任务)				
清晰度	0分 ○ 步骤陈述不清晰，学习者从中无法知道应该做什么。	2分 ○ 给出了一些指导，但是缺少了一些信息。学习者可能会有些疑惑不解。	4分 ○ 清晰陈述了每一个步骤。绝大部分学习者将准确了解他们处在过程中的哪一步，并准确了解他们下一步将做些什么。	
支架搭建	0分 ○ 过程中缺乏学习者获取完成任务所需知识的策略和组织工具。 ○ 活动很少具有相互之间的关联性和意义，或者对完成任务没有意义。	3分 ○ 嵌入过程中的策略和组织工具不足以保证所有的学习者完成任务所需的知识。 ○ 某些活动和任务的完成之间没有明确的关联。	6分 ○ 过程为不同进入水平的学习者提供了相应的获取完成任务所需知识的策略和组织工具。 ○ 设计的活动与促使学习者从基础知识走向高水平的思维发展清晰地关联在一起。 ○ 建立了用以评估学习者理解掌握程度的核查项目。	
丰富性	0分 ○ 很少的几步，没有独立的角色可供分派。	2分 ○ 有一些可分离的任务和角色，或更多的复杂性活动。	4分 ○ 不同的角色帮助学习者理解不同视角的观点，或者共同分担完成任务的责任。	
资源(注:你应该评价网页中链接的所有资源,即便他们在不同于过程模块的其他模块中;也应该注出那些能够运用、或应该运用诸如书、视频和其他离线资源的地方。)				
资源数量	0分 ○ 提供资源不足够学习者完成任务所需。或者 ○ 在一个合理的时间段内，为学习者提供了太多要看的资源。	3分 ○ 在资源和学习者完成任务所需信息之间有一些联系。有一些资源长期没有更新。	6分 ○ 在资源和学习者完成任务所需信息之间的联系清晰而有意义。每一个资源都有它的重要性。	
资源品质	0分 ○ 资源十分平常，他们所包含的信息在教室和百科全书中都能找到。	3分 ○ 一些资源带来了我们通常在教室里面无法找到的信息。	6分 ○ 资源很好地体现了网络的及时性、多样性。 ○ 多样化的资源提供了意味深长的信息，供学习者深入思考所用。	

（续表）

	开始	发展中	完成	得分
评价				
标准的清晰度	0分 ○ 没有描述成功的标准。	3分 ○ 成功的标准部分地被描述了。	7分 ○ 清晰地用量规形式陈述了成功的标准。这些标准包含了品质与数量方面的描述。 ○ 评价工具清晰地测量了为了完成任务学生必须知道什么，以及能够做些什么。	
总得分				/50
自我反思				

学习评价

通过本单元的学习，相信你肯定已经对"信息化教学设计"有了基本的认识。现在到了检验收获的时候了。那么，就请通过完成下面的这个学习评价表格来看一看你到底学到了什么吧！在评价的时候，不要忘记对照在一开始学习本单元时设定的学习目标哦！

学习内容习得评价			
评价项目与标准	学生自评	小组评价	教师评价
能够使用自己的语言描述信息化教学设计的基本内涵，并能够简要阐述信息化教学设计与传统教学设计的异同点。			
能够掌握信息化教学设计的基本内容，并且能够在实践中以信息化教学设计的理论为指导设计具体的教学方案。			

(续表)

掌握信息化教学设计的几种有代表性的模式,并能够在教学的具体实践中根据不同需要设计开发出各种不同的教学方案。			
学习能力发展评价			
评价项目与标准	学生自评	小组评价	教师评价
自学活动	能针对课程内容进行自学,获得相关资料,形成个人意见或结论。			
小组活动	积极参与小组内的讨论,补充相关资料,形成小组意见。			
班级活动	认真听取其他小组或同学的意见,掌握相应方法,形成最后结论或提出新的问题和见解。			
情感态度	学习动机、兴趣、态度、意志等情感因素都得到发展,在学习活动中能各尽其智并产生成功的喜悦。			
签 名			

综合评定(请在相应等级处打✓):□ 优秀;□ 合格;□ 待改进

个人学习小结	

备注:

扩展阅读

Cronje J. C. (2006). Paradigms regained: Toward integrating objectivism and constructivism in instructional design and the learning sciences. ETR&D-Educational Technology Research and Development, 54 (4), pp 387—416.

Jonassen, D. H. (1990). Thinking technology: toward a constructivist view of instructional design. Educational Technology, Vol. 30, No. 9, pp. 32—34.

M. David Merrill, Leston Drake, Mark J. Lacy, Jean A. Pratt & the ID2 Research Group at Utah State University. Reclaiming Instructional Design. Educational Technology 1996 36(5), 5—7.

Martin, F., & Klein, J. (2007) The impact of Instructional Elements in Computer based Instruction. British Journal of Educational Technology, 38, 4, 623—636.

Merrill, M. D. (2002). A pebble-in-the-pond model for instructional design. Performance Improvement, 41(7), 39—44.

Perkins, D. N. (1991a). Technology meets constructivism: Do they make a marriage? Educational Technology, 31 (5), 19—23.

Robert Reiser & J. V. Dempsey (Eds.). (2007). Trends and Issues in Instructional Design and Technology (2nd Edition). Upper Saddle River, NJ: Pearson/Prentice Hall.

Simons, K. D., & Klein, J. D. (2007). The impact of scaffolding and student achievement levels in a problem-based learning environment. Instructional Science, 35(1), 41—72.

Tam, M. (2000). Constructivism, Instructional Design, and Technology: Implications for Transforming Distance Learning. Educational Technology & Society, 3 (2), 50—60.

Wilson, B. G. (1999). Evolution of learning technologies: from instructional design to performance support to network systems. Educational Technology, Vol. 39 No. 2, pp. 32—35.

曹熙斌:《信息化教学设计中的问题与对策》,《中国电化教育》,2006.09。

程明:《从"英特尔®未来教育"看信息化教学设计》,《唐山师范学院学报》,2006.02。

李凤来:《信息化教学设计的原则与策略》,《中国成人教育》,2006.08。

林红霞:《信息化教学设计中创设情境的几种方法》,《高等函授学报(自然科学版)》,2003.06。

刘春:《信息化教学设计》,《中小学电教》,2006.01。

刘春志:《信息化教学设计模式初探》,《当代教育论坛》,2005.11。

陶祥亚:《信息化教学设计中的情境创设》,《陕西教育》,2005.09。

徐婷:《教育信息化呼唤信息化教学设计》,《当代教育论坛》,2006.08。

杨海茹:《基于多元智能理论的信息化教学设计模式构建》,《中小学电教》,2005.07。

郑小军:《网络环境下信息化教学设计的新思路》,《广西师范学院学报(自然科学版)》,2004.04。

周睿:《基于多元智能理论的信息化教学设计》,《合肥工业大学学报(社会科学版)》,2007.01。

知识花絮

第二代教学设计之父——戴维·梅瑞尔

戴维·梅瑞尔(David Merill),美国犹他州立大学教育技术系教授、当代著名教学设计与技术理论家、教育心理学家。戴维·梅瑞尔1964年从伊利诺斯大学获得教育心理学博士学位后,先后在杨伯翰大学、斯坦福大学、南加利福尼亚大学、犹他州立大学任教,现任犹他州立大学荣誉退休教授。

梅瑞尔著述众多,成果斐然,被列为最多产的教育心理学家之一、计算机辅助教学领域被引用次数最多的人之一、教育技术领域最具影响的学者之一。1989年,梅瑞尔被《教育技术杂志》评为年度人物,1992年获得美国培训与发展协会的罗纳德·安德森纪念奖(Ronald H. Anderson Memorial Award)。此外,他还是美国心理学会高级会员和计算机辅助教学系统发展协会的高级会员。

梅瑞尔是以加涅为代表的第一代教学设计理论的主要代表人物之一,又是第二代教学设计理论公认的学术领袖。一方面,梅瑞尔推进了加涅开创的教学设计研究,丰富并发展了教学设计的理论体系。另一方面,梅瑞尔首创的第二代教学设计(ID2)以实现教学设计的自动化为己任,开始尝试为使用信息技术支撑教学设计建立理论基础。梅瑞尔本人因此也被称为"第二代教学设计之父"。

梅瑞尔在国际上率先提出了教学设计自动化的思想,希望借助于信息技术手段进行教学设计活动,在降低教学设计工作量的同时,优化教学设计的效果。他于1984年发表的"计算机指导的教学设计"一文是对这一领域的最早探索。随后,教学设计自动化曾在美国风行一时,很多教育技术专家、心理学家、人工智能专家和计算机专家都投身到该领域中,并取得了相当多的成果。

从1984年到90年代中期,伴随着计算机技术的不断进步,教学设计自动化发展十分迅速,并出现了大量学术著作和产品原型。从1990年代后期开始,在网络化的背景下,教学设计自动化大多以别的面貌出现,其研究也越来越深入。时至今日,梅瑞尔开创的教学设计自动化研究已经为各派教育技术学专家所共同关注,引领着美国教学设计乃至教育技术学发展的新潮流。

2005年,为了纪念梅瑞尔杰出的学术成就,斯拜科特(Michael Spector)等人主编了《教学技术的创新:戴维·梅瑞尔纪念文集》。此书由著名的Lawrence Erlbaum Associates出版社出版,汇聚了包括查尔斯·瑞格鲁斯(Chafrles M. Reigeluth)、丽塔·里奇(Rita C. Richey)、戴维·乔纳森(David H. Jonassen)等人在内的来自美国、欧洲、澳洲、加拿大等多个国家和地区的教学设计与技术方面的学者,就梅瑞尔的学术思想与教学设计研究的新进展进行了深入的探讨。

参 考 文 献

Anglin, Gary (Ed.). Instructional Technology: Past, Present, and Future. 2nd ed. Englewood, CO: Libraries Unlimited.

Ausubel, David P. (1960). The Use of Advance Organizers in the Learning and Retention of Meaningful Verbal Material. Journal of Educational Psychology, 1960, 51: 267—272.

Bates, A. W. (Tony). (1995). Technology, Open Learning and Distance Education. New York: Routledge.

Briggs, L., Gustafson, K. L. & Tillman, M. H. (1991). Instructional Design: Principles and Applications (2nd ed.). Englewood Cliffs, NJ: Educational Technology Publications.

Bruner, J. (1960) The Process of Education, Cambridge, Mass.: Harvard University Press.

Cognition and Technology Group at Vanderbilt. (1997). The Jasper Project: Lessons in Curriculum, Instruction, Assessment, and Professional Development. Mahwah, NJ: Erlbaum.

Dick, W. & Carey, L. (1996). The Systematic Design of Instruction (3rd ed). Glenview, IL: Scott Foresman.

Duffy, T. M. and Jonassen, D. H. (eds.). (1991). Constructivism and the Technology of Instruction: A Conversation. Hillsdale, N. J.: Lawrence Erlbaum Associates, Inc.

Eisner, Elliot W. (2000). Benjamin Bloom. Prospects: the Quarterly Review of Comparative Education, vol. XXX, no. 3.

Gardner, H. E. (1993). Multiple intelligences: The Theory in Practice. New York: Basic Books.

Glaser, R. (1962). Psychology and Instructional Technology. Training Research and Education. Edited by Glaser, R. Pittsburgh: University of Pittsburgh Press. pp. 1—30.

Glaser, R. (1976). Components of a Psychology of Instruction: Toward a Science of Design. Review of. Educational Research, 46, 1—24.

Gredler, M. E. (1995). Implications of Portfolio Assessment for Program Evaluation. Studies in Educational Evaluation, Vol. 21, pp. 431—437.

Gustafson, K. & Branch, R. M. (1997). Survey of Instructional Development Models. Syracuse: ERIC Clearing-house on Information Resources, Syracuse University.

Harless, J. H. (1973). An Analysis of Front-end Analysis. Improving Human Performance: A Research Quarterly, 2(4), 229—244.

Heidi Goodrich Andrade (1997). Understanding Rubrics. http://www.middleweb.com/rubricsHG.html 1997.

Heinich, R., Molenda, M., Russell, J., & Smaldino, S. (1996). Instructional Media and Technologies for Learning. Upper Saddle River, NJ: Prentice-Hall, Inc.

Jerry Willis. (2000). A General Set of Procedure for Constructivist Instructional Design: The New R2D2 Model, Educational Technology, March-April 2000.

Jonassen, David H. & Lucia Rohrer-Murphy, Activity Theory as a Framework for Designing Constructivist Learning Environments, ETR&D, Vol. 47, No. 1, 1999, pp. 61—79

Jonassen, David H. (1997). Instructional Design Models for Well-structured and Ill-Structured Problem-Solving Learning Outcomes, Educational Technology Research and Development, Vol 45, No. 1.

Jonassen, David H.. (Ed.). (1996). Handbook of Research on Educational Communications and Technology: A Project of the Association for Educational Communications and Technology. New York, NY: MacMillan.

Joyce, B., & Weil, M., (1972). Models of Teaching. Englewood Cliffs, NJ: Prentice-Hall.

Kaufman, R., Rojas, A. M., & Mayer, H. (1993). Needs Assessment: A User's Guide. Englewood Cliffs, NJ: Educational Technology Publications.

Lefcourt, H. M. (1972). Recent Developments in the Study of Locus of Control. In B. Maher (Ed.), Progress in Experimental Personality Research (Vol. 6). New York: Academic Press.

Mager, R. (1962). Preparing Objectives for Programmed Instruction. San Francisco: Fearon.

Mager, R. (1997). Preparing Instructional Objectives: A Critical Tool in the Development of Effective Instruction. Belmont, CA: Lake Publishers.

McLuhan, M. (1964). Understanding Media: The Extensions of Man. New York, NY: McGraw-Hill, p. 23.

Merrill, M. D. (1994). Instructional Design Theory. Englewood Cliffs, NJ: Educational Technology Publications.

Merrill, M. D., Drake, L., Lacy, M. J., Pratt, J. A., & the ID2 Research Group at Utah State University. (1996). Reclaiming Instructional Design. Educational Technology, 36(5), 5—7.

National Research Council. (1996). The National Science Education Standards. Washington DC: National Academy Press.

Northwest Evaluation Association. (1991). Portfolios. Portfolio News, 1991, 2 (3).

Novak, Joseph D. & Gowin, D. B. (1984). Learning How to Learn. New York and Cambridge, UK: Cambridge University Press.

Reigeluth, C. M. (1979). In Search of a Better Way to Organize Instruction: The Elaborational Theory. Journal of Instructional Development, 1979/2 (3).

Reigeluth, C. M.. (1999). Instructional Design: Theories and Models. (Vol. 2). Hillsdale, NJ: Erlbaum Assoc.

Rotter, J. (1966). Generalized Expectancies for Internal Versus External Control of Reinforcements. Psychological Monographs, 80, Whole No. 609.

Ruiz-Primo, M. and Shavelson, R. (1996). Problems and Issues in the Use of Concept Maps in Science Assessment. Journal of Research in Science Teaching, 33 (6) 569—600.

Seels, B. & Glasgow, Z. (1997). Making Instructional Design Decisions. Englewood Cliffs, NJ: Prentice Hall.

Smith, P. L., & Ragan, T. J. (1999). Instructional Design. New York: John Wiley & Sons.

Taylor, J. A. (1953). A Personality Scale of Manifest Anxiety. Journal of Abnormal and Social Psychology, 48, 285—290.

Wilson, B. G. (1995). Situated Instructional Design: Blurring the Distinctions Between Theory and Practice, Design and Implementation, Curriculum and Instruction. In M. Simonson (Ed.), Proceedings of Selected Research and Development Presentations. Washington D. C.: Association for Educational Communications and Technology.

奥苏贝尔著:《教育心理学——一种认知观点》,北京:人民教育出版社1994年版。

布卢姆等编:《教育目标分类学第二分册:情感领域》,上海:华东师范大学出版社1986年版。
布卢姆等编:《教育目标分类学第二分册:认知领域》,上海:华东师范大学出版社1986年版。
布卢姆等编:《教育目标分类学第一分册:认知领域》,上海:华东师范大学出版社1986年版。
布鲁纳著:《教育过程》,北京:文化教育出版社1982年版。
陈琦、刘儒德:《当代教育心理学》,北京:北京师范大学教育出版社1997年版。
陈玉琨:《中国高等教育评价论》,广州:广东高等教育出版社。
戴维·乔纳森:《学习环境的理论基础》,上海:华东师大出版社2002年版。
戴维·H. 乔纳森:《学习环境的理论基础》,郑太年等译,上海:华东师范大学出版社2002年版。
丁证霖等编译:《当代西方教学模式》,太原:山西教育出版社1991年版。
高文著:《教学模式论》,上海:上海教育出版社2002年版。
何克抗、郑永柏、谢幼如编著:《教学系统设计》,北京:北京师范大学出版社2002年版。
何克抗:《从信息时代的教育与培训看教学设计理论的新发展》,《中国电化教育》,1998.10、11、12。
何克抗:《建构主义——革新传统教学的理论基础(上)》,《电化教育研究》,1997.03。
何克抗:《建构主义——革新传统教学的理论基础》,《电化教育研究》,1997.3—4。
加涅等著:《教学设计原理》,上海:华东师范大学出版社1999年版。
加涅著:《学习的条件和教学论》,上海:华东师范大学出版社1999年版。
李秉德等编:《教学论》,北京:人民教育出版社1991年版。
李克东、谢幼如编著:《多媒体组合教学设计》,北京:科学出版社1992年版。
李克东:《数字化学习——信息技术与课程整合的核心》,《电化教育研究》,2001.8—9。
李龙:《教学过程设计的理论与实践》,《电化教育研究》,1999.4。
李妍:《乔纳森建构主义学习环境设计理论的系统研究与当代启示》,《开放教育研究》,2006.06。
罗伯特·加涅等著:《教学设计原理(第五版)》,王小明等译,上海:华东师范大学出版社2007年版。
南京师范大学教育系编:《教育学》,北京:人民教育出版社1984年版。
皮连生著:《教学设计——心理学的理论与技术》,北京:高等教育出版社2000年版。
邵瑞珍主编:《教育心理学》,上海:上海教育出版社1997年版。
盛群力、褚献华编译:《现代教学设计应用模式》,杭州:浙江教育出版社2002年版。
盛群力、李志强编著:《现代教学设计论》,杭州:浙江教育出版社1998年版。
施良方著:《学习论——学习心理学的理论与原理》,北京:人民教育出版社1994年版。
孙可平著:《现代教学设计纲要》,西安:陕西人民教育出版社1998年版。
王策三著:《教学论稿》,北京:人民教育出版社1984年版。
乌美娜主编:《教学设计》,北京:高等教育出版社1994年版。
杨九民、李书明主编:《现代教育技术》,武汉:华中师范大学出版社2005年版。
杨九民、范官军主编:《教学设计原理》,武汉:湖北科学技术出版社2005年版。
叶澜,吴亚萍:《改革课堂教学与课堂教学评价改革——"新基础教育"课堂教学改革的理论与实践探索之三》,《教育研究》,2003.08。
尹俊华:《教育技术学导论》,北京:高等教育出版社2002版。
张华:《教学设计研究:百年回顾与前瞻》,《教育科学》,2000.04。
张祖忻等编著:《教学设计——基本原理和方法》,上海:上海外语教育出版社1992年版。
章伟民编著:《教学设计基础》,北京:电子工业出版社1998年版。